ROUGH GUIDES

GUIA DE CONVERSAÇÃO PARA VIAGENS

Turco

Essencial Para Você se Comunicar Bem

Compilado por

LEXUS

PUBLIFOLHA

Traduzido de "The Rough Guide Phrasebook Turkish", edição de 2006, publicado por Rough Guides Ltd, 80 Strand, Londres, WC2R 0RL, Inglaterra.
Título original: "The Rough Guide Phrasebook Turkish"

ISBN 978-85-7914-129-4

PUBLIFOLHA
Divisão de Publicações do Grupo Folha
Al. Barão de Limeira, 401, 6° andar
CEP 01202-900, São Paulo, SP
Tel.: (11) 3224-2186/2187/2197
www.publifolha.com.br

COORDENAÇÃO DO PROJETO
PUBLIFOLHA
Editoras-assistentes: Nina Bandeira, Adriane Piscitelli
Coordenadora de produção gráfica: Soraia Pauli Scarpa
Produtora gráfica: Mariana Metidieri

PRODUÇÃO EDITORIAL
PÁGINA VIVA
Tradução: Anna Quirino
Revisão: Agnaldo Alves de Oliveira, Pedro Ribeiro
Consultoria técnica: Luciana Taskin

ROUGH GUIDES
Compilação: Lexus com Memduha Tee
Edição da Série Lexus: Sally Davies
Direção de Referência: Andrew Lockett
Edição da Série: Mark Ellingham
Imagem de capa: © Rough Guides

Dados Internacionais de Catalogação na Publicação (CIP)
(Câmara Brasileira do Livro, SP, Brasil)

Turco : guia de conversação para viagens : compilado por Lexus ; [tradução Anna Quirino]. – São Paulo : Publifolha, 2009. – (Coleção guia de conversação para viagens)

Título original: The Rough Guide Phrasebook Turkish.
ISBN 978-85-7914-129-4

1. Turco - Vocabulários e manuais de conversação - Português 2. Português - Vocabulários e manuais de conversação - Turco
I. Lexus. II. Série.

09-10232 CDD-494.35

Índices para catálogo sistemático:
1. Turco : Guia de conversação : Linguística 494.35
2. Guia de conversação : Turco : Linguística 494.35

A grafia deste livro segue as regras do **Novo Acordo Ortográfico da Língua Portuguesa**.

GUIA DE CONVERSAÇÃO PARA VIAGENS

Turco

Essencial Para Você se Comunicar Bem

SUMÁRIO

Introdução

O *Guia de Conversação Para Viagens Turco* é uma introdução muito prática ao idioma. Organizado em estilo claro de A a Z, usa a referência de palavras-chave para levar você até as palavras e frases que deseja. Assim, se quiser reservar um quarto, é só olhar "quarto". Este guia vai direto ao ponto em todas as situações: em bares e lojas, trens e ônibus, em hotéis e bancos.

A parte principal é um dicionário duplo: Português-Turco e Turco-Português. Antes disso, há uma seção chamada **Frases Básicas** e, para envolver você numa comunicação de duas mãos, o livro inclui um conjunto de diálogos nos **Cenários**, que ilustram perguntas e respostas em situações-chave, como aluguel de carro ou pedido de orientação.

O coração do guia, a seção **Português-Turco**, fornece transliterações das palavras turcas, fáceis de usar, sempre que houver dúvida quanto à pronúncia. Nessa parte, referências cruzadas permitem que você identifique fatos e frases básicas, enquanto as palavras com asterisco indicam que serão encontradas mais informações numa seção no final do livro, chamada **Como Funciona a Língua**. Ali estão as regras fundamentais da língua, com muitos exemplos práticos. Também estão lá outros dados, a exemplo de números, datas, como dizer as horas e frases básicas. No dicionário **Turco-Português** estão as frases que você provavelmente ouvirá (com uma série de gírias e coloquialismos), além de placas, etiquetas, instruções e outras palavras básicas que estarão impressas ou em locais públicos.

No final do livro, o *Guia de Conversação* oferece a seção **Menu**: listas de comidas e bebidas (com termos fundamentais), indispensáveis se você for comer fora, tomar uma bebida ou quiser dar uma espiada num mercado local.

iyi yolculuklar!
boa viagem!

Frases Básicas

sim
evet

não
hayır
rrai-**ã**r

está bem
tam**a**m

por favor
lütfen
l**iu**tfen

obrigado(a)
teşekkür ederim
teshekk**iu**r

obrigado(a) (informal)
teşekkürler
teshekkiurl**e**r

não tem de quê
bir şey değil
shei de-**i**l

sim, por favor
(evet) lütfen
l**iu**tfen

não, obrigado(a)
hayır, teşekkür ederim
rrai-**ã**r teshekk**iu**r

olá
merhaba
m**e**r-rraba

bom dia
günaydın
giunaid**ã**n

boa noite
iyi akşamlar
aksham**la**r

boa noite (ao se deitar)
iyi geceler
gedjel**é**r

adeus (uso geral)
hoşça kalın
rrosh-tch**a** kal**ã**n

(dito por alguém que está saindo)
Allahaısmarladık
al**a**rra-ãsmarladãk

(dito para alguém que está saindo)
güle güle
g**iu**lé

oi!
merhaba!

até logo!
görüşürüz!
g**ó**riushiuriuz

até mais tarde
görüşmek üzere
góriushm**e**k iuzer**é**

como está?/muito prazer
nasılsınız?
nass**ã**l-sãn**ã**z

estou bem, obrigado(a)
iyiy**i**m, teşekkür eder**i**m
teshekk**iur**
prazer em conhecê-lo(a)
memn**u**n old**u**m

com licença
p**a**rdon

por favor (para pedir atenção)
affed**e**rsiniz

desculpe
özür diler**i**m
óz**iur**

sinto muito
özür dil**e**rim
óz**iur**

como?
(sem entender)
ef**e**ndim?

o quê?
ne?
n**é**

o que disse?
ne dedin**i**z?

entendo
anlıyorum
anl**ã**iorum

não entendo
anl**a**mıyorum
anl**a**mãiorum

fala inglês?
İngilizce biliy**o**r musun**u**z?
ingilizdj**é**

não falo turco
Türkçe b**i**lmiyorum
tiurktch**é**

pode falar mais devagar?
lütfen dah**a** yavaş konuş**u**r musun**u**z?
l**iu**tfen - iav**a**sh konush**ur**

pode repetir?
tekrarl**a**r mısınız?
mãssãn**ã**z

escreva isso, por favor
lütfen yaz**a**r mısınız?
l**iu**tfen - mãssãn**ã**z

queria...
... ist**i**yorum

pode me dar...?
b**a**na-...-verebil**i**r misin**i**z?

quanto é?
kaça?
katch**á**

a que horas?
kaçta?
katcht**á**

saúde!
şerefe!
sheref**é**

onde é/onde está...?
... nerede?
nered**é**

FRASES BÁSICAS

Cenários

1. Hospedagem

pode me recomendar um hotel econômico?
▶ pahalı olmayan bir otel önerebilir misiniz?
[parral**ã** olmai**an** bir ot**e**l ónerebil**i**r missin**i**z]

üzgünüm, hepsi dolu görünüyor ◀
[iuzgiun**um** rreps**i** dol**u** góriuni**or**]
sinto muito, parece que estão todos lotados

---

pode me dar o nome de um bom hotel de preço médio?
▶ bana orta sınıf iyi bir otel adı verebilir misiniz?
[ban**a** ort**a** sãn**ã**f i-i-i b**i**r ot**e**l ad**ã** verebil**i**r missin**i**z]

---

bir bakayım; merkezde mi olmak istersiniz? ◀
[bir bakai**ã**m merkezd**é** mi olm**ak** ist**é**rsiniz]
deixe-me ver; deseja ficar no centro?

---

se possível
▶ mümkünse
[miumkiuns**é**]

şehrin biraz dışında olmanızda bir mahzur var mı? ◀
[sherr-r**i**n bir**az** dãshãnd**a** olmanãzd**a** bir marr-z**ur** var mã]
importa-se que fique um pouco fora da cidade?

---

não muito fora
▶ fazla dışında değil ama
[fazl**a** dãshãnd**a** de-**i**l ama]

onde fica no mapa?
▶ haritada yeri neresi?
[rraritad**a** ier**é** neres**i**]

pode escrever o nome e o endereço?
▶ isim ve adresi yazar mısınız?
[iss**i**m ve adress**i** iaz**a**r mãssãn**ã**z]

estou procurando um quarto numa casa de família
▶ aile yanında bir oda arıyorum
[ail**é** ianãnd**a** bir od**a** arãior**um**]

2. Bancos

cheque	çek	[tchék]
conta bancária	banka hesabı	[banka rressabã]
depositar	para yatırmak	[para iatãrmak]
dólar	dolar	[dolar]
euro	avro	[avro]
retirar, sacar	para çekmek	[para tchekmek]
senha	şifre	[shifré]
trocar dinheiro	para bozdurmak	[para bozdurmak]

poderia trocar isto por liras turcas (TL)?
▶ bunu Türk Lirası'na değiştirebilir misiniz?
[bunu tiurk lirassãna deishtirebilir missiniz]

parayı nasıl istersiniz? ◀
[para-iã nassãl isterseniz]
como quer o dinheiro?

notas pequenas
▶ küçük banknot
[kiutchiuk banknot]

notas grandes
▶ büyük banknot
[biu-i-iuk banknot]

há informações em inglês sobre como abrir uma conta?
▶ sizde hesap açılmasıyla ilgili İngilizce bilgi bulunur mu?
[sizdé rressap atchãlmassãila ilgili ingilizdjé bilgi bulunur mu]

evet, nasıl bir hesap açtırmak istiyorsunuz? ◀
[evet nassãl bir rressap atchtãrmak isti-iorsunuz]
sim, que tipo de conta quer?

quero uma conta corrente
▶ cari hesap açtırmak istiyorum
[djari rressap atchtãrmak isti-iorum]

pasaportunuz lütfen ◀
[passaportunuz liutfen]
seu passaporte, por favor

posso usar este cartão para retirar dinheiro?
▶ bu kartla para çekebilir miyim?
[bu kartla para tchekebilir mi-i-im]

kasaya gitmeniz gerek ◀
[kassaia gitmeniz gerék]
precisa ir ao caixa

quero transferir isto para minha conta no Akbank
▶ bunu Akbank'daki hesabıma havale etmek istiyorum
[bunu akbank daki rressabãmá rravalé etmek isti-iorum]

tamam, ama telefon ücretini sizden alırız ◀
[tamam ama telefon iudjréti sizden alãrãz]
tudo bem, mas teremos de cobrar a chamada telefônica

3. Como reservar um quarto

chuveiro	duş	[dush]
telefone no quarto	telefon odada	[telefon odada]
telefone público no hall	umumi telefon	[umumi telefon]

há quartos vagos?
▶ boş odanız var mı?
[bosh odanãz var mã]

kaç kişilik? ◀
[katch kishilik]
para quantas pessoas?

---

para uma/para duas
▶ bir kişilik/iki kişilik
[bir kishilik/iki kishilik]

evet, boş odamız var ◀
[evet bosh odamãz var]
sim, temos

▶ kaç gece için?
[katch gedjé itchin]
para quantas noites?

só por uma noite
yalnızca bir gece için ◀
[ialnãz bir gedjé itchin]

---

quanto custa?
▶ ücreti nedir?
[iudjreti nedir]

Banyolu 90 Türk Lirası, banyosuz 70 Türk Lirası ◀
[baniolu doksan tiurk lirassã baniossuz ietmish tiurk lirassã]
90 TL com banheiro e 70 TL sem banheiro

---

o café da manhã está incluído?
▶ buna kahvaltı dahil mi?
[buna karr-valtã darril mi]

posso ver um quarto com banheiro?
▶ banyolu odayı görebilir miyim?
[baniolu odaiã górebilir mi-i-im]

tudo bem, fico com ele
▶ tamam, tutuyorum
[tamam tutuiorum]

quando tenho de sair?
▶ odayı ne zaman boşaltmam gerekiyor?
[odaiã ne zaman boshaltmam gereki-ior]

há algum lugar onde eu possa deixar a bagagem?
▶ bavullarımı bırakabileceğim bir yer var mı?
[bavularãmã bãrakabilédjé-im bir iér var mã]

4. Aluguel de carro

automático	otomatik (vites)	[otomatik (vités)]
carro alugado	kiralık otomobil	[kiralãk otomobil]
manual	düz (vites)	[diuz (vités)]
tanque cheio	tam depo	[tam depo]

eu gostaria de alugar um carro
▶ bir otomobil kiralamak istiyorum
[bir otomobil kiralamak isti-iorum]

ne kadar süre için? ◀
[né kadar siuré itchin]
por quanto tempo?

---

dois dias
▶ iki gün
[iki giun]

fico com o...
▶ ...'yi alayım
[...i-i alaiãm]

---

a quilometragem é livre?
▶ sınırsız kilometrede kullanım hakkı var mı?
[sãnãrsãz kilometredé kul-lanãm rrak-kã var mã]

evet ◀
[evet]
sim

---

ehliyetinizi görebilir miyim lütfen? ◀
[errli-ietinizi górebilir mi-i-im liutfen]
posso ver sua habilitação, por favor?

---

ve pasaportunuzu ◀
[ve passaportunuzu]
e seu passaporte

---

o seguro está incluído?
▶ sigorta dahil mi?
[sigorta darril mi]

---

evet, ama ilk 100 Türk Lirasını sizin ödemeniz lazım ◀
[evet ama ilk i-iuz tiurk lirassãnã sizin ódemeniz lazãm]
sim mas você tem de pagar as primeiras 100 TL

---

100 Türk Lirası depozit bırakabilir misiniz? ◀
[i-iuz tiurk lirassã depozit bãrakabilir missiniz]
pode deixar um depósito de 100 TL?

---

e se a loja estiver fechada, onde posso deixar as chaves?
▶ bu büro kapalıysa, anahtarları nereye bırakabilirim?
[bu biuro kapalãissa anarrtarã nereié bãrakabilirim]

şu kutuya atarsınız ◀
[shu kutuia atarsãnãz]
coloque-as naquela caixa

5. Comunicações

acesso sem fio	kablosuz ağ baz istasyonu	[kablossuz a-a baz istassionu]
adaptador de tomada de telefone	telefon soketi adaptörü	[telefon soketi adaptóriu]
arroba	at	[at]
celular	cep telefonu	[djép telefonu]
conexão discada	çevirmeli modem	[tchevirmeli modem]
internet	Internet	[internet]
modem ADSL	ADSL modem	[ADSL modem]
ponto	nokta	[nokta]
senha	şifre	[shifré]

há algum cibercafé por aqui?
▸ buralarda Internetcafé bulunur mu?
[buralarda internet kafé bulunur mu]

posso mandar e-mail daqui?
▸ buradan e-mail gönderebilir miyim?
[buradan e-mail gónderebilir mi-i-im]

onde é a arroba no teclado?
▸ klavyede 'at' işareti nerede?
[klaviedé 'at' ishareti nérédé]

pode me conectar com...?
▸ beni ...'ye bağlayabilir misiniz?
[beni... ié ba-alaiabilir missiniz]

pode mudar para teclado inglês?
▸ bunu İngilizce klavyeye çevirmek mümkün mü?
[bunu ingilizdjé klavieié tchevirmek miumkiun miu]

pode ajudar a me conectar?
▸ oturum açmama yardım eder misiniz?
[oturum atchmama iardãm edér missiniz]

zero	cinco
sıfır	beş
[sãfãr]	[besh]
um	seis
bir	altı
[bir]	[altã]
dois	sete
iki	yedi
[iki]	[iedi]
três	oito
üç	sekiz
[iutch]	[sekiz]
quatro	nove
dört	dokuz
[dórt]	[dokuz]

não consigo conexão, pode me ajudar?
▸ bağlantı sağlayamıyorum, bana yardım eder misiniz?
[ba-alantã sa-alaiamãiorum, bana iardãm edér missiniz]

onde posso comprar recarga para o meu celular?
▸ cep telefonum için nereden bir kontür yükleme kartı alabilirim?
[djép telefonum itchin néreden bir kontiur i-iuklemé kartã alabilirim]

6. Orientação

olá, estou procurando a Bülten Sokak
▶ selam, Bülten Sokak'ı arıyorum
[selam biultén sokakã arãiorum]

üzgünüm, hiç işitmedim ◀
[iuzgiunium rritch ishitmedim]
desculpe, nunca ouvi falar

olá, pode me dizer onde fica a Bülten Sokak?
▶ selam, Bülten Sokak nerede söyler misiniz?
[selam biultén sokak néredé sóilér missiniz]

ben de buranın yabancısıyım ◀
[ben dé buranã iabandjãssãiãm]
também não sou daqui

ikinci ışıktan sonra solda ◀
[ikindji ãshãktan sonra solda]
à esquerda, no segundo semáforo

olá, Bülten Sokak, sabe onde fica?
selam, Bülten Sokak'ın nerede olduğunu biliyor musunuz?
[selam biultén sokakã néredé oldu-unu bili-ior mussunuz]

onde?
nerede?
[néredé]

em que direção?
ne yönde?
[né ióndé]

▶ köşeyi dönünce
[kóshéi-i dóniundjé]
virando a esquina

▶ sonra sağdaki ilk sokak
[sonra sa-adaki ilk sokak]
depois, é a primeira rua à direita

dosdoğru ileride
[dosdo-oru ileride]
sempre em frente

ileride
[ileridé]
mais adiante

sapın
[sapãn]
saída

şurada
[shurada]
ali adiante

...'i geçince
[...i getchindjé]
depois do...

karşı
[karshã]
em frente

sokak
[sokak]
rua

yakın
[yakãn]
perto

geride
[geridé]
para trás

önünde
[óniundé]
em frente de

solda
[solda]
à esquerda

hemen sonra
[rremén sonra]
logo depois

sağda
[sa-ada]
à direita

bir sonraki
[bir sonraki]
próximo

7. Emergências

acidente	kaza	[kaza]
ambulância	ambülans	[ambulans]
bombeiros	itfaiye	[itfai-ie]
cônsul	konsolos	[konsolos]
embaixada	elçilik	[éltchilik]
polícia	polis	[polis]

socorro!
▸ imdat!
[imdat]

pode me ajudar?
▸ bana yardım edebilir misiniz?
[bana iardãm edebilir missiniz]

por favor, venha comigo! é realmente muito urgente
▸ lütfen benimle gelin! gerçekten çok acil
[liutfen benimlé gelin gertchékten tchok adjil]

eu perdi (as minhas chaves)
▸ (anahtarlarımı) kaybettim
[(anarrtarlarãmã) kaibet-tim]

(meu carro) não funciona
▸ (arabam) çalışmıyor
[(arabam) tchalãshmãior]

(minha carteira) foi roubada
▸ (cüzdanım) çalındı
[(djiuzdanãm) tchalãndã]

fui assaltado(a)
▸ saldırıya uğradım
[saldãrãia u-uradãm]

---

adınız ne? ◂
[adãnãz né]
qual é seu nome?

pasaportunuzu görebilir miyim? ◂
[passaportunuzu górébilir mi-i-im]
preciso ver seu passaporte

---

sinto muito, roubaram todos os meus documentos
▸ maalesef, bütün kağıtlarım çalındı
[ma-alesséf biutiun kia-ãtlarãm tchalãndã]

8. Amigos

oi, tudo bem?
▶ selam, nasılsın?
[selam nassãlsãn]

iyidir, ya sen? ◀
[i-idir ia sen]
tudo bem, e você?

---

tudo bem
▶ ya evet, çok iyi
[ia evet tchok i-i-i]

nada mal
▶ fena değil
[fena de-il]

---

conhece o Mark?
▶ Mark'ı tanıyor musun?
[markã tanãior mussun]

---

e esta é a Ana
▶ bu da Hannah
[bu da Ana]

ya evet, tanışıyoruz ◀
[ia evet tanãshãioruz]
sim, a gente se conhece

---

de onde vocês se conhecem?
▶ nereden tanışıyorsunuz?
[néreden tanãshãior-sunuz]

Emre'de tanışmıştık ◀
[emrédé tanãshmãshtãk]
a gente se conheceu na casa do Emre

---

foi uma festa legal, não foi?
▶ ne partiydi di mi?
[né parti-idi di mi]

eşsiz ◀
[eshsiz]
o máximo

---

querem tomar uma cerveja?
▶ bira içmeye gelen var mı?
[bira itchméié gelen var mã]

▶ cool, hadi gidelim
[kul, rradi gidelim]
legal, vamos

▶ olmaz, ben Aylin'le buluşacağım
[olmaz ben ailinlé bulushadja-ãm]
não, vou me encontrar com Aylin

a gente se vê na casa do Emre, hoje à noite
▶ akşama Emre'de görüşürüz
[akshama emredé góriushiuriuz]

---

görüşmek üzere ◀
[góriushmek iuzéré]
até logo

9. Saúde

não estou me sentindo muito bem
▶ kendimi pek iyi hissetmiyorum
[kendim**é** pék i-i-**i** rrissetmi-ior**u**m]

pode chamar um médico?
▶ doktor çağırabilir misiniz?
[dokt**o**r tcha-ãrabil**i**r missin**i**z]

▶ nereniz ağrıyor?
[n**e**reniz a-arãi**o**r]
onde dói?

dói aqui
buram ağrıyor ◀
[buram a-arãi**o**r]

▶ ağrı devamlı mı?
[a-ar**ã** devaml**ã** mã]
a dor é constante?

não é uma dor constante
devamlı bir ağrı değil ◀
[devaml**ã** bir a-ar**ã** de-**i**l]

---

posso marcar uma consulta?
▶ randevu alabilir miyim?
[randev**u** alabil**i**r mi-i-**i**m]

pode me dar algo para...?
▶ ... için bir şey verebilir misiniz?
[... itch**i**n bir shei verebil**i**r missin**i**z]

sim, tenho seguro
▶ evet, sigortam var
[**e**vet sig**o**rtam var]

afta	pamukçuk	[pamuktch**uk**]
analgésicos	ağrı kesiciler	[a-ar**ã** kessidjil**ér**]
antibióticos	antibiyotik	[antibioti**k**]
cistite	sistit	[sist**it**]
dentista	dişçi	[dish-tch**i**]
diarreia	ishal	[is-rr**al**]
doente	hasta	[rrast**a**]
doutor	doktor	[dokt**o**r]
farmácia	eczane	[edjzan**é**]
hospital	hastane	[rrastan**é**]
pomada antisséptica	antiseptik merhem	[antissept**i**k mer-rr**e**m]
receitar	ilaç yazmak	[il**a**tch iazm**a**k]
remédio	ilaç	[il**a**tch]

10. Dificuldades de linguagem

algumas palavras	birkaç kelime	[birk**a**tch kelim**é**]
intérprete	tercüman	[terdjium**an**]
traduzir	tercüme etmek	[terdjium**é** etm**ek**]

kredi kartınız kabul edilmedi ◀
[kred**i** kartãn**ã**z kab**u**l edelmed**i**]
seu cartão de crédito foi recusado

---

como? não entendo; fala inglês?
▶ nasıl, anlamadım; İngilizce biliyor musunuz?
[nass**ã**l anlamad**ã**m ingilizdj**é** bili-i**o**r mussun**u**z]

---

bu geçerli değil ◀
[bu getcherl**i** de-**il**]
ele não é válido

---

pode repetir?
▶ tekrar söyler misiniz?
[t**e**krar sóil**é**r missin**i**z]

devagar
▶ yavaş yavaş
[iav**a**sh iav**a**sh]

---

entendo muito pouco de turco
▶ çok az Türkçe anlıyorum
[tchok az tiurktch**é** anlãior**u**m]

falo turco muito mal
▶ Türkçem çok kötü
[tiurktch**e**m tchok kót**iu**]

---

bu kartla ödeme yapamazsınız ◀
[bu kartl**a** ódem**é** iapamazsãn**ã**z]
não pode utilizar este cartão para pagar

▶ anlıyor musunuz?
[anlãi**o**r mussun**u**z]
entende?

não, sinto muito
▶ üzgünüm ama hayır
[iuzg**iu**nium **a**ma rraiã**r**]

---

há alguém que fale inglês?
▶ İngilizce bilen birisi var mı burada?
[ingilizdj**é** bil**e**n biriss**i** var mã b**u**rada]

---

ah, agora entendo
▶ ha, şimdi anladım
[ah shimd**i** anlad**ã**m]

está tudo bem agora?
▶ şimdi tamam mı?
[shimd**i** tam**a**m mã]

11. Ao conhecer pessoas

olá
▶ merhaba
[mer-rraba]

---

merhaba, ben Aylin ◀
[mer-rraba ben ailin]
olá, meu nome é Aylin

---

eu sou o Marcelo, de Santos, no Brasil
▶ ben, Brezilya Santos´dan Marcelo
[ben brézilia santos-dan marcelo]

---

hiç duymadım, nerede o? ◀
[rritch duimadãm nérédé o]
não conheço, onde fica?

---

perto de São Paulo, no sudeste; e você?
▶ güneydoğu´da, sao paulo´ya yakın; ya siz?
[giuneido-uda sao paulo-ia iakãn ia siz]

---

ben Ankara'lıyım; burada yalnız mısınız? ◀
[ben ankaralãiãm burada ialnãz mãssãnãz]
sou de Ankara; está aqui sozinho?

---

não, estou com minha mulher e dois filhos
▶ hayır, eşim ve iki çocuğumla beraberim
[rraiãr eshim ve iki tchodju-umla beraberim]

o que você faz?
▶ ne iş yapıyorsunuz?
[né ish iapãiorsunuz]

bilgisayar işindeyim ◀
[bilgissaiar ishimdei-im]
trabalho com computadores

eu também
▶ ben de
[ben dé]

aqui está a minha mulher
▶ işte eşim de geldi
[ishté eshim dé geldi]

---

tanıştığımıza memnun oldum ◀
[tanãshtã-ãmãza memnun oldum]
prazer em conhecê-la

12. Correio

cartão-postal	kartpostal	[kartpos**tal**]
correio	postane	[posta**né**]
correio aéreo	uçak postası	[utch**ak** postass**ã**]
selo	pul	[pul]

a que horas fecha o correio?
▸ postane saat kaçta kapanıyor?
[posta**né** sa-**at** katcht**a** kapanãi**or**]

hafta içi saat beşte ◂
[rraf**ta** itch**i** sa-**at** besht**é**]
às 17h durante a semana

---

o correio abre aos sábados?
▸ postane cumartesi günleri açık mı?
[posta**né** djumartess**i** giunler**i** atch**ã**k mã]

öğlene kadar ◂
[ó-ólen**é** kad**ar**]
até o meio-dia

---

gostaria de mandar esta carta registrada para o Brasil
▸ bunu taahhütlü olarak Brezilya'ya göndermek istiyorum
[bun**u** ta-arriutl**iu** olar**ak** br**é**zilia-ia góndermek ist**i**-iorum]

---

tabii, 10 Türk Lirası ediyor ◂
[tabi-**i** on tiurk lirass**ã** edi-i**or**]
pois não, são 10 TL

---

e também dois selos para o Brasil, por favor
▸ bir de Brezilya için iki adet pul, lütfen
[bir de br**é**zilia itch**in** ik**i** ad**et** pul l**iu**tfen]

tem adesivos de correio aéreo?
▸ yapışkan uçak postası etiketiniz var mı?
[iapãshk**an** utch**ak** postass**ã** etiketin**iz** va mã]

tem correspondência para mim?
▸ bana posta var mı?
[b**a**na p**o**sta var mã]

mektup	cartas
paket	pacotes/encomendas
yurtdışı	internacional
yurtiçi	doméstico(a)

13. Restaurantes

conta	hesap	[rressap]	mesa	masa	[massa]
cardápio	yemek listesi	[iemek listessi]			

pode nos arrumar uma mesa para não fumantes?
▸ sigara içilmeyen bölümde bir masa verebilir misiniz?
[sigara itchilmeien bóliumde bir massa verebilir missiniz]

é para duas pessoas
▸ iki kişiyiz
[iki kishi-iz]

é para quatro pessoas
▸ dört kişiyiz
[dórt kishi-iz]

---

o que é isto?
▸ bu nedir?
[bu nedir]

bir tür balık ◂
[bir tiur balãk]
é um tipo de peixe

yörenin özel yemeği ◂
[iórenin ózel ieme-i]
é uma especialidade local

buyrun girin de size göstereyim ◂
[buiurun girin dé sizé gósterei-im]
entre e eu lhe mostro

---

queremos dois destes, um desses e um daqueles
▸ bunlardan iki, bunlardan bir, şunlardan da bir tane istiyoruz
[bunlardan iki bunlardan bir shunlardan da bir tané isti-ioruz]

▸ ya içmek için?
[ia itchmek itchin]
e para beber?

vinho tinto
▸ kırmızı şarap
[kãrmãzã sharap]

vinho branco
▸ beyaz şarap
[beiaz sharap]

uma cerveja e dois sucos de laranja
▸ bir bira ve iki portakal suyu
[bir bira ve iki portakal suiu]

---

mais pão, por favor
▸ biraz daha ekmek lütfen
[biraz darra ekmek liutfen]

▸ yemeğiniz nasıldı?
[iéméiniz nassãldã]
como estava a comida?

excelente, muito boa!
mükemmel, çok güzeldi ◂
[miukemmel tchok giuzeldi]

▸ başka bir şey?
[bashka bir shei]
mais alguma coisa?

apenas a conta, obrigado(a)
sadece hesap, teşekkürler ◂
[sadedjé rressap teshekiurlér]

Cenários ➔ Turco

14. Compras

▶ yardımcı olabilir miyim?
[iardamdjã olabilir mi-i-im]
posso ajudá-lo(a)?

posso dar só uma olhada?
▶ şöyle bir bakabilir miyim?
[shóilé bir bakabilir mi-i-im]

sim, estou procurando...
▶ evet, ... arıyorum
[evet ... arãiorum]

quanto custa isto?
▶ bu kaça?
[bu katcha]

▶ otuziki Türk Lirası
[otuziki tiurk lirassã]
32 TL

tudo bem, acho que vou ter de desistir; é muito caro para mim
▶ peki, kalsın o zaman; benim için biraz fazla pahalı
[peki, kalsãn o zaman, benim itchin biraz fazla parralã]

ya bu nasıl? ◀
[ia bu nassãl]
e que tal este?

posso pagar com cartão de crédito?
▶ kredi kartıyla ödeyebilir miyim?
[kredi kartãila ódeiebilir mi-i-im]

é muito grande
▶ fazla büyük
[fazla biu-i-iuk]

é muito pequeno
▶ fazla küçük
[fazla kiutchiuk]

é para o meu filho – ele é mais ou menos desta altura
▶ oğlum için – aşağı yukarı şu boyda
[o-olum itchin ashaã iukarã shu boida]

▶ başka bir şey ister miydiniz?
[bashka bir shei istér mi-idiniz]
mais alguma coisa?

isso é tudo, obrigado(a
▶ hepsi bu, teşekkürler
[rrépsi bu teshekiurler]

se fizer por 20 TL eu levo
▶ yirmi Türk Lirası yapın da alayım
[i-irmi tiurk lirassã iapãn da alaiãm]

está bem, vou levar
▶ pekala, alıyorum
[pekala alãiorum]

açık	aberto(a)
değiştirmek	trocar
indirimli satış	liquidação
kapalı	fechado(a)

15. Turismo

aberto	açık	[atchãk]
centro da cidade	şehir merkezi	[sherrir merkezi]
fechado	kapalı	[kapalã]
galeria de arte	sanat galerisi	[sanat galerissi]
guia	rehber	[rérr-bér]
museu	müze	[miuzé]
passeio de ônibus	otobüsle tur	[otobiusslé tur]

estou interessado em conhecer a cidade velha
▶ eski şehri görmek isterim
[eski sherr-ri górmek isterim]

---

há visitas guiadas?
▶ rehberli turlar var mı?
[rerrberli turlar var mã]

üzgünüm, tamamen dolu ◀
[iuzgiunium, tamamen dolu]
sinto muito, estão lotadas

---

quanto cobraria para nos levar para passear por quatro horas?
▶ bizi otomobille dört saat gezdirmek için ne alırsınız?
[bizi otomobil-lé dórt sa-at gezdirmek itchin ne alãrsãnãz]

---

podemos reservar aqui os ingressos para o concerto?
▶ konser için biletleri buradan ayırtabilir miyiz?
[konser itchin biletleri buradan aiãrtabilir mi-i-iz]

▶ evet, isim ne olacak?
[evet isim né oladjak]
sim, em nome de quem?

hangi kredi kartı? ◀
[rrangi kredi kartã]
qual é o cartão de crédito?

---

onde pegamos os ingressos?
▶ biletleri nereden alacağız?
[biletleri néreden aladja-ãz]

girişte istemeniz yeterli ◀
[girishte istemeniz ietér]
podem pegá-los na entrada

---

abre aos domingos?
▶ pazarları açık mı?
[pazarlarã atchãk mã]

quanto é a entrada?
▶ giriş ne kadar?
[girish né kadar]

tem desconto para grupos de seis pessoas?
▶ 6 kişilik gruplar için indirim var mı?
[altã kishilik gruplar itchin indirim var mã]

foi impressionante!
▶ gerçekten çok etkileyiciydi!
[gertchekten tchok etkileidjidi]

16. Trem

bilhete	bilet	[bil**e**t]
bilhete de ida	gidiş	[gid**i**sh]
bilhete de ida e volta	gidiş-dönüş	[gid**i**sh-dóni**u**sh]
estação	istasyon	[istassi**o**n]
mudar de trem	aktarma yapmak	[aktarm**a** iapm**a**k]
parada	durak	[dur**a**k]
plataforma	peron	[per**o**n]

quanto é...?
▸ ... ne kadar?
[... né kad**a**r]

um bilhete de ida, de segunda classe, para...
▸ ....'a bir adet ikinci sınıf gidiş
[...a bir ad**e**t ikindj**i** sãn**ã**f gid**i**sh]

dois bilhetes de ida e volta, de segunda classe, para...
▸ ....'a iki adet ikinci sınıf gidiş-dönüş
[...a ik**i** ad**e**t ikindj**i** sãn**ã**f gid**i**sh-dóni**u**sh]

para hoje
▸ bugün için
[b**u**giun itch**i**n]

para amanhã
▸ yarın için
[iar**ã**n itch**i**n]

para a próxima terça-feira
▸ gelecek salı için
[geledj**é**k sal**ã** itch**i**n]

Boğaziçi Ekpresi için fark ödenmesi gerekiyor ◂
[boazitch**i** ekspress**i** itch**i**n fark ódenmess**i** gereki-i**o**r]
há um extra para a Boğaziçi Ekpresi

▸ yer ayırtmak istiyor musunuz? ◂
[iér aiãrtm**a**k isti-i**o**r mussun**u**z]
deseja reservar o seu assento?

▸ Bursa'da aktarma yapmanız lazım ◂
[bursad**a** aktarm**a** iapman**ã**z laz**ã**m]
tem de mudar de trem em Bursa

---

este lugar está livre?
▸ bu yer boş mu?
[bu iér bosh mu]

por favor, em que estação estamos?
▸ affedersiniz, hangi istasyondayız?
[af-fedérsini**z** rrang**i** istassiondai**ã**z]

é aqui que mudo de trem para İzmir?
▸ İzmir için burada mı aktarma yapmam lazım?
[**i**zmir itch**i**n b**u**rada mã aktarm**a** iapm**a**m laz**ã**m]

Português

→

Turco

A

à/ao: à janela pencere yanında [ianãnda]
à beira-mar deniz kenarında [kenarãnda]
abacaxi ananas
suco de abacaxi ananas suyu
abaixo: abaixo de... ...-in altında [altãnda]
é nesta rua, mais abaixo yolun daha aşağısında [ashassãndá]
aberto(a) açık [atchãk]
abobrinha kabak
abridor de garrafa şişe açacağı [atchadja-ã]
abridor de latas konserve açacağı [conserve atchadja-ã]
abril nisan
abrir kilidi açmak [atchmak]
não consigo abrir (cadeado, tranca) açamıyorum [atchamã-]
quando abre? saat kaçta açıyorsunuz? [sa-at katchta atchã-]
absorvente higiênico kadın bağı [kadãn ba-ã]
absurdo: que absurdo! saçma! [satchma]
acabar bitmek
acabar com bitirmek
acabou bitti
quando acaba? ne zaman bitiyor?
acampamento de trailer kamping
acampar kamp yapmak
podemos acampar aqui? burada kamp yapabilir miyiz?
aceitar almak
aceita cartão de crédito? kredi kartı kabul ediyor musunuz? [kartã]
aceitar (estar de acordo) kabul etmek
aceitável (decisão etc.) akla yakın [iakãn]
acelerador gaz pedalı [pedalã]
acender (luz) açmak [atchmak]
aceso(a) açık [atchãk]
a luz não estava acesa ışık yanmıyordu [ãshãk ianmãiordu]
achados e perdidos (seção de) kayıp eşya [kaiãp eshia]
achar: acho que sim bence öyle [bendjé óilé]
acho que não bence öyle değil [de-il]
achar (encontrar) bulmak
acidente kaza
acidente automobilístico trafik kazası [kazassã]
houve um acidente bir kaza oldu

ácido (sabor) ekşi [ekshi]
acima: acima de... ...-in üstünde [iustiundé]
acontecer olmak
o que aconteceu? ne oldu?
o que está acontecendo? ne oluyor? [né]
acordado(a): ele(a) está acordado(a)? uyanık mı? [uianãk mã]
acordar: pode me acordar às cinco e meia? beni beş buçukta uyandırır mısınız? [uiandãrãr mãssãnãz]
açougue kasap
acreditar inanmak
açúcar şeker [shekér]
adaptador adaptör [adaptór]
adiantado önceden [óndjéden]
adiante: mais adiante ileride [ileridé]
é mais adiante na rua yolun ilerisinde [ilerissindé]
adicional: vocês cobram um adicional para isso? bunun için ayrıca para alıyor musunuz? [itchin airãdja para alãior]
adolescente delikanlı [delikanlã], genç kız [gentch kãz]
adulto yetişkin [ietish-kin]
advogado(a) avukat

aéreo: por via aérea (correio) uçak postasıyla [utchak postassãila]
aeroporto havaalanı [rrava-alanã]
para o aeroporto, por favor havaalanına, lütfen [rrava-alanãna liutfen]
afastar-se: poderia se afastar um pouco? biraz yukarı gider misiniz? [iukarã]
afiado(a) keskin
África do Sul Güney Afrika
afta aft, pamukçuk [pamuktchuk]
agasalho de moletom svetşört [suétshãrt]
agência de viagens seyahat acentası [seiarrat adjentassã]
agência do correio postane [postané]
agenda ajanda [aJanda]
agenda de endereços adres defteri
agora şimdi [shimdi]
agora não şimdi değil [shimdi de-il]
agosto ağustos [a-ustos]
agradável hoş [rosh]
(comida, dia) güzel [giuzél]
agradecido(a) minnettar
água su
pode me dar um pouco de água? biraz su verir misiniz?

água com gás (club soda) maden sodası [sodassã]
água destilada arı su [arã su]
água mineral maden suyu
água potável içme suyu [itchmé]
esta água é potável? bu içme suyu mu?
água tônica tonik
aguaceiro sağanak [sa-anak]
água-de-colônia kolonya
aguardar iple çekmek [iple tchekmek]
estou aguardando por isso onu iple çekiyorum [iple tchekiorum]
água-viva denizanası [-ssã]
agudo(a) (dor) şiddetli [shidétli]
agulha iğne [i-iné]
Aids Aids
ainda henüz [rreniuz]
ainda estou aqui hâlâ buradayım [rrala buradaiãm]
ele/ela ainda está aí? hâlâ orada mı? [mã]

diálogo

já está aqui? daha gelmedi mi?
não, ainda não hayır, henüz değil [rraiãr de-il]
ainda terá de esperar um pouquinho biraz daha beklemeniz lazım [lazãm]

aipo sap kerevizi
ajuda yardım [iardãm]
ajudante yardımcı [iardamdjã]
ajudar yardım etmek
ajude-me! imdat!
pode me ajudar? bana yardım edebilir misiniz?
muito obrigado(a) pela ajuda yardımınız için çok teşekkür ederim [iardãmãnãz itchin tchok teshekiur ederim]
ala (de hospital) koğuş [ko-ush]
alarme de incêndio yangın alarmı [iangãn alarmã]
alavanca manivela
albergue da juventude gençlik yurdu [gentchlik]
alcançar yakalamak
alça askı [askã]
álcool alkol
sem álcool alkolsüz [-siuz]
alcoólico(a) alkollü [alkol-liu]
aldeia köy [kói]
aldeia de pescadores balıkçı köyü [balãk kói-iu]
além... (lá, longe, mais adiante) ...-in ötesinde [ótessindé]
além de... (mais de)...-den başka [bashka]
Alemanha Almanya
alemão, alemã Alman
(idioma) Almanca [almandjá]
alérgico(a): sou alérgico(a) a... ...-a alerjim var [alerjim]

alfabeto alfabe [alfabé]

a	a	m	mé
b	bé	n	né
c	djé	o	o
ç	tché	ö	ó
d	dé	p	pé
e	é	r	ré
f	fé	s	sé
g	gé	ş	shé
ğ	iumushak gé	u	u
h	rré	ü	iu
ı	ã	t	té
i	i	v	vé
j	jé	y	ié
k	ka	z	zé
l	lé		

alface yeşil salata [ieshil]
alfaiate terzi
alfândega Gümrük [giumriuk]
alfinete toplu iğne [i-iné]
alfinete de segurança çengelli iğne [tchengeli i-iné]
alga marinha yosun
algo bir şey [shei]
algo para comer yiyecek bir şey [i-iédjék]
algodão pamuk
algodão hidrófilo hidrofil pamuk
alguém (frases afirmativas) birisi (perguntas; respostas negativas) kimse [kimsé]
alguém fala inglês? İngilizce bilen var mı? [ingilizdjé - mã]

alguma coisa, qualquer coisa bir şey [shei]
vamos comer alguma coisa hadi gidip bir şeyler yiyelim [sheilér]

diálogos

mais alguma coisa? başka bir şey? [bashka]
nada mais, obrigado(a) hepsi bu kadar, teşekkür ederim [teshek-kiur]

gostaria de beber alguma coisa? bir şey içmek ister misiniz? [itchmek]
não quero nada, obrigado(a) hiç bir şey istemiyorum, teşekkür ederim [rritch]

alguns birkaç [birkatch]
alguns dias birkaç gün [giun]
alho sarmısak [sarmãssak]
alho-poró pırasa [pãrassa]
ali orada
ali acima yukarıda [iakãnda]
ali adiante şurada [shurada], orada
é por ali şu taraftan [shu]
aliança alyans
alicate kerpeten
alimentos para diabéticos şeker hastaları için diyet yemeği [-larã itchin - iemé-i]

almoço öğle yemeği [ó-ólé ieme-i]
almofada yastık [iastãk]
alô alo
alpinismo dağcılık [da-adjãlãk]
alto(a) (barulho) gürültülü [giuriultiuliu]
(edifício) yüksek [iuksék]
(pessoa) uzun boylu
(voz) yüksek sesle [iuksék seslé]
no alto en üstte [iusté]
altura (de uma pessoa) boy
(de uma montanha) yükseklik [iukséklik]
alugar kiralamak
onde posso alugar uma bicicleta? nereden bir bisiklet kiralayabilirim? [kiralaiabilirim]
para alugar kiralık [kiralãk]
aluguel kira
aluguel de carros kiralık otomobil [kiralãk]
alvejante tuvalet temizleyicisi [temizleidjissi]
amanhã yarın [iarãn]
amanhã de manhã yarın sabah [sabarr]
depois de amanhã öbür gün [óbiur giun]
amanhecer: ao amanhecer gün ağarırken [giun a-arãrken]
amar sevmek
eu amo a Turquia Türkiye'ye aşığım [tiurkie-ié ashã-ãm]
amarelo(a) sarı [sarã]
amargo(a) acı [adjã]
amável (generoso) nazik, iyi
é muito amável çok naziksiniz [tchok]
ambos ikisi de [ikissi dé]
ambulância cankurtaran [djankurtaran]
chame uma ambulância! bir cankurtaran çağırın! [tcha-arãn]
amêndoa badem
amêndoa doce badem şekeri
amendoim yerfıstığı [iér-fãsstã-ã]
ameno (clima) ılıman [ãlãman]
América Amerika
americano(a) Amerikan
sou americano(a) Amerikalıyım [-lãiãm]
amigável dostça [dostcha]
amigdalite bademcik iltihabı [bademdjik iltirrabi]
amigo(a) arkadaş [arkadash]
amor sevgi
amortecedor amortisör [amortissór]
ampliação (de foto) büyültme [biui-iultme]
analgésicos ağrı kesiciler [a-arã kessidjilér]
Anatólia Anadolu
andar (de edifício etc.) kat
andar de baixo (ou andar mais baixo) alt kat

primeiro andar birinci kat [birindji]
segundo andar ikinci kat [ikindji]
último andar üst kat [iust]
andar: ande logo! çabuk ol! [tchabuk]
anel yüzük [iuziuk]
anfiteatro amfiteatr
animado(a) canlı [djanlã] (cidade) hareketli
animal hayvan [rraivan]
aniversário doğum günü [do-um giuniu]
aniversário de casamento evlenme yıldönümü [evlenmé iãl-dóniumiu]
feliz aniversário! doğum gününüz kutlu olsun! [giuniuniuz]
ano yıl [iãl]
Ano-Novo Yeni Yıl [iãl]
Feliz Ano-Novo! Yeni Yılınız Kutlu Olsun! [iãlãnãz]
anteontem geçen gün [getchen giun]
antes önce [óndjé]
antes de tudo ilk önce [óndjé]
antibióticos antibiyotik
anticongelante antifriz
antiguidade: isto é uma antiguidade? bu antika mı? [mã]
anti-histamínico antihistamin
antiquado(a) eski moda
antiquário antikacı [antikadjã]
antisséptico antiseptik
apagado(a) (desligado) kapalı [kapalã]
aparelho auditivo işitme cihazı [ishitmé djirrazã]
aparelho de som stereo
apartamento apartman dairesi [dairessi], daire [dairé]
apart-hotel apart otel
apenas ancak [andjak]
apendicite apandisit
aperitivo aperetif
apertado(a) dar
está muito apertado(a) fazla dar
apertar as mãos: vamos apertar as mãos (para fechar um negócio) tokalaşalım [tokalashalãm]
apimentado(a) acı [adjã]
apinhado(a) kalabalık
aposentado(a) emekli
sou aposentado(a) emekliyim
aprender öğrenmek [ó-renmek]
apresentar tanıştırmak [tanãshtãrmak]
posso apresentar...? size ...-i tanıştırabilir miyim? [sizé ... -i tanãshtãrabilir mi-i-im]
apressar-se acele etmek [adjélé]
estou com pressa acelem var [adjelém]

não há pressa aceleye gerek yok [adjeléié]
aproximadamente kabaca [kabadja]
aquecedor ısıtıcı [ãssãtãdjã]
aquecedor elétrico elektrik sobası [sobassã]
aquecimento ısıtma [ãssãtma]
aquecimento central kalorifer
aqueles/aquelas: aqueles homens o adamlar
aqui burada
aqui? buradaki mi?
aqui está (ao oferecer/entregar alguma coisa) buyrun [buiurun]
aqui está/estão... işte ... [ishté]
aqui mesmo tam burada
é por aqui bu taraftan
aquilo: aquilo é...? şu ... mı? [mã]
ar hava [rravá]
arame tel
aranha örümcek [óriumdjék]
ar-condicionado klima, havalandırma [rraválandãrma]
área (bairro) semt
(espaço) alan
areia kum [kum]
ar livre: ao ar livre açık havada
arma de fogo (pistola) tabanca [tabandja]
(rifle) tüfek [tiufék]
armário dolap
armário com cadeado emanet kasası [kassassã]
Armênia Ermenistan
armênio(a) Ermeni
aro (de roda de carro, de bicicleta) jant [Jant]
arranhão çizik [tchizik]
arriscado(a) rizikolu
arroz (cozido) pilav
(cru) pirinç [pirintch]
arruela rondela
arrumar: pode arrumar isto para nós? bunu bizim için ayarlar mısınız? [itchin aiarlar mãssãnãz]
arte sanat
artista sanatçı [sanatchã]
árvore ağaç [a-atch]
às vezes bazen
asa-delta hang-gliding
Ásia Asya
asma astım [astãm]
aspirador de pó elektrik süpürgesi [siupiurgéssi]
aspirina aspirin
asqueroso(a) iğrenç [i-irentch]
assaltado(a): fui assaltado(a) saldırıya uğradım [saldãrãia u-uradãm]
assento oturacak yer [oturadjak]
assento no corredor koridor yanı [ianã]
assinatura imza
assistente yardımcı [iardamdjã]

assustador(a) korkunç [korkuntch]
atadura pansuman
atalho kestirme [kestirmé]
ataque nöbet [niubet]
até ...-e kadar [-é]
até logo (dito para quem fica) hoşça kalın [hosh-tcha kalãn]
até logo! eyvallah! [eivala]
até mais! görüşürüz! [góriushiuriuz]
até mesmo... ... bile [bilé]
até quinta-feira Perşembeye kadar
Atenas Atina
aterrissar inmek
atirar atmak, fırlatmak [fãrlatmak]
atletismo atletizm
atolado(a): está atolado(a) sıkıştı [sãkãshtã]
ator, atriz film yıldızı
atrações: as atrações turísticas de... ...-nin görmeye değer yerleri [górmeie de-ér]
atraente çekici [tchekidji]
atrás arkada
atrás de... ...-in arkasında [arkassãnda]
atrás de mim arkamda
atrasado(a): o trem estava atrasado tren gecikti [getchikti]
temos de ir – chegaremos atrasados gitmemiz gerek – geç kalacağız [kaladjaãz]
atraso gecikme [gedjikmé]
desculpe o atraso geciktiğim için özür dilerim [getchikti-im itchin óziur dilerim]
através içinden [itchinden]
atravessar geçmek [getchmek]
atropelar (um pedestre) çarpmak [tcharpmak]
ele foi atropelado araba çarpmış [tcharpmãsh]
atum ton balığı [balã-ã]
aurora şafak [shafak]
Austrália Avustralya
australiano(a) Avustralyalı
sou australiano(a) Avustralyalıyım [- ialãiãm]
autêntico(a) gerçek [gertchék]
automático(a) otomatik
autorizar ...-a izin vermek
auxílio à lista (telefone) bilinmeyen numaralar [bilinmeien]
avelã fındık [fãndãk]
avenida cadde [djadé]
avenida principal ana cadde [djadé]
avião uçak [utchak]
de avião uçakla [utchakla]
avisar: você me avisa depois? bana haber verir misiniz?
depois eu lhe aviso/conto ben size haber veririm [sizé rrabér]

avó büyükanne [biui-**iuk** ané]
avô büyükbaba [biui-**iuk** baba]
azeite zeytinyağı [zeitinia-**a**]
azeitonas zeytin
pretas/verdes siyah/yeşil zeytin [ieshil]
azul mavi
azul-claro uçuk mavi [utch**uk**]
azul-marinho lacivert [ladjivert]

B

babá çocuk bakıcısı [tchodj**uk** bakãdjãssã]
bacon beykın [beikãn]
bagageiro de carro üst bagaj yeri [iust bagaj]
bagagem bagaj [bagaj]
carrinho de bagagem eşya arabası [eshia arabassã]
bagagem de mão el bagajı [bagajã]
baía koy
bairro semt
baixo(a) (lugar) alçak [altchak]
(pessoa, objeto) kısa [kãssa]
bala de goma árabe lokum
balas şeker [sheker]
balas de hortelã nane şekeri [nané shekeri]
balcão de informação danışma masası [danãshma]
balcão de recepção resepsiyon masası [massassã]
balde kova
balé bale [balé]
balneário termal kaplıca [kap-lãdja]
balsa feribot
banana muz
banca de jornal gazete bayii [gazeté bai-ii]
(quiosque) gazete satış büfesi [satãsh biufessi]
banco (dinheiro) banka
banda (musical) orkestra
bandagem sargı [sargã]
Bandaids® plaster, yara bandı [bandã]
bandeira bayrak [bairak]
bandeja tepsi
banheira küvet [kiuvét]
banheiro banyo, tuvalet [tuvalet]
banheiro feminino bayanlar [baianlar]
banheiro masculino erkekler (tuvaleti)
banheiro privativo özel banyo
banheiro público umumi hela
com banheiro privativo banyolu oda
onde fica o banheiro? tuvalet nerede? [néredé]
tenho de ir ao banheiro tuvalete gitmem lazım [tuvaleté - lazãm]

banho banyo
posso tomar banho? banyo yapabilir miyim?
banho turco hamam [rramam]
bar bar
bar gay eşcinsellerin barı [esh-djinseleri barã]
barata (inseto) hamam böceği [rramam bódjé-i]
barato(a) ucuz [udjuz]
tem algo mais barato? daha ucuz bir şey var mı? [shei var mã]
barba sakal
barbante ip
barbatanas paletler
barbeador tıraş makinesi [tãrash]
barbeador elétrico elektrikli tıraş makinesi
barbeiro berber
barco gemi
(barquinho) kayık [kaiãk]
barco a motor deniz motoru
barra: uma barra de chocolate bir paket çikolata [tchikolata]
barraca çadır [tchadãr]
barriga göbek [góbek]
barulhento(a): é muito barulhento(a) fazla gürültülü
barulho gürültü [giuriultiu]
base fondöten [fondótén]
bastante oldukça [olduktcha]
mais que bastante oldukça çok [olduktcha]
batatas patates
batatas fritas patates kızartması [kãzartmassã]
batatas chips (EUA) cips [djips]
bater vurmak
batom ruj [ruj]
baú sandık [sandãk]
baunilha vanilya
um sorvete de baunilha vanilyalı dondurma [vanilialã]
bazar çarşı [tcharshã], pazar
bêbado(a) sarhoş [sarhosh]
bebê bebek
beber içmek [itchmek]
não obrigado(a), eu não bebo hayır teşekkür, ederim alkol almıyorum [haiãr teshekiur]
o que gostaria de beber? ne içki alırsınız? [né itchki alãrsãnãz]
o que vai beber? ne alırsınız? [né alãrsãnãz]
quero beber apenas um copo de água sadece biraz su istiyorum [sadedjé]

diálogo

quer beber algo? bir şey içmek ister misiniz? [shei itchmék]
deixe que eu pego, o que você quer? olmaz, bu sefer ben alacağım, ne istersiniz? [aladja-ãm]
um copo de vinho tinto bir bardak kırmızı şarap

bebida (alcoólica) içki [itchki]
(não alcoólica) içecek [itchedjék], meşrubat [meshrubat]
esta bebida é por minha conta bu benden
uma bebida gelada soğuk meşrubat [so-uk]
posso lhe oferecer uma bebida? içecek bir şey ister misiniz? [shei]
bed and breakfast pansiyon
bege bej [bej]
beijar öpmek [ópmék]
beijo öpücük [ópiudjiuk]
beira-mar: à beira-mar deniz kenarında [kenarãnda]
belga Belçika [beltchika]
Bélgica Belçika
beliche ranza
bem: ele/ela não está bem iyi değil [de-il]
está bem peki
está bem para você? siz ne dersiniz? [né]
estou bem ben iyiyim
muito bem! aferin!
você está bem? iyi misin?
você fala inglês muito bem çok iyi İngilizce konuşuyorsunuz [tchok - ingilizdjé konushuiorsunuz]

diálogos

como vai? nasılsınız? [nassãl sãnãz]
bem, obrigado(a) iyiyim, teşekkür ederim [teshekiur]

assim está bem? nasıl, olur mu?
está bem, obrigado(a) tamam, teşekkür ederim

bem-passado iyi pişmiş [pishmish]
bem-vindo(a)... ...-e hoş geldiniz [-é rosh]
berço çocuk yatağı [tchodjuk iata-ã]
berinjela patlıcan [patlãdjãn]
besteira küfür [kiufiur]
biblioteca kütüphane [kiutiup-rrané]
bicicleta bisiklet
(bicicleta motorizada) moped
bife biftek
bifurcação (estrada, rua) iki yol ağzı [a-azã], sapak
bigode bıyık [bãiãk]
bilhete bilet
bilhete aberto açık bilet [atchãk]
bilhete de ida gidiş bileti [gidish]
bilhete de ida e volta gidiş dönüş bileti [gidish dóniush bilét]
bilhete simples gidiş bileti [gidish bileti]

diálogo

um bilhete para Izmir İzmir'e bir gidiş-dönüş [izmiré bir gidish dóniush]
quando volta? dönüş ne zaman?
hoje/na próxima terça-feira bugün/gelecek Salı
são 8 liras sekiz lira ediyor

bilheteria bilet gişesi [gishéssi]
biquíni bikini
biscoito bisküvi [biskiuvi]
biscoito amaretto acıbadem kurabiyesi [adjãbadem]
bizantino(a) Bizans
blusa bluz
boa noite iyi akşamlar [akshamlar]
(ao se deitar) iyi geceler [gédjélér]
bobeira saçma [satchma]
bobo(a) sersem
boca ağız [a-ãz]
bola top
(de futebol) futbol topu
bolacha bisküvi [biskui]
bolacha de água e sal kraker
bolha su toplaması [toplamassã]
tenho uma bolha no calcanhar topuğum su topladı [topu-um su toplandã]
bolo pasta
bolsa el çantası [tchantassã]
bolso cep [djép]
bom iyi
bom! iyi!
que bom o iyi
bom, boa güzel [giuzél]
muito bom/boa, muito bonito(a) çok güzel [tchok giuzél]
bombeiros itfaiye [itfai-ie]
bom dia günaydın [giunaidãn]
bonde tramvay [tramvai]
boné kasket
boneca bebek
bonito(a) güzel [giuzél]
(pessoa, vista) hoş [rrosh]
muito bonito(a) çok güzel [tchok giuzél]
borracha (material) lastik
(de apagar) silgi
Bósforo İstanbul Boğazı [Istanbul bo-azã]
bosque orman
bota çizme [tchizmé]
botão düğme [diu-umé]
botijão de gás gaz tüpü [tiupiu]
braço kol
branco(a) beyaz [beiaz]
Brasil Brezilya [brézilia]
brasileiro(a) breziliyalı [brezilialã]
breve kısa [kãssa]
briga kavga
brilhante (cor) canlı [djanlã]
(ideia) parlak

(luz etc.) aydınlık [aidãnlãk]
(pessoa) çok zeki [tchok]
brincos küpe [kiupé]
brinquedo oyuncak [oiundjak]
brisa esinti
britânico(a) İngiliz [ingiliz]
broche broş [brosh]
bronquite bronşit [bronshit]
bronzeado (subst) bronz ten
bronzeado(a) (adj) bronzlaşmış [bronzlashmãsh]
bronzeador güneş losyonu [giunésh losionu]
bronzear-se güneşte yanmak [giunéshté], bronzlaşmak [bronzlashmak]
Bulgária Bulgaristan
búlgaro(a) Bulgar
bumbum popo
buraco delik
burro (subst) eşek [eshék]
buscar toplamak, biriktirmek
vim buscar... ...-ı almaya geldim [-ã almaia]
buscar (ir buscar) gidip getirmek
vou buscá-lo(a) gidip onu çağırayım [tchaãraiãm]
pode vir me buscar mais tarde? sonra gelip beni alır mısınız? [alãr mãssãnãz]
bússola pusula
busto göğüs [gó-ius]
buzina klakson, korna

C

cabeça baş [bash]
dor de cabeça baş ağrısı [a-arãssã]
cabeleireiro (para homens) berber
(para mulheres) kuaför [kuafór]
cabelo saç [satch]
cabide askı [askã]
cabine (navio) ranza, yatak
cabine para não fumantes sigara içmeyenlere mahsus kompartıman [itchmeienléré marr-sus kompartiman]
cabine telefônica telefon kulübesi [kuliubéssi]
cabo (para ligar baterias) buji telleri [buji]
cabra keçi [ketchi]
cacau kakao
cachecol atkı [atkã]
cachimbo pipo
cachorro köpek [kópék]
cada her [rrér]
quanto é cada um? tanesi kaça? [katcha]
cadarços ayakkabı bağı [ba-ã]
cadeado asma kilit
cadeira sandalye [sandalie]
cadeira de rodas tekerlekli sandalye [sandalie]
cadeirão de bebê bebek sandalyesi

caderno not defteri
café kahve [karr-vé]
café da manhã kahvaltı [karr-valtã]
café de coador filtre kahve [karr-vé]
café descafeinado kafeinsiz kahve [kafeinsiz karr-vé]
café gelado buzlu kahve [karr-vé]
café solúvel neskafe [nescafé]
café turco Türk kahvesi [tiurk karr-véssi]
dois cafés, por favor iki kahve, lütfen [liutfen]
café (local para famílias) pastane [pastané], cafe [kafé]
(local para homens) kahve [karr-vé], kahvehane [karr-vérrané], çayhane [tchairrané]
cair düşmek [diushmek]
ela caiu düştü [diushtiu]
cais: no cais rıhtımda [rãrr-tãmda]
caixa kutu
caixa de papelão koli
caixa (de banco) kasiyer
caixa do correio mektup kutusu
caixa eletrônico bankamatik
caixa postal posta kutusu
caixa registradora kasa
calar: cale a boca! kapa çeneni! [tcheneni]
cale-se! gürültü yapmayın! [giuriultiu iapmaiãn]
calça comprida pantolon
calça pantolon
calçada kaldırım [kaldãrãm]
na calçada kaldırımda
calcanhar topuk
calção de banho mayo [maio]
calcinhas külot [kiulot]
caldeira kazan
calmo(a) sakin [sakin]
calor sıcaklık [sãdjaklãk]
estou com calor sıcak bastı [bastã]
cama yatak
vou para a cama agora ben artık yatıyorum [artãk iatãiorum]
(leito em trem ou navio) kuşet
cama de casal iki kişilik yatak [kishilik]
cama de solteiro tek kişilik yatak [kishilik]
câmara de ar (pneu) iç lastik [itch]
camareira oda hizmetçisi [rrizmet-tchissi]
camarões grandes karides
camarote (navio) kamara
camas separadas çift yatak [tchift]
câmbio: alavanca do câmbio vites kolu
caixa de câmbio vites kutusu

câmbio manual düz vitesli [diuz]
camelo deve [dévé]
câmera fotográfica fotoğraf makinesi [foto-oraf]
caminhada: é uma caminhada longa? yürüyerek uzak mıdır? [iuriu-iérék mãdãr]
é uma caminhada curta yürüyerek çok yakın [tchok iakãn]
caminhão kamyon
caminho patika, yol
neste caminho yolun ilerisinde [ilerissindé]
camisa gömlek [gómlek]
camiseta fanila, tişört [ti-shórt]
camisola gecelik [gedjelik]
camping kamping, kamp yeri
camping de trailer kamping
campo (região interior do país) kırlar [kãrlar], şehir dışı [sherrir dãshã]
(terreno para cultivo) tarla
campo de golfe golf sahası [sarrassã]
camundongo fare [faré]
camurça süet [siuét]
Canadá Kanada
canadense Kanada
sou canadense Kanadalıyım [kanadalãiãm]
canal kanal
canção şarkı [sharkã]
cancelar iptal etmek
caneca kupa
caneta mürekkepli kalem [miureképli]
caneta hidrográfica keçe uçlu kalem [ketché utchlu]
canhoto(a) solak
canivete çakı [tchakã]
cano boru
um cano estourado patlamış boru [patlamãsh]
cano de esgoto kanalizasyon
canoa kano
canoagem kano kullanmak
cansado(a) yorgun [iorgun]
estou cansado(a) yorgunum [iorgunum]
cantar şarkı söylemek [sharkã sóilemek]
canto (quina): no canto köşede [kóshédé]
cantor(a) şarkıcı [sharkãdjã]
cantor(a) pop pop şarkıcısı [sharkãdjãssã]
capa de chuva yağmurluk [ia-amurluk]
capa de chuva de náilon naylon yağmurluk [nailon]
capacete (motocicleta) kask
capela kilise [kilissé]
capô motor kapağı [kapa-ã], kaput
caranguejo yengeç [iengétch]
carburador karbüratör [karbiuratór]

cardápio yemek listesi
posso ver o cardápio, por favor? yemek listesini görebilir miyim, lütfen? [górebilir - liutfen]
ver Menu: Comida, pág. 202
cardigã hırka [rrãrka]
careca kel
caribenho(a) Batı Hint [batã rrint]
cárie çürük [tchiuriuk]
carnaval karnaval
carne et
restaurante de carne kebapçı [kebaptchã]
carne da caça av eti
carne de porco domuz eti
carne de vaca sığır eti [sã-ãr]
carne moída kıyma [kãima]
caro(a) pahalı [parralã]
é muito caro(a) oldukça pahalı [olduktcha]
carona: pedir carona otostop yapmak
pode me dar uma carona? beni de arabanıza alır misiniz? [dé arabanãza alãr]
quer uma carona? sizi de götürebilir miyim? [gótiurébilir]
carpete halı [rralã]
carregar taşımak [tashãmak]
carreta (caminhão) trayler [trailér]
carrinho de bagagem eşya arabası [eshia arabassã]
carrinho de bebê puset
carrinho de mão el arabası [arabassã]
carro otomobil, araba
carro alugado kiralık otomobil [kiralãk]
de carro otomobil ile [ile]
levo você de carro para casa ben sizi arabayla evinize götürürüm [evinizé gótiuriurium]
o carro não pega araba çalışmıyor [tchalãshmãior]
viemos de carro buraya arabayla geldik [buraia arabaila]
carros: fila de carros taşıt kuyruğu [tashãt kuiru-u]
carta de vinhos şarap listesi [sharap]
carta mektup
tem alguma carta para mim? bana mektup var mı? [mã]
cartão (aniversário etc.) kart
aqui está o meu cartão de visitas buyrun, kartvizitim [buiurun]
cartão de crédito kredi kartı [kartã]
vocês aceitam cartão de crédito? kredi kartı kabul ediyor musunuz?

diálogo

posso pagar com cartão de crédito? kredi kartıyla ödeyebilir miyim? [kartã ila ódéiébilir]
que cartão deseja utilizar? hangi kartla ödemek istersiniz? [ódemek]
Visa/MasterCard /Visa'yla/MasterCard'la
sim, senhor peki efendim
qual é o número? numarası nedir? [numarassã]
e a data de validade? ve ne zamana kadar geçerli? [ve né - getchérli]

cartão de débito banka kartı ou ATM Kartı [kartã]
cartão de embarque biniş kartı [binish kartã]
cartão de telefone telefon kartı [kartã]
cartão Eurocheque Eurocheque kartı [kartã]
cartão verde (seguro de carro) yeşil kart
cartão-postal kartpostal
cartaz afiş [afish]
carteira (de dinheiro) cüzdan [djiuzdan]
carteira de motorista şoför ehliyeti
casa de câmbio kambiyo doviz [dóviz]
casa ev
em casa evde [evdé]
estou na casa de... ...-de kalıyorum [-dé kalãiorum]
na casa dele onda, onun evinde [evindé]
na sua casa sende [sendé], sizın evde [evdé]
casa noturna gece kulübü [kuliubiu]
casacão palto
casado(a): sou casado(a) evliyim
você é casado(a)? evli misiniz?
casal çift [tchift]
um casal de... bir çift ...
casamento düğün [diu-un]
castelo kale [kalé]
catacumba yeraltı mezarları [iéraltã mezarlarã]
catapora suçiçeği [sutchitché-i]
catedral katedral
católico(a) Katolik
cavalo at
andar a cavalo binicilik [binidjilik]
caverna mağara [ma-ara]
caxumba kabakulak
CD Compact Disc, CD [si di]
cebola soğan [so-an]
cedo erken
de manhã cedo sabah erkenden [sabarr]

passei aqui mais cedo daha önce uğramıştım [óndjé u-uramãshtãm]
cédula (dinheiro) kâğıt para [kia-ãt]
cego(a) kör [kór]
celular cep telefonu [djép telefonu]
cemitério mezarlık [mezarlãk]
cenoura havuç [rravutch]
centígrado santigrat
centímetro santimetre [santimetre]
central merkezi
centro merkez
 centro da cidade şehir merkezi
 como chegamos ao centro da cidade? şehir merkezine nasıl gidilir? [sherrir merkeziné nassãl]
centro de informação turística turizm danışma bürosu [danãshma biurossu]
cera (para polir) cila [djila]
cerâmica seramik, toprak eşya [eshia]
cerca (subst) parmaklık [parmaklãk]
cerca (adv): cerca de 20 yirmi civarında [djivarãnda]
 são cerca de 5 horas saat beş civarında [sa-at]

diálogo

quantos quilômetros faltam para Troia? Truva'ya daha ne kadar var? [né]
cerca de 5 quilômetros yaklaşık beş kilometre [iaklashãk - kilometré]

cereja kiraz
certamente! com certeza! kesinlikle! [kessinliklé]
certeza: você tem certeza? emin misiniz?
certo(a) doğru [do-oru]
 certo! tamam!
 está certíssimo çok doğru [tchok do-oru]
 está certo doğru
 esta é a estrada certa para...? bu yol ...-e gider mi? [-é]
 isso não pode estar certo bu doğru olamaz
cerveja bira
 duas cervejas, por favor iki bira, lütfen [liutfen]
cesto sepet
céu gök [gók]
chá çay [tchai]
 chá para um/dois, por favor bir/iki çay, lütfen [liutfen]
 saquinhos de chá torba çay
chá de ervas bitkisel çay [tchai]
chá de limão limonlu çay [limonlu tchai]

chaleira çaydanlık [tchaidanlãk]
chamada a cobrar ödemeli konuşma [ódeméli konushma]
chamada para despertar telefonla uyandırma [uiandãrma]
chamar çağırmak [tcha-ãrmak]
como se chama isso? ona ne denir? [né]
ele(a) se chama... onun adı ... [adã]
poderia chamar o senhor...? Sayın ...-i çağırtabilir misiniz? [saiãn ... -i tcha-ãrtabilir]
por favor, chame o médico lütfen doktoru çağırın [liutfen tcha-ãrãn]
champanhe şampanya [shampania]
chão yer
no chão yerde [iérdé]
chapelaria vestiyer
chapéu şapka [shapka]
charuto puro
chateado(a): estou chateado(a) canım sıkılıyor [djanãm sãkãlãior], dert
estou chateado(a) com... ... ile başım dertte [ile bashãm derté]
chato(a) sıkıcı [sãkãdjã]
chave anahtar [anarr-tar]
a chave do quarto 201, por favor iki yüz bir numaralı odanın anahtarı, lütfen [iuz bir numaralã odanãn anarr-tarã liutfen]
chave de fenda tornavida
chave inglesa somun anahtarı [anarr-tarã]
chaveiro anahtarlık [anarr-tarlãk]
check-in bagaj kayıt [bagaj kaiãt], check-in
fazer o check-in (num hotel) yerleşmek [iérleshmek]
(no aeroporto) check-in yaptırmak [iaptãrmak]
onde temos de fazer o check-in? nerede check-in yaptırmamız lazım? [nérédé - iaptãrmamãz lazãm]
chegada varış [varãsh]
chegar gelmek, varmak
acabei de chegar ancak şimdi geldim [andjak shimdi]
chegamos hoje bugün geldik
meu fax já chegou? faksım geldi mi?
nós acabamos de chegar henüz geldik [rreniuz]
quando chegamos? ne zaman varacağız? [né - varadja-ãz]
cheio(a) dolu
está cheio de... ... ile dolu [ile]
cheirar: isto cheira mal kötü kokuyor [kótiu]

cheque (dinheiro) çek [tchék]
aceitam cheques? çek kabul ediyor musunuz?
cheque de viagem seyahat çeki [tchéki]
chiclete çiklet [tchiklet]
chinelo terlik
chinês, chinesa Çin [tchin]
Chipre Kıbrıs
chocante korkunç [korkuntch]
chocolate çikolata [tchikolata]
chocolate ao leite sütlü çikolata [siutliu]
chocolate em pó kakao
chocolate puro sade çikolata [sadé]
chope fıçı birası [fãtchã birassi]
choque şok [shok]
levei um choque elétrico do... ...-den elektrik çarptı [tcharptã]
chorar ağlamak [a-alamak]
chover: está chovendo yağmur yağıyor [ia-aãior]
chupeta emzik
chuva yağmur [ia-amur]
na chuva yağmurda
chuveiro duş [dush]
com chuveiro duşlu [dushlu]
ciclismo bisiklete binmek [bissikleté]
ciclista bisikletli
cidade şehir [sherrir]
centro da cidade şehir merkezi
cidade velha eski şehir [sherrir]
junto à cidade şehrin hemen dışında [sherr-rin rremén dãshãnda]
na cidade şehirde [sherrir-dé]
cidadela iç kale [itch kalé]
cidra elma şırası [shãrassã]
cigano(a) çingene [tchingené]
cigarro sigara
cima yukarı [iukarã]
andar de cima üst katta [iust]
em cima de... ...-in üstünde [iustiundé]
lá em cima yukarıda [iukarãda]
cinema sinema
cinto kemer
cinto de segurança emniyet kemeri
cintura bel
cinza gri [gri]
cinzeiro kül tablası [kiul tablassã]
cipriota (para produtos de origem cipriota) Kıbrıs [kãbrãs]
(para pessoas de origem cipriota) Kıbrıslı [kãbrãslã]
círculo daire [dairé]
ciumento kıskanç [kãskantch]
clarear (cor) açmak [atchmak]
claro(a) duru
(cor) açık [atchãk]
claro: claro! tabii! [tabi-i]
é claro elbette [elbeté], kesinlikle [kessinliklé]

claro que não tabii değil [tabi-i de-il], kesinlikle hayır [rraiãr]
classe econômica ekonomi sınıfı [sãnãfã]
clínica klinik
club soda (água com gás) maden sodası [sodassã]
cobertor battaniye [batani-ie]
cobre (metal) bakır [bakãr]
Coca-Cola Koka Kola
coçar: isso coça kaşınıyor [kashãnãior]
coco hindistancevizi [rrindistan-djevizi]
código (telefone) kod numarası [numarassã]
qual é o código de área de İzmir? İzmir'in kodu nedir?
código postal posta kodu
coelho tavşan [tavshan]
cogumelos mantar
coisa şey [shei]
minhas coisas benim eşyam [eshiam]
cola zamk
colar kolye [kolie]
colarinho yaka
colchão şilte [shilté]
colete yelek
colete salva-vidas can yeleği [djan iele-i]
colher kaşık [kashãk]
colher de chá çay kaşığı [tchai kashã-ã]
colina tepe [tepé]
colírio göz damlası [góz damlassã]
colisão çarpışma [tcharpãshma]
tive uma colisão kaza yaptım [iaptãm]
colocar koymak
onde posso colocar...? ...-i nereye koyabilirim? [néreié]
com ile [ile]
com licença pardon
combinação (roupa) kombinezon
combustível (gasolina) benzin
começar başlamak [bashlamak]
quando começa? (em alguns dias, semanas) ne zaman başlayacak? [né - bashlaiadjak]
quando começa? (logo em seguida) ne zaman başlıyor? [né bashlãior]
começo başlangıç [bashlangãtch]
comer yemek
já comemos, obrigado(a) biz yedik, teşekkür ederiz [teshekiur]
comida yemek, yiyecek [i-iedjék]

diálogo

gostou da comida?
yemek hoşunuza gitti mi? [rroshunuza]
estava excelente, obrigado(a)
mükemmeldi, teşekkür ederim [miukeméldi teshekiur]

comida congelada dondurulmuş yiyecekler [dondurulmush i-iedjékler]
comida de bebê mama
comissária de bordo hostes
comissário de bordo kabin memuru
como nasıl [nassãl]
como? (dito por quem não entendeu/não ouviu) efendim?
como é isso? nasıl bir şey? [nassãl]
prazer em conhecê-lo(a) memnun oldum!

diálogo

como vai? nasılsınız? [nassãl-sãnãz]
bem, obrigado(a), e você? iyiyim, teşekkür ederim, ya siz? [teshekiur]

cômodo (subst: quarto, sala, salão) oda
no meu quarto odamda
quarto de casal iki kişilik oda
quarto de hotel otel odası [odassã]
quarto de solteiro tek kişilik bir oda
compaixão yazık [iazãk]
que pena! ne yazık! [né iazãk]
companheiro(a) arkadaş [arkadash]
companhia (empresa) şirket [shirkét]
compartimento (no trem) kompartıman [kompartãman]
completamente tamamen
comprar satın almak [satãn]
onde posso comprar...? nerede ... bulabilirim? [nérede]
sabe onde posso comprar estes? onlardan nerede bulabilirim acaba, biliyor musunuz? [nérede - adjaba]
vou às compras ben alış-verişe çıkıyorum [alãsh-verishé tchãkãiorum]
compreender: eu compreendo anlıyorum [anlãiorum]
não compreendo anlamıyorum [anlamãiorum]
você compreende? anlıyor musunuz? [anlãior]
comprido(a) uzun
comprimido para dormir uyku hapı [uiku rrapã]
computador bilgisayar [bilgissaiar]
comum sıradan [sãradan]
(gasolina, água etc.) normal [nor-mal]
Comunidade Europeia (CE) AT [a té]
concerto konser
concha do mar deniz kabuğu [deniz kabu-u]

concussão beyin sarsıntısı [bei-in sarsãntãssã]
condicionador de cabelo saç kremi [satch]
conexão bağlantı [ba-alantã]
confeitaria pastane [pastané]
conferência konferans
confirmar doğrulamak [do-orulamak]
confortável rahat [rarrat]
confusão: desculpe, houve uma confusão özür dilerim, bir karışıklık olmuş [óziur - karãshãklãk]
congelado(a) donmuş [donmush]
conhaque konyak
conhecer (alguém) tanımak [tanãmak]
muito prazer em conhecê-lo(a) memnun oldum
consciente şuuru yerinde [shuuru ierindé]
consertar tamir etmek
pode consertar isto para mim? bunu benim için tamir edebilir misiniz? [itchin]
consulado konsolosluk
conta (restaurante etc.) hesap [rressap]
conta, por favor? hesap, lütfen [liutfen]
conta bancária banka hesabı [rressabã]
contar: você me conta depois? bana haber verir misiniz?
depois eu lhe conto/aviso ben size haber veririm [sizé rrabér]
contatar ilişki kurmak [ilishki]
contente memnun
não estou contente com isso bu hiç hoşuma gitmiyor [rritch rroshuma]
contra: contra o... ...-e karşı [é-karshã]
controle de bagagem emanet
conveniente uygun [iugun]
não é conveniente o pek uygun değil [de-il]
convés güverte [giuvérté]
convidar davet etmek
convite davet
copo bardak
(copo de vinho) kadeh
um copo de vinho bir kadeh şarap
um copo de chá bir bardak çay
cor renk
tem isto em outras cores? bunun başka renkleri de bulunur mu sizde? [bashka - dé - sizdé]
coração kalp
corda halat
cordeiro (carne) kuzu
cor-de-rosa pembe [pembé]

coroa (de dente) kuron
corpo vücut [viudjut]
corredor koridor
correia do ventilador
vantilatör kayışı [ventilatór kaiãshã]
correio central merkez
postanesi
correio posta
corrente (elétrica) akım [akãm]
(marítima) akıntı [akãntã]
tem uma corrente de ar
cereyan yapıyor [djereian iapãior]
correr koşmak [koshmak]
correspondência: há alguma
correspondência para
mim? bana mektup var
mı? [mã]
correspondente (homem/mulher)
mektup arkadaşı [arkadashã]
corretamente (minuciosamente)
hakkıyla [rrakãila], iyice
[i-idjé]
correto(a) doğru [do-oru]
corrida yarış [iarãsh]
cortar kesmek
eu cortei meu dedo
parmağımı kestim [parma-ãmã]
cortar (cabelo): pode cortar um
pouco aqui? buradan biraz
alır mısınız? [alãr mãssãnãz]
queria só cortar as pontas,
por favor lütfen yalnız
uçlarından biraz alın [liutfen ialnãz utchlarãndan - alãn]
corte kesik
corte de cabelo (homens) saç
tıraşı [tãrashã]
(mulheres) saç kesme [kessmé]
cortinas perdeler
cosméticos makyaj
malzemesi
costas sırt [sãrt]
costela kaburga
costume gelenek
costurar dikmek
poderia costurar isto? bunu
yerine dikebilir misiniz?
[ieriné]
cotação cambial döviz kuru
[dóviz]
cotovelo dirsek
courier kurye [kurie]
couro deri
couve-flor karnabahar
coxa but [but]
cozinha mutfak
cozinhar pişirmek [pishirmék]
creche kreş [kresh]
creme de barbear tıraş
köpüğü [kópiu-u]
creme de leite krema
(creme) krem
(cor) krem rengi
creme hidratante nemlendirici
krem [-ridji]
crespo(a) kıvırcık [kãvãrdjãk]
Creta Girit [girit]

criança çocuk [tchodjuk]
crianças çocuklar [tchodjuklar]
cristão Hıristiyan [rräristi-ian]
cru pişmemiş [pishmemish]
cruzamento kavşak [kavshak]
cruzeiro vapur gezisi
cuba-libre rom ve koka kola [ve]
cuecas don
cuidado! dikkat!
cuidadoso(a) dikkatli
seja cuidadoso(a)! dikkatli olun!
culpa hata [rrata]
a culpa não é minha hata bende değil [bende de-il]
desculpe, foi minha culpa özür dilerim, hata bendeydi [óziur bendeidi]
cumprimentos: com os melhores cumprimentos en iyi dileklerimle [dileklerimle]
cunhada (esposa do irmão) yenge [iengé]
(irmã da esposa) baldız [baldãz]
(irmã do marido) görümce [góriumdjé]
cunhado (irmão do marido ou da mulher) kayınbirader [kaiãnbiradér]
(marido da irmã) enişte [enishté]
curar tedavi etmek
curativos plaster, yara bandı [bandã]
curso de idiomas dil kursu
curva (na estrada) viraj [viraj]
custo mal olmak
quanto custa? fiyatı nedir? [fi-iatã]

D

damasco kayısı [kaiãssã]
dança dans
dança folclórica halk oyunları [oiunlarã]
dançar dans etmek
quer dançar? dans etmek ister misiniz?
daqui: daqui a dois dias iki güne kadar [giuné]
dar vermek
dei a ele(a) ona verdim
pode dar isto para...? bunu ...-e verir misiniz? [-é]
pode me dar um pouco de pão/leite? bana biraz ekmek/süt verebilir misiniz?
você daria isto a...? bunu ...-e verir misiniz? [é]
Dardanelos (estreito de) Çanakkale Boğazı [tchanakalé bo-azã]
de (origem) ...-den
quando chega o próximo trem de Eskişehir? Eskişehir'den bir sonraki tren ne zaman geliyor? [eskisherrir-den - né]

de segunda a sexta-feira Pazartesiden Cumaya
a partir da próxima quinta-feira bir dahaki Perşembeden itibaren

diálogo

de onde você é? nerelisiniz?
sou de Santos ben Santosluyum [-lãiãm]

de repente aniden
decepcionado(a) hayal kırıklığına uğramış [rraial kãrãklã-ãna u-uramãsh]
decepcionante düş kırıcı [diush kãrãdjã]
decidir karar vermek
ainda não decidimos henüz karar vermedik [rreniuz]
decisão karar
dedo parmak
dedo do pé ayak parmağı [aiak parma-ã]
defeito: com defeito arızalı [arãzalã]
deficiente físico özürlü [óziurliu]
há acesso para deficiente físico? özürlüler için giriş var mı? [óziurliulér itchin girish var mã]
definitivamente kesinlikle [kessinliklé]
degrau: no degrau merdivende [merdivendé]
deitar-se uzanmak
deixar (largar, derrubar) bırakmak [bãrakmak]
posso deixar isto aqui? bunu burada bırakabilir miyim? [bãrakabilir]
deixei meu casaco no bar paltomu barda bıraktım [bãraktãm]
o senhor me deixa em...? beni ...-da bırakır mısınız? [bãrakãr mãssãnãz]
deixar (permitir) ...-a izin vermek
delegacia de polícia polis karakolu
deliberadamente kasten
delicatéssen şarküteri [sharkiuteri]
delicioso(a) nefis
demais çok fazla [tchok]
demaquilante para os olhos göz makyajı çıkarıcısı [góz makiajã tchãkarãssã]
dentadura takma diş [dish]
dente diş [dish]
dor de dente diş ağrısı [a-arãssã]
escova de dentes diş fırçası [fãrtchassã]
pasta de dentes diş macunu [madjunu]
dentista dişçi [dish-tchi]

diálogo

é este aqui işte buradaki [ishté]
este? bu mu?
não, aquele hayır, şu [rraiãr shu]
aqui? buradaki mi?
sim evet

dentro: dentro de casa içerde [itcherdé]
dentro do hotel otelin içinde [itchindé]
vamos nos sentar dentro içerde oturalım [itcherdé oturalãm]
departamento bölüm [bólium]
depender: depende da situação duruma göre [góré]
depende de... (de alguém, do tempo etc.) ...-a bağlı [ba-alã]
isso depende değişir [de-ishir]
depois sonra
depois de... ...-den sonra
depois de você siz buyrun [buiurun]
depois do almoço öğle yemeğinden sonra
depois eu volto sonra tekrar gelirim
depósito depozito
depressa hızla [rrãzla]
derrubar devirmek
dervixe derviş [dervish]
desaparecer kaybolmak [kaibolmak]
desapareceu ortadan kayboldu [kaiboldu]
desastre felaket
descansar: preciso descansar dinlenmeye ihtiyacım var [-meié irrti-iadjãm var]
descer inmek
onde desço? nerede inmem lazım? [néredé - lazãm]
descobrir sorup öğrenmek [órénmek]
pode descobrir para mim? benim için öğrenir misiniz? [itchin órenir]
descontar paraya çevirmek [paraia tchevirmék]
pode descontar este cheque para mim? benim için bu çeki bozar mısınız? [itchin mãssãnãz]
desconto indirim
tem desconto? indirim var mı? [mã]
descrição tanım [tanãm]
desculpas özür [óziur]
desculpe özür dilerim [óziur]
desde: desde a semana passada geçen haftadan beri [getchen]
desde que cheguei buraya geldiğimden beri [buraia geldi-imden]
desempregado(a) işsiz [ish-siz]

desenho çizim [tchizim]
(estampa) desen
desfazer: desfazer a mala eşyaları bavuldan çıkarmak [eshialarã - tchãkarmak]
desfiladeiro geçit [getchit]
desinfetante dezenfektan
desligado(a) (apagado) kapalı [kapalã]
desligar kapamak
pode desligar o aquecimento? kaloriferi kapatabilir misiniz?
desmaiar bayılmak [baiãlmak]
ela desmaiou bayıldı [baiãldã]
ele desmaiou yığılıverdi [iã-ãlãverdi]
sinto que vou desmaiar kendimi çok halsiz hissediyorum [tchok]
desodorante deodoran
despachar: poderia despachar minha correspondência? mektuplarımı yeni adresime gönderir misiniz? [-larãmã adresimé gónderir]
despertador çalar saat [tchalar sa-at]
destino gidilecek yer [gidiledjék]
desvio geçici güzergah [getchidji giuzerga]
detergente líquido deterjan [deterJan]
detestar nefret etmek

Deus Allah
deus tanrı [tanrã]
deusa tanrıça [tanrãtcha]
devagar yavaşça [iavash-tcha]
mais devagar! yavaşla!
muito devagar çok yavaş [tchok]
dever: eu devo... ...-meliyim
ele deve voltar logo birazdan gelmesi lazım
ele(a) devia ter chegado ontem dün gelmesi gerekiyordu [diun]
não devo beber álcool alkol almamam lazım [lazãm]
o que devo fazer? ne yapmam lazım? [né - lazãm]
quando o trem deve chegar? tren kaçta gelecek? [katchtá geledjék]
você deveria... ...-malıydınız [-malãidãnãz]
você não deveria... ...-mamalıydınız
dever (dívida): quanto lhe devo? size borcum ne kadar? [size bordjum né]
devolver iade etmek [iadé]
pode devolver o meu dinheiro? paramı geri alabilir miyim? [paramã]
dezembro aralık [aralãk]
dia* gün [giun]
dentro de dois dias iki gün içinde [giun itchindé]

o dia anterior bir gün önce [óndjé]
o dia seguinte ertesi gün
o dia todo bütün gün [biutiun]
que dia é hoje? bugün ayın kaçı? [bugiun aiãn katchã]
tenha um bom dia! iyi günler!
todos os dias her gün
diabético(a) şeker hastası [shekér rrastassã]
alimentos para diabéticos şeker hastaları için diyet yemeği [-larã itchin - iemé-i]
diamante elmas
diapositivo (fotografia) diya
diariamente her gün [rrér giun]
diário (subst) günce [giundjé]
diário(a) (adj) günlük [giunliuk]
diarreia ishal
tem algo para diarreia? sizde ishale karşı bir ilaç var mı? [sizdé issrralé karshã bir ilatch var mã]
dicionário sözlük [sózliuk]
Didima Didim
diesel mazot
dieta perhiz [per-rriz]
estou de dieta perhiz yapıyorum [iapãiorum]
tenho de seguir uma dieta especial özel bir rejim izlemem gerekiyor [ózel bir rejim]
diferença fark
qual é a diferença? ne fark var? [né]
diferente başka [bashka]
este é diferente bu farklı [farklã]
difícil zor
dificuldade zorluk
Dinamarca Danimarka
dinamarquês, dinamarquesa Danimarka
(idioma) Danimarkaca [-markadjá]
dinheiro para
(cédulas ou moeda) nakit para
dinheiro recebido alınan para [alãnan]
estou sem dinheiro param bitti
diploma diploma
direção yön [ión]
em que direção fica? hangi yönde? [ióndé]
fica nesta direção? bu yönde mi?
direita sağ [sa-a]
à direita sağda [sa-ada]
com volante à direita sağdan direksiyonlu [sa-adan]
vire à direita sağa dönün [dónium]
direto(a) direkt
há um trem direto? direkt giden bir tren var mı? [mã]

dirigir sürmek [siurmék]
dirigir embriagado(a) içkili araba kullanmak [itchkili]
discar çevirmek [tchevirmék]
disco plak
discoteca disko
disjuntor principal şalter [shalter]
disquete disket
distância uzaklık [uzaklãk]
divã divan
divertido(a) zevkli
foi divertido eğlendik [e-elendik]
divertir-se eğlenmek [e-elenmék]
dividir paylaşmak [pailashmak]
divorciado(a) boşanmış [boshanmãsh]
dizer demek, söylemek [sóilemek]
como se diz... em turco? Türkçe ... nasıl denir? [tiurktché ...nassãl]
ele/ela disse... ... dedi
poderia dizer a ele/ela...? ona ...-i söyler misiniz? [sóilér]
o que ele/ela disse? ne dedi? [né]
o que quer dizer? ne demek istiyorsunuz? [né]

diálogo

o que quer dizer esta palavra? bu kelimenin anlamı ne? [anlamã né]
quer dizer... em inglês İngilizcede ... demektir [ingilizdjé-dé]

do que* ...-den
menor do que ...-den küçük [kiutchiuk]
dobro iki misli [misli]
doce tatlı [tatlã]
é muito doce fazla tatlı
documento belge [bélgé]
doença hastalık [rrastalãk]
doente hasta
estou doente kendimi hasta hissediyorum
doer incitmek [indjitmek], acımak [adjãmak]
dói muito gerçekten çok acıyor [gertchekten tchok adjãior]
está doendo acıyor [adjãior]
doido(a) deli
doloroso(a) ızdıraplı [ãzdãraplã]
domingo pazar
domo kubbe [kub-é]
dono(a) sahibi
dor ağrı [a-arã]
dor intensa donuk
estou com dor nas costas sırtım ağrıyor [sãrtãm a-arãior]
estou com uma dor aqui şuramda bir ağrı var [shuramda bir a arã var]

dor de cabeça baş ağrısı [a-arãssã]
dor de dente diş ağrısı
dor de estômago mide ağrısı
dor de garganta boğaz ağrısı [bo-az]
dor de ouvido: estou com dor de ouvido kulağım ağrıyor [kula-ãm a-arãior]
dor nas costas sırt ağrısı [sãrt a-arãssã]
dormir uyumak [uiumak]
dormiu bem? iyi uyudunuz mu? [uiudunuz]
ele/ela está dormindo uyuyor [uiuior]
dormitório koğuş [ko-ush]
dorso sırt [sãrt]
duplo(a) çift [thcift]
durante sırasında [sãrassãnda]
duro (pão) bayat [baiat]
duro(a) sert
duty-free gümrüksüz eşya [giumriuksiuz eshia]
dúzia düzine [diuziné]
meia dúzia yarım düzine [iarãm]

E

e ve [vé]
echarpe atkı [atkã]
econômico(a) (restaurante, pensão etc.) gösterişsiz [gósterishsiz]
edifício bina
edredom yorgan
educado(a) kibar, nazik
Éfeso Efes
Egeu Ege [egé]
ei! hey!
eixo aks
elástico (de roupa) elastiki (de escritório) lastik bant
ele/ela* o
aqui está ele/ela işte o [ishté]
com ele/ela onunla
ele/ela está aqui? o burada mı? [mã]
é a toalha dele/dela onun havlusu
eu não o/a vi onu görmedim [górmedim]
isso é dele/dela şu onunki [shu]
para ele/ela ona, onun için [itchin]
eles/elas* onlar
com eles/elas onlarla
deles/delas* onların ...-leri [onlarãn], onlarınki
para eles/elas onlara, onlar için [itchin]
quem? – eles/elas kim? – onlar
eletricidade elektrik
eletricista elektrikçi [elektrik-tchi]
elétrico(a) elektrikli

eletrodomésticos elektrikli aletler
(de cozinha) mutfak aletleri
elevador asansör [assansór]
em*: em algum lugar bir yerde [bir ierdé]
em cima do(a)... ...-in üstünde [iustiundé]
em cinco minutos beş dakika içinde [itchindé]
em inglês İngilizce [ingilizdjé]
em Istambul İstanbul'da
em maio mayısta
em turco Türkçe [tiurktché]
fica no centro merkezde [merkezdé]
na casa do Ali (no Ali) Ali'de [ali-dé]
na estação istasyonda
na rua/na praia caddede/plajda [djadédé/plajda]
na televisão televizyonda
no avião uçakta [utchakta]
no hotel otelde [oteldé]
no meu carro arabamda
no sábado Cumartesi günü [giuniu]
em seguida hemen
em vez yerine [ieriné]
dê-me este em vez daquele yerine şunu verin [shunu]
em vez de... ...-in yerine
e-mail email
embaixada elçilik [eltchilik]
embaixo aşağı [ashaã]
aqui embaixo burda aşağıda
é ali embaixo, à direita şurada, aşağıda sağda [shuradá sa-ada]
embaixo de... ...-in altında [altãnda]
ponha ali embaixo onu şuraya bırakın [shuraiá bãrakãn]
embora (conj) halde [rralde]
embreagem debriyaj [debri-iaj]
embrulhar: pode embrulhá-lo(a)? paket yapar mısınız? [mãssãnãz]
emergência acil
isto é uma emergência! bu acildir! [adjildir]
situação de emergência acil durum [adjil]
emocionante heyecan verici [rreiedjan veridji]
emperrar: está emperrado(a) takıldı [takãldã]
empoeirado(a) tozlu
emprestar ödünç vermek [ódiuntch]
você me empresta seu...? ...-inizi ödünç verir misiniz? [ódiuntch]
empurrar itmek
encanador tesisatçı [tessissat-tchã]
encanamento (pia etc.) pis su borusu

encher doldurmak
encha o tanque, por favor lütfen depoyu doldurun [liutfen depoiu]
encomenda paket, koli
encontrar bulmak
encontrar-se com alguém buluşmak [bulushmak]
encontrei-o(a) buldum
não consigo encontrar bulamıyorum [bulamãiorum]
onde nos encontramos? nerede buluşalım? [néredé bulushalãm]
endereço adres
novo endereço gönderilecek adres [góndériledjék]
qual é seu endereço? adresiniz nedir?
enfermeiro(a) hemşire [rremshiré], hasta bakıcı [bakãdjã]
enganar-se: desculpe, eu me enganei de quarto affedersiniz, yanlış oda
engarrafamento trafik tıkanıklığı [tãkanãklã-ã]
engraçado(a) komik
enguiçado(a) bozuk
enjoado(a): estou enjoado(a) beni deniz tuttu
enjoo sempre beni deniz tutar
enorme dev
enquanto: enquanto estou aqui ben buradayken [buradaiken]
ensinar: poderia me ensinar? bana öğretir misiniz? [ó-óretir]
então o zaman
entender: entendo anlıyorum [anlãiorum]
entrada giriş [girish]
entrada (aperitivo) ordövr [ordóvr], meze [mézé]
entrada (ingresso) giriş ücreti [girish iudjréti]
entrar girmek
entre (prep): entre o(a)... ...-in arasında [arassãnda]
entrega (de carta) dağıtım [da-ãtãm]
entregar teslim etmek
entupido(a) tıkalı [tãkalã]
envelope zarf
envelope por via aérea uçak zarfı [zarfã]
enxaqueca migren
epiléptico(a) saralı [saralã]
equipamento donatım [donatãm]
equipe ekip, takım [takum]
errado(a): a conta está errada hesap yanlış
desculpe, disquei o número errado affedersiniz, yanlış numara

Er

esta é a chave errada o yanlış anahtar [ianlăsh]
este é o trem errado bu yanlış tren
há algo errado com... ...-de bir sorun var [-dé]
o que está errado? sorun nedir?
erro hata [rrata]
acho que houve um erro sanırım bir yanlışlık var [sanărăm - ianlăshlăk]
desculpe, cometi um erro özür dilerim, hata yaptım [óziur - iaptăm]
erupção (na pele) isilik
ervas çeşni veren otlar [tcheshni]
ervilhas bezelye [bezelie]
escada merdiven
escala (transporte) ara durak
escaler sandal
escapamento egzos borusu
escola okul
escolher seçmek [setchmék]
esconder saklamak
escorregadio(a) kaygan [kaigăn]
escova (de cabelo) saç fırçası [satch fărtchassă]
(de dentes) diş fırçası [fărtchassă]
(de limpeza) fırça [fărtcha]
(de unhas) tırnak fırçası [tărnak fărtchassă]
corte e faça escova, por favor lütfen kesip fönleyin [liutfen fónlei-in]
fazer escova fön [fón]
escrever yazmak
como se escreve isso? nasıl yazılır? [nassăl iazălăr]
pode escrever isso? yazar mısınız? [măssănăz]
escritório büro [biuro]
escuro(a) (cor) koyu
(pele, cabelo) esmer
está escurecendo hava kararıyor [kararăior]
escutar dinlemek
escute! dinle! [dinlé]
esferográfica tükenmez kalem [tiukenmez]
esmalte de unhas oje [ojé]
Espanha İspanya [ispania]
espanhol, espanhola İspanyol
(idioma) İspanyolca [ispanioldja]
esparadrapo plaster, yara bandı [bandă]
especialmente özellikle [ózéliklé]
espelho ayna [aina]
espelho retrovisor dikiz aynası [ainassă]
espeque kazık [kazăk]
esperar (aguardar) beklemek
espere por mim beni bekleyin [beklei-in]
não espere por mim beni beklemeyin [beklemei-in]

pode fazer isso enquanto espero? beklerken yapabilir misiniz?
poderia me esperar aqui? beni burada bekler misiniz?
posso esperar até minha companheira chegar? eşim gelinceye kadar bekleyebilir miyim? [eshim gelindjé-ié - bekleiébilir]
esperar (ter esperança de) umut
espero que sim umarım öyledir [umarãm óilédir]
espero que não umarım öyle değildir [óilé de-ildir]
espero que inşallah [inshala]
esperto(a) akıllı [akãl-lã]
espesso(a) kalın [kalãn]
espetáculo (teatro) gösteri [gósteri]
espirro hapşırık [rrapshãrãk]
esporte spor
esposa hanım [rranãm]
espreguiçadeira şezlong [shezlong]
esquecer unutmak
eu me esqueci unuttum
esquerda sol
à esquerda solda
para a esquerda sola
vire à esquerda sola dönün [dónium]
esqui (subst) kayak [kaiak]
elevador de esqui telesiyej [telessi-iéj]
um par de esquis bir çift kayak [tchift]
esquiar kayak yapmak
esquiando kayakçılık [kaiaktchãlãk]
esqui aquático su kayağı [kaia-ã]
esquina: na esquina köşe başında [koshé bashãnda]
esquisito(a) tuhaf [turraf]
muito esquisito(a) (extraordinário(a)) çok garip [tchok garip]
esse/essa, aquele/aquela*: şu
esse tapete (próximo) şu kilim [shu]
aquele tapete (mais distante) o kilim
essencial şart [shart]
é essencial que... ...-sı şarttır [-sã shartãr]
esses/essas*: esses homens şu adamlar [shu]?
quais? – esses/essas hangileri? – şunlar [shunlar]?
estação de ônibus otobüs garajı [otobius garajã], otogar
estação de trem tren istasyonu
estação istasyon
estacionamento otopark
estacionar park etmek
posso estacionar aqui? buraya park edebilir miyim? [buraia]

estado (país) devlet
Estados Unidos Birleşik Amerika [birleshik]
estar: está lá? orda mı? [mã] ver Ser/Estar*
estátua heykel [rreikel]
este/esta*: bu
esta é a minha mulher bu eşim [eshim]
este? bu mu?
este homem/esta mulher bu adamlar/kadınlar
queria estes bunları istiyorum [bunlarã]
esteira de praia plaj yaygısı [plaJ iaigãssã]
estepe yedek lastik
estômago mide [mide]
estrada yol
é esta a estrada para...? bu ... yolu mudur?
estrada principal anayol
estragado(a) hasar ġörmüş [górmiush]
desculpe, estraguei isto özür dilerim, bunu bozdum [óziur]
estragado (pão) bayat [baiat]
estragar zarar vermek
estrangeiro(a) yabancı [iabandjã]
estranho(a) acayip [adjai-ip], garip, tuhaf
muito estranho(a) (extraordinário(a)) çok garip [tchok garip]
estreito(a) dar
estrela yıldız [iãldãz]
estudante öğrenci [órendji]
estúpido(a) aptal (gíria) kalın kafalı [kafalã]
estupro ırza geçme [ãrza getchmé]
etiqueta (de roupa etc.) etiket
eu ben
EUA ABD [a bé dé]
Eurocheque Eurocheque
Europa Avrupa
europeu, europeia Avrupa (gentílico) Avrupalı [avrupalã]
exame sınav [sãnav]
exatamente! çok doğru! [tchok do-oru]
exato(a) kesin
exausto(a) bitkin, yorgunluktan bitmiş [bitmish]
exceder geçmek [getchmek]
excelente mükemmel [miukemél] (comida) nefis (hotel) çok güzel [tchok giuzél]
excelente! mükemmel!
excesso de bagagem fazla bagaj [bagaj]
exceto... ... hariç [rrarich]
excursão tur
há alguma excursão para...? ... turu var mı? [mã]
exemplo örnek [órnék]
por exemplo örneğin [órne-in]

existir (haver): existe...? ... var mı? [mã]
existe.., há..., tem... ... var
experiente tecrübeli [tedjriubéli]
experimentar denemek
posso experimentar? bir deneyebilir miyim? [deneiébilir]
explicar açıklamak [atchãklamak]
pode me explicar isso? onu açıklar mısınız? [atchãklar mãssãnãz]
exposição sergi
expresso (correio, trem) ekspres
extensão uzatma kablosu
exterior: no exterior yurt dışında [dã-shãnda]
extintor de incêndio yangın söndürücü [sóndiuriudjiu]
extraordinário(a) muazzam [muaz-zam]
extremamente son derece [deredjé]

F

fã hayran [rrairán]
fábrica fabrika
faca bıçak [bãtchak]
face yanak
fácil kolay [kolai]
faculdade kolej [kolej]
faixa (rodovia) şerit [sherit]
(estrada secundária) dar yol
falar konuşmak [konushmak]
eu não falo... ... bilmiyorum
posso falar com...? ... ile görüşebilir miyim? [ile góriushébilir mi-i-im]
você fala inglês? İngilizce biliyor musunuz? [ingilizdjé]

diálogo

posso falar com Sinan?
Sinan'la görüşebilir miyim? [góriushébilir]
quem fala? kim arıyor? [arãior]
é Patrícia Patricia
desculpe, ele não está, quer deixar recado?
üzgünüm evde değil, mesaj alabilir miyim? [iuzgiunium evdé de-il messaj]
não obrigado(a), eu ligo mais tarde hayır teşekkür ederim, ben sonra tekrar ararım [rraiãr teshekiur - ararãm]
por favor, diga-lhe que liguei
lütfen aradığımı söyleyin [liutfen aradã-ãmã sóile-in]

falhar: o motor está sempre falhando motor sık sık duruyor [sãk]
falso(a) taklit, sahte [sarrté]

faltar eksik [eksik]
está faltando um de meus... ... lerimden biri eksik
falta uma mala bir bavul eksik
Famagusta (cidade em Chipre) Magosa
família aile [ailé]
famoso(a) ünlü [iuliu]
fantástico(a) fantastik, hayali, müthiş [miut-rrish]
farinha un
farmácia eczane [edjzané]
farol farlar
farpa kıymık [kãimãk]
fator de proteção koruma faktörü [ffaktóriu]
favas bakla
favorito(a) gözde [gózdé]
fax faks
transmitir um fax fakslamak, faks çekmek [tchekmek]
fazenda çiftlik [tchift-lik]
fazer yapmak
como se faz isso? onu nasıl yapıyorsunuz? [nassãl iapã-]
de que é feito? neden yapılmış? [iapãlmãsh]
faço por 5 liras benim hesabıma göre beş lira ediyor [rressabãma góré]
não faça! yapma!
não faça isso! onu yapma!
o que vamos fazer? ne yapalım? [né iapalãm]
você faria isso para mim? benim için bunu yapar mısınız? [itchin - mãssãnãz]

diálogos

como vai? nasılsınız? [nassãlsãnãz]
prazer em conhecê-lo(a) tanıştığımıza memnun oldum [tanãshtã-ãmãza memnun oldum]
o que você faz? ne iş yapıyorsunuz? [né ish]
sou professor(a), e você? öğretmenim, ya siz? [ó-rétménim]
sou estudante öğrenciyim [ó-rendji-im]

o que você vai fazer esta noite? bu akşam ne yapıyorsunuz?
vamos beber alguma coisa, quer vir conosco? bir şey içmeye gidiyoruz, bize katılmak ister misiniz? [shei itchméié - bizé katãlmak]

febre ateş [atésh]
febre do feno saman nezlesi
febril ateşli [atéshli]
fechado(a) kapalı [kapalã]
fechadura kilit
fechar kapatmak
quando fecha? ne zaman kapanıyor? [né kapanãior]

a que horas vocês fecham?
saat kaçta kapatıyorsunuz?
[sa-**at** katcht**a** kapatãiorsun**uz**]
estão fechados kapalılar
[kapal**ã**lar]
eu me fechei por fora
anahtarı içerde unuttum
[anarr-tar**ã** unu-t**um**]
fechar à chave kilitlemek
fechar por fora dışarıda bırakmak [dãshar**ã**da bãrakm**ak**]

diálogo

a que horas vocês fecham?
saat kaçta kapatıyorsunuz?
[sa-**at** katcht**a** kapatãiorsun**uz**]
fechamos às 20h durante a semana e às 18h aos sábados hafta içinde akşam sekizde, cumartesileri akşam altıda kapatıyoruz
[rraft**á** itchind**é** aksh**am** sekizd**é**, djumartess**i**leri aksh**am** altãd**a** kapatãior**uz**]
fecham para almoço?
öğlenleri kapatıyor musunuz? [ó-ólenl**e**ri kapatãi**or** mussun**uz**]
sim, entre as 13h e as 15h30
evet, saat birle üçbuçuk arasında [sa-**at** birl**e** iutch butch**uk** arassãnd**a**]

fecho sap
feijões fasulye [fassuli**é**]
feio(a) çirkin [tchirk**in**]
feira (de rua) pazar [paz**ar**]
(de negócios) fuar [fu**ar**]
(espécie de quermesse) panayır
[panai**ãr**]
feliz mutlu
felizmente bereket versin
feriado resmi tatil
férias tatil
em férias tatilde [tatild**é**]
férias de inverno kış tatili
[kãsh]
ferido(a) yaralı [iaral**ã**]
ela foi ferida yaralandı
[iaraland**ã**]
ferro de passar ütü [iuti**u**]
ferrovia demiryolu
ferryboat feribot
festa parti
festival festival
fevereiro şubat [shub**at**]
ficar tutmak
está bem, fico com ele
tamam, alıyorum [alãior**um**]
está bem, fico com o quarto
tamam, tutuyorum
fique com o troco üstü kalsın
[iusti**u** kals**ãn**]
gostaria de ficar mais duas noites iki gece daha kalmak istiyorum [gedj**é**]
posso ficar com isso? bende kalabilir mi? [bend**é**]
por favor, fique com isso
sizde kalsın [sizd**é**]

ficar bem: não fica bem em mim (jaqueta etc) bana yakışmıyor [iakăshmăior]
fica bem em você size yakışıyor [size iakăshăior]
fígado (comida) ciğer
(órgão do corpo) karaciğer [karadji-ér]
figos incir [indjir]
fila kuyruk [kuiruk]
filha kız evlat [kăz]
filho oğul [o-ul]
filmadora video kamera
filme colorido renkli film
filme de PVC jelatin [jelatin]
filme film

diálogo

você tem este tipo de filme?
sizde bu tip film var mı? [sizdé bu tip - mă]
sim, de quantas poses?
evet, kaç pozluk? [katch pozluk]
36 otuz altı

filtro de café filtre kağıdı [filtré kia-ădă]
fim son
no fim da... (rua etc.) ...-un sonunda
fino(a) ince [indjé]
fio iplik
fio dental diş ipi [dish]
fio elétrico kablo
fique com Deus (dito por alguém que está saindo) Allahaısmarladık [alarra-ăssmarladăk]
(dito para alguém que está saindo) güle güle [giulé]
fita adesiva seloteyp [seloteip]
fita cassete kaset, teyp [teip]
fita métrica şerit metre [sherit metré], mezür [meziur]
flash (câmera) flaş [flash]
flat (apartamento) apartman dairesi [dairési], daire [dairé]
flocos de milho mısır gevreği [măssăr gevre-i]
flor çiçek [tchitchék]
floresta orman
floricultura çiçekçi [tchitchéktchi]
fluentemente: ele fala turco fluentemente akıcı bir Türkçesi var [akădjă bir tiurktchéssi var]
fogão ocak [odjak]
fogo ateş [atésh]
fogo! yangın var!
está pegando fogo yanıyor [ianăior]
tem fogo? (para cigarro) ateşiniz var mı? [atéshiniz var mă]
fogueira: podemos fazer uma fogueira aqui? burada ateş yakabilir miyiz?
folha yaprak

Fi

folheto broşür [broshi**u**r]
fome: estou com fome
acıktım [adjäkt**ã**m]
está com fome? acıktınız mı? [adjaktãn**ã**z mã]
estou morrendo de fome çok acıktım [tchok adjäkt**ã**m]
fones de ouvido kulaklıklar [kulakl**ã**klar]
fonte çeşme [tchéshm**é**]
fora: do lado de fora... ...-in dışında [dãshãnd**a**]
podemos nos sentar fora? dışarda oturabil**i**r miy**i**z? [dãshard**a**]
sou de fora (estrangeiro) buranın yabancısıyım [buran**ã**n - ssãi**ã**m]
formulário form, formüler [formiul**é**r]
forno fırın [fär**ã**n]
forno de micro-ondas mikr**o**dalg**a**
fortaleza kale [kal**é**]
forte (pessoa) güçlü [giutchl**iu**]
(bebida) sert
fósforos kibr**i**t
fotografia fotoğraf [foto-or**a**f]
por favor, poderia tirar uma foto de nós? **a**ffedersiniz, bir fotoğrafımızı çekebilir misin**i**z? [foto-orafãmãz**ã** tchekébil**i**r]
foyer giriş holü [gir**i**sh rrol**iu**], fuaye [fuai**e**]

fraco(a) zayıf [zai**ã**f], güçsüz [g**iu**tch-suz]
(bebida) haf**i**f
(chá) açık [atch**ã**k]
fralda çocuk bez**i** [tchodj**u**k]
fraldas descartáveis kâğıt çocuk bez**i** [kia-**ã**t tchodj**u**k]
framboesa ahududu [arrudud**u**]
França Fr**a**nsa
francês, francesa Fransız [frans**ã**z]
(idioma) Fransızca [fransãzdj**a**]
frango tav**u**k
fratura kırık [kär**ã**k]
freezer buzl**u**k
freio fren
freio de mão el fren**i**
frente ön [ón]
em frente önde [**ó**ndé]
em frente do hotel otel**i**n önünde [óniund**é**]
na frente ön taraft**a**
o bar em frente karşıdaki bar [karsh**ã**daki]
sempre em frente dümdüz ilerde [diumd**iu**z iler**dé**]
frequência: com que frequência há ônibus para Edirne? Edirne'ye kaç saatte bir otob**ü**s var? [edirn**é**-ié **k**atch sa-a-t**é**]
não com frequência ar**a** sıra [sãr**a**]
os ônibus passam com que

frequência? otobüslerin arası ne kadar? [arassã né]
qual a frequência dos ônibus? otobüsler ne kadar sık? [né]
frequente sık [sãk]
frequentemente sık sık [sãk]
fresco(a) serin
(fruta etc.) taze [tazé]
frigideira tava
frio soğuk [so-uk]
estou com frio üşüyorum [iushiuiorum]
fritar kızartmak [kãzartmak]
frito(a) kızarmış [kãzarmãsh]
fronha yastık kılıfı [kãlãfã]
fronteira sınır [sãnãr]
fruta meyve [meivé]
suco de fruta meyve suyu
frutos do mar deniz ürünleri [iuriunléri]
restaurante de frutos do mar balık lokantası [balãk lokantasã]
fumaça duman
fumar: importa-se se eu fumar? izninizle sigara içebilir miyim? [-lé - itchébilir]
eu não fumo ben sigara kullanmıyorum [kul-anmã-]
você fuma? sigara içiyor musunuz? [itchior]
funcionar: não funciona çalışmıyor [tchalãshmãior]
fundo(a) derin
funeral cenaze [djenazé]
furo (pneu) lastik patlaması [patlamassã]
fusível sigorta
caixa de fusíveis sigorta kutusu
fio do fusível sigorta teli
o fusível queimou sigorta attı [atã]
um fusível de 13 amperes on üç amperlik sigorta
futebol futbol
bola de futebol top
partida de futebol futbol maçı [matchã]
futuro gelecek [geledjék]
no futuro gelecekte [geledjékté]

G

gaivota martı [martã]
galão de gasolina benzin bidonu
galeria de arte sanat galerisi
galeria de arte moderna çağdaş sanat galerisi [tcha-adaş]
Galípoli Gelibolu
ganso kaz
garagem garaj [garaj]
garagem de ônibus otobüs garajı [garajã]

Fr

garantia garanti
tem garantia? garantisi var mı? [mã]
garçom garson
garçom! bakar mısınız! [mãssãnãz]
garçonete garson kız [kãz]
garçonete! bakar mısınız! [mãssãnãz]
garfo çatal [tchatal]
garganta boğaz [bo-az]
pastilhas para a garganta boğaz pastilleri
garrafa şişe [shishé]
garrafa térmica termos
gás gaz
gás liquefeito/engarrafado tüpgaz [tiupgaz]
gasolina benzin
gasolina sem chumbo kurşunsuz benzin [kurshunsuz]
gasoso(a) gazlı [gazlã]
gastar harcamak [rrardjamak]
gato kedi [kedi]
gaveta çekmece [tchékmédjé]
geada don
gel de banho duş jeli [dush]
gel para cabelo jel [ʒel]
geladeira buzdolabı [buzdolabã]
geleia reçel [retchél]
geleia de laranja portakal reçeli [retchéli]
gelo buz [buz]
com gelo buzlu
sem gelo, obrigado(a) buz istemez, teşekkür ederim [teshekiur]
gengiva dişeti [disheti]
genro damat
gente: muita gente fazla sayıda insan [saiãnda]
Geórgia Gürcistan [giurdjistan]
georgiano(a) Gürcü [giurdjiu]
geral genel
gerente yönetici [iónetidji]
pode chamar o gerente? yöneticiyi görebilir miyim? [iónetidji-i górébilir]
gerente (mulher) bayan yönetici
gesso alçı [altchã]
gim cin [djin]
um gim-tônica, por favor bir cintonik, lütfen [liutfen]
ginásio spor salonu
golfe golf
golfo körfez [kórfez]
gordo(a) şişman [shishman]
gordura yağ [ia-a]
gorjeta bahşiş [barr-shish]
gostar hoşlanmak [rroshlanmak], sevmek
gosto de caminhar yürüyüşe çıkmayı severim [iuriu-iushé tchãkmaiã]
gosto de você sizden hoşlanıyorum [rroshlanãiorum]
gosto disso beğendim [be-endim]

não gosto disso hoşuma gitmiyor [rroshuma]
você gosta...? ... sever misiniz?

diálogos

gostou da refeição? yemek hoşunuza gitti mi? [rroshunuza]
estava excelente, obrigado(a) mükemmeldi, teşekkür ederim [miukeméldi teshekiur]

gostou do filme? filmi nasıl buldunuz? [nassãl]
gostei muito, e você? benim çok hoşuma gitti, ya sizin? [tchok rroshuma]

goteira: o telhado está com goteiras dam akıyor [akãior]
governo hükümet [rriukiumét]
Grã-Bretanha Büyük Britanya [biu-i-iuk]
gradualmente giderek
grama ot
grama (medida) gram
gramado çimen [tchimen]
gramática gramer
grampo de cabelo (presilha) saç tokaları [satch tokalarã]
grande büyük [biui-iuk]
muito grande fazla büyük
não é grande o bastante yeterince büyük değil [ieterindjé - de-il]
grapefruit greyfurt [greifurt]
suco de grapefruit greyfurt suyu
gratuito(a) bedava
é gratuito(a)? ücretsiz mi? [iudjrétsiz]
gravador de fita kasetli teyp [teip]
gravata kravat
grave (acidente, corte) kötü [kótiu]
grávida hamile [rramilé]
graxa de sapatos ayakkabı cilası [djilassã]
Grécia Yunanistan
greco-cipriota (para produtos de origem greco-cipriota) Kıbrıs Rum [kãbrãs]
(para pessoas) Kıbrıslı Rum [kãbrãsslã]
grego ortodoxo Rum Ortodoks
grego(a) Yunan
(idioma) yunanca
(nacionalidade) Yunanlı [iunanlã]
grelha ızgara [ãzgara]
grelhado(a) ızgara [ãzgara]
gripe grip [grip]
gritar bağırmak [ba-ãrmak]
grosseiro(a) kaba
grosso(a) kalın [kalãn]
grupo grup
guarda-chuva şemsiye [shemsi-ie]

guardanapo peçete [petcheté]
guarda-sol plaj şemsiyesi [shemsi-iessi]
guarda-volumes emanet
guia de conversação konuşma kılavuzu [konushma kãlavuzu]
guia rehber [rerr-bér]
guia turístico rehber
guloso(a) açgözlü [atchgózliu]

H

habitual olağan [ola-an]
hambúrguer hamburger [rramburgér]
hambúrguer para viagem paket hamburger
haver: o que há? ne oldu? [né oldu]
helicóptero helikopter
hematoma çürük [tchiuriuk]
hepatite hepatit
hidrofólio (espécie de catamarã) kızaklı tekne [kãzaklã tekné]
hipódromo At Meydanı [meidanã]
hodômetro hızölçer [rrãz-óltchér]
hoje bugün [bugiun]
Holanda Hollanda
holandês Hollanda
(idioma) Hollandaca [rrolandadja]
homem adam
homens adamlar
homossexual homoseksüel [rromosseksuél]
honesto(a) dürüst [diuriust]
hora saat [sa-at]
há uma hora bir saat önce
hora marcada randevu

diálogo

bom dia, posso ajudá-lo(a)? günaydın, buyrun? [giunaidãn, buiurun]
gostaria de marcar hora randevu almak istiyorum
que hora prefere? saat kaç için istersiniz? [sa-at katch itchin]
três horas üç için
infelizmente não é possível, quatro horas está bem? korkarım o mümkün değil, saat dörtte olur mu? [korkarãm o miumkium de-il, sa-at dórt-té olur mu]
sim, está bem evet, o çok iyi [tchok]
qual o seu nome? isim neydi? [néidi]
Ver **Alfabeto** para soletrar

horário tarife [tarifé]
horário de funcionamento açılış ve kapanış saatleri [atchãlãsh ve kapanãsh sa-atleri]

horário de pico kalabalık saatler [kalabalãk sa-atler]
horas*: ... horas saat ... [sa-at]
às seis horas saat altıda [sa-at altãda]
que horas são? saat kaç? [sa-at katch]
horrível berbat
hospedado(a): onde está hospedado(a)? nerede kalıyorsunuz? [nérédé kalãiorsunuz]
estou hospedado(a)... ...-de kalıyorum [-dé kalãiorum]
hospedagem kalacak yer [kalajak]
hospedaria pansiyon
hóspede misafir
hospital hastane [rrastané]
hospitalidade konukseverlik
obrigado(a) por sua hospitalidade konukseverliğiniz için teşekkürler [konuksevérli-iniz itchin teshekiurlér]
hotel otel
hovercraft hoverkraft

I

iate yat
idade yaş [iash]

diálogo

quantos anos você tem? kaç yaşındasınız? [katch iashãndassãnãz]
tenho 25 anos yirmi beş yaşındayım [iashãndaiãm]
e você? ya siz?

ideia fikir
idioma dil
idiota aptal
ignição kontak
igreja kilise [kilissé]
igual: igual a este bunun aynısı [ainãssã]
ilha ada
imediatamente hemen [rremen]
imitação taklit
impermeável su geçirmez [getchirmez]
importante önemli [ónemli]
é muito importante çok önemlidir [tchok]
não é importante önemli değil [de-il]
importunar: este homem está me importunando bu adam beni rahatsız ediyor [rarratsãz]
importuno(a) can sıkıcı [djan sãkãdjã]
impossível imkansız [imkiansãz]
impressionante etkileyici [etkileidji]

impressos (folhetos, folders etc.) matbua
imundo(a) pis [pis]
inacreditável inanılmaz [inanãlmaz]
incêndio yangın [iangãn]
inchaço şişlik [shishlik]
inchado(a) şişmiş [shishmish]
incluir dahil etmek [darril]
isso está incluído no preço? bu dahil mi?
isso inclui as refeições? buna yemekler dahil mi?
incomodar: desculpe incomodá-lo(a) rahatsız ettiğim için özür dilerim [rarratsãz et-ti-im itchin óziur dilerim]
incomum alışılmamış [alãshãlmamãsh]
inconsciente baygın [baigãn]
inconveniente elverişsiz [elverish-siz]
incrível şaşırtıcı [shashãrtãdjã]
indiano(a) Hint
indicador sinyal
indigestão hazımsızlık [rrazãmsãzlãk]
indisposição estomacal mide bozukluğu [mide bozuklu-u]
infarto kalp krizi
infecção enfeksiyon
infeccioso(a) bulaşıcı [bulashãdjã]
inflamação iltihap
informação bilgi
tem alguma informação sobre...? sizde ... hakkında bilgi var mı? [rrakãnda - mã]
informal fazla resmi olmayan [olmaian]
Inglaterra İngiltere [ingilteré]
Inglês, inglesa İngiliz [ingiliz]
(idioma) İngilizce [ingiliz-djé]
eu sou inglês ben İngilizim
fala inglês? İngilizce biliyor musunuz?
íngreme dik
início: no início başlangıçta [bashlangãtchta]
injeção enjeksiyon [enjeksion]
inocente masum
inseto böcek [bódjék]
picada de inseto böcek sokması [sokmassã]
repelente de insetos böcek ilacı [iladjã]
tem alguma coisa para picada de insetos? sizde böcek sokmasına karşı bir şey bulunur mu? [sizdé - karshã bir shei]
insistir: eu insisto ısrar ediyorum
insolação güneş çarpması [tcharpmassã]
insônia uykusuzluk [uikussuzluk]
insulina insülin [insiulin]
inteligente zeki

interditado(a) (estrada) kapalı [kapalã]
interessado(a): estou interessado(a) em... ...-e ilgi duyuyorum [-é]
interessante ilginç [ilgintch]
isso é muito interessante çok ilginç [tchok]
internacional uluslararası [ulusslararassã]
internet internet
interpretar tercüme etmek [terdjiumé]
intérprete tercüman [terdjiuman]
interruptor açıp/kapama düğmesi [atchãp - diu-ıméssi], elektrik düğmesi [diu-uméssi]
intervalo (no teatro) ara
intoxicação alimentar gıda zehirlenmesi [gãdá]
inundação sel
inverno kış [kãsh]
no inverno kışın [kãshãn]
iogurte yoğurt [io-urt]
ir gitmek
aonde vai? nereye gidiyorsunuz? [néreié]
como vou até...? ...-'e nasıl gidebilirim? [-é nassãl]
ele(a) foi embora gitti
este trem vai para...? ... için bu tren doğru mu? [itchin do-oru]
fui lá na semana passada oraya geçen hafta gittim [oraia getchen]
ir embora çekilip gitmek [tchekilip]
onde ele foi? nereye gitti?
para onde vai este ônibus? bu otobüs nereye gidiyor?
queremos ir ao Palácio Topkapı Topkapı Sarayı'na gitmek istiyoruz [topkapã saraiã-na]
vamos! haydi gidelim! [rraidi]
vá embora! çekil git! [tchekil git]
vamos embora amanhã yarın evimize gidiyoruz [iarãn evimize]
vou a pé yürüyeceğim [iuriu-iédjé-im]
vou dar um passeio ben yürüyüşe çıkıyorum [iuriu-iushé]
Irã İran [iran]
Iraque Irak [ãrak]
irmã kız kardeş [kãz kardésh]
irmão erkek kardeş [kardésh]
irritante can sıkıcı [djan sãkãdjã]
Islã İslam [isslam]
islâmico(a) İslami, müslüman
isolado(a) kuytu [kuitu]
isqueiro çakmak [tchakmak]
isso: é isso tamam işte [ishté]
Istambul İstanbul [isstanbul]
isto: isto é...? bu ... mi?
Itália İtalya
italiano(a) İtalyan [italian]
(idioma) İtalyanca [italiandja]

J

já (de fato, na verdade) bile [bilé]
o filme já começou film başladı bile [bashladã]
janeiro ocak [odjak]
janela pencere [pendjeré]
lugar na janela pencere yanı [ianã]
perto da janela pencerenin yakınında [iakãnãnda]

diálogo

importa-se se eu abrir a janela? pencereyi açmamın bir mahzuru var mı? [pendjeré atchmamãn bir marr-zuru var mã]
não, não me importo hayır, benim için farketmez [rraiãr]

jantar (subst) akşam yemeği [aksham iemé-i]
(verbo) akşam yemeği yemek
jaqueta ceket [djekét]
jardim bahçe [barr-tché]
jardim zoológico hayvanat bahçesi [rraivanat barr-tchessi]
jarra sürahi [siurarri]
uma jarra de água bir sürahi su
uma jarra de vinho branco da casa, por favor bir sürahi beyaz şarabınızdan, lütfen [beiaz sharabãnãzdan liutfen]
jarro kavanoz
jazz caz [jaz]
jeans kot [kot]
joalheria kuyumcu [kuiumdju]
joelho diz
jogar oynamak
jogar fora atmak
jogging koşu [koshu]
fazer jogging koşu yapmak
jogo (de cartas etc.) oyun
(partida) maç [match]
joias mücevherat [miudjev-rrerat]
jornal gazete [gazeté]
jovem genç [gentch]
judeu, judia Yahudi
julho temmuz
junho haziran
junto beraber
estamos juntos beraberiz
junto de... ...-in yanında [ianãnda]
justo(a) adil, haklı [rraklã]

K

kebab (carne assada ou grelhada) kebap
(kebab suave) urfa kebabı [kebabã]
(kebab apimentado) adana kebabı
ketchup keçap [ketchap]
kit de primeiros socorros ilk yardım çantası [tchantassã]

L

lã yün [i-iun]
lábios dudaklar
lado yan
ao lado de... ...-in bitişiğinde [bitishi-indé]
bem ao lado da İstiklal Caddesi/Taksim Meydanı hemen daha İstiklal Caddesi'ne/Taksim Meydanı'na çıkmadan [istiklal djadessiné/taksim meidanã-na tchãkmadan]
o outro lado da rua caddenin öbür tarafı [óbiur tarafã]
ladrão hırsız [rrãr-sãz]
lago göl [gól]
lagosta istakoz
lama çamur [tchamur]
lâminas de barbear jilet [jilet]
lâmpada ampul, lamba
preciso de uma lâmpada nova bana yeni bir ampul lazım [lazãm]
lanchinho hafif yemek, meze [mezé]
só um lanchinho yalnız hafif bir şeyler [ialnãz rrafif bir sheilér]
lanterna el feneri
lanternas traseiras arka lambalar
lápis kurşun kalem [kurshun]
lápis de olho eyeliner
lápis de sobrancelha kaş kalemi [kash]
laranja (fruta) portakal
(cor) turuncu [turundju]
suco de laranja portakal suyu
largo(a) geniş [genish]
lata teneke kutu [teneké]
lata de conservas konserve kutusu [konservé]
lata de lixo (dentro de casa, menor) çöp kutusu [tchóp]
lata de lixo (na rua, maior) çöp tenekesi [tchóp]
uma lata de cerveja bir kutu bira
latão (metal) pirinç [pirintch]
lavabo tuvalet
lavanderia çamaşırhane [tchamashãr-rrané]
lavanderia automática otomatlı çamaşırhane [otomatlã tchamashãr-rrané]
lavar yıkamak [iãkamak]
lavar e pentear yıkama ve mizanpli [iãkama]
pode lavar isto? bunları yıkayabilir misiniz? [bunlarã iãkaiabilir]
lava-rápido otomobil yıkama yeri [iãkama]
laxante müshil [miuss-rril], laksatif
legumes sebze [sebzé]
lei kanun
leite süt [siut]

lembrança hatıra [rratãra]
lembrar: eu lembro
hatırlıyorum [rratãrlãiorum]
eu não lembro
hatırlamıyorum
[rratãrlamãiorum]
você lembra? hatırlıyor
musunuz?
lenço mendil
lenço de cabeça eşarp
[esharp]
lençol çarşaf [tcharshaf]
lenços de papel kâğıt mendil
[kia-ãt]
lentes de contato kontak
lensleri
lentes de contato rígidas sert
lensler
lentes de contato
semirrígidas gaz geçirgen
lensler [getchiren]
lentes gelatinosas yumuşak
kontak lensleri [iumushak]
lento(a) yavaş [iavash]
leque yelpaze [ielpazé]
ler okumak
lésbica sevici [sevidji]
leste doğu [do-u]
no leste doğuda
levantar-se kalkmak
ele ainda não se levantou
daha kalkmadı [kalkamadã]
levar (durar): quanto tempo
leva? ne kadar sürer? [né
- siurér]
leva três horas üç saat sürer
[iutch sa-at]
levar (carregar): para onde
levaram? nereye kaldırıldı?
[kaldãrãldã]
pode me levar ao...? beni
...-'e götürür müsünüz?
[-é gótiuriur miussiuniuz]
posso levar isto? (folheto etc.)
bunu alabilir miyim?
leve hafif
Líbano Lübnan [liubnan]
libra (dinheiro) sterlin
(peso) libre [libré]
lição ders
licença (documento) izin belgesi
licor likör [likór]
ligar (acender) açmak [atchmak]
pode ligar o aquecimento?
kaloriferi yakabilir misiniz?
lima misket limonu
suco de lima konsantre
limon suyu [konsantré]
limão limon
limite sınır [sãnãr]
limite de velocidade azami hız
limonada limonata
limpador de para-brisa
silecekler [siledjékler]
limpar: você pode limpar
isto para mim? lütfen bana
bunları temizler misiniz?
[liutfen - bunlarã]
limpo(a) temiz
língua dil

linha çizgi [tchizgi]
linha (telefone) hat
pode me dar uma linha? bana bir dış hat verir misiniz? [dãsh]
liso(a) düz [diuz]
lista telefônica telefon rehberi [rerr-beri]
litoral sahil [sarril]
no litoral sahilde [sarrildé]
litro litre [litré]
livraria kitapçı [kitaptchã]
livre serbest
ao ar livre açık havada [atchãk]
livro kitap
lixo çöp [tchóp]
local yerel
pode recomendar um restaurante local? yörede bir lokanta tavsiye edebilir misiniz? [iórédé - tav-si-ie-]
loção losyon
loção de limpeza temizleme losyonu
loção pós-barba tıraş losyonu [tãrash]
loção pós-sol güneş sonrası kremi [giunésh sonrassã]
logo yakında [iakãnda]
logo que possível en kısa zamanda [kãssa]
volto logo birazdan dönerim
loiro(a) sarışın [sarãshãn]
loja dükkân [diuk-ian]
loja de artesanato el sanatları dükkanı [sanatalarã diukanã]
loja de artigos fotográficos fotoğrafçı [foto-oraftchã]
loja de departamento büyük mağaza [biui-iuk ma-aza]
loja de ferragens nalbur
loja de presentes hediyelik eşya dükkanı [rredielik eshia diukanã]
Londres Londra
longe uzak
ao longe uzakta
é muito longe
até...? ... buraya uzak mı? [buraia mã]
fica longe? uzakta mı? [mã]

diálogo

é longe daqui? buradan uzak mı? [mã]
não, não é muito longe hayır, pek uzak değil [rraiãr - de-il]
bem, qual é a distância? peki ne kadar uzak? [né]
são mais ou menos 20 quilômetros yaklaşık yirmi kilometre [iaklashãk - kilometré]

louça tabak takımları [takãmlarã]
louco(a) kaçık [katchãk]
lua ay [ai]
lua de mel balayı [balaiã]
lugar yer
este lugar está ocupado? bu yerin sahibi var mı? [mã]

luta turca yağlı güreş [ia-alã giurésh]
luvas eldiven
luxo lüks
luxuoso(a) lüks [liuks]
luz ışık [ãshãk]
falta de luz elektrik kesilmesi
luz do sol güneş ışığı [ãshã]
luzes laterais park lambaları [lambalarã]

M

maçã elma
macaco (para o carro) kriko
maçaneta kol
maço: um maço de cigarros bir paket sigara
madeira tahta [tarrtá]
madrugada gece [gedjé]
maduro(a) olgun
mãe anne [ané]
magricela sıska [sãska]
maio mayıs [maiãs]
maiô mayo [maio]
maionese mayonez [maionéz]
maior: a maior parte do tempo çoğu zaman [tcho-u]
maioria: a maioria dos turistas çoğu turist
mais* daha, fazla
gosto mais deste en çok bundan hoşlanıyorum [tchok - rroshlanãiorum]
mais água, por favor? biraz daha su alabilir miyim, lütfen? [liutfen]
mais barato daha ucuz [udjuz]
mais caro(a)/interessante daha pahalı/ilginç
mais de 50 elliden fazla
mais de 500 beş yüzden fazla [besh]
mais que isso ondan daha fazla
mais tarde daha sonra
muito mais çok daha fazla [tchok]
pode nos servir mais um(a)? lütfen bir tane daha [liutfen - tané]
você cobrou a mais benden fazla para aldınız [aldãnãz]

diálogo

deseja um pouco mais? biraz daha ister misiniz?
nada mais para mim, obrigado(a) hayır, teşekkür ederim, bu kadar yeter bana [rraiãr teshekiur]
e você? ya siz?
não quero mais nada, obrigado(a) ben daha fazla istemiyorum, teşekkür ederim

mais ou menos şöyle böyle [shóilé bóilé]

mal kötü [kótiu]
não faz mal zarar yok
mala valiz, bavul
fazer as malas paketlemek
mala de mão el çantası [tchantassã]
maldição! Allah kahretsin!
mal-entendido yanlış anlama [ianlãsh]
maleta (pasta executiva) evrak çantası [tchantassã]
malha kazak
malpassado(a) az pişmiş [pishmish]
mamadeira biberon
mamãe annecim [anédjim]
mandar göndermek [góndermek]
quero mandar isto para o Brasil bunu Brezilya-ya göndermek istiyorum [brézilia-ia]
manga (de camisa etc.) kol
manhã (das 4h ao meio-dia) sabah [sabarr]
de manhã sabahleyin [sabarr-lei-in]
esta manhã bu sabah [bu]
mansão villa
manteiga tereyağı [tereia-ã]
mão el
mapa (geral, geográfico) harita
(plano de cidade) şehir planı [sherrir planã]
(rodoviário) karayolu haritası [rraritassã]
maquiagem makyaj [makiaj]
máquina makina
máquina de lavar roupas çamaşır makinesi
máquina de vendas automática otomat
mar deniz
à beira-mar deniz kıyısında [kãiãssãnda]
Mar de Marmara Marmara Denizi
Mar Negro Karadeniz
maravilhoso(a) harika [rrarika], şahane [sharrané]
marca marka
marcar: vamos marcar para a próxima segunda-feira gelecek pazartesi için randevulaşalım [geledjék - itchin randevulashalãm]
marcha ré geri vites
marchas vitesler
março mart
maré gel-git olayı [olaiã]
margarina margarin
margem sahil [sarril]
marido koca [kodja]
mariscos kabuklu deniz ürünleri [iuriunleri]
marrom kahverengi [karr-vérengi]
martelo çekiç [tchekitch]
mas ama

mastigar çiğnemek [tchi-inmék]
matar öldürmek [óldiurmék]
mau kötü [kótiu], fena
nada mau fena değil [de-il]
maxilar çene [tchené]
mecânico tamirci [tamirdji]
média: em média ortalama olarak
medicamentos uyuşturucu [uiushturudju]
médico doktor
por favor, chame um médico lütfen bir doktor çağırın [liutfen - tcha-arãn]
precisamos de um médico bize bir doktor lazım [bizé - lazãm]

diálogo

onde dói? neresi acıyor? [adjãior]
bem aqui tam burası [burassã]
dói agora? şimdi acıyor mu? [shimdi]
sim evet

médio orta
medíocre orta
Mediterrâneo Akdeniz
meia-calça külotlu çorap [kiulotlu tchorap]
meia-noite gece yarısı
à meia-noite gece yarısı
meia çorap [tchorap]
meias çoraplar [tchoraplar]
meio(a) (adj) yarım [iarãm]
meia garrafa yarım şişe [shishé]
meia hora yarım saat [sa-at]
meia pensão yarım pansiyon
meia tarifa yarım tarife [tarifé]
meio litro yarım litre [litré]
meio (subst): no meio ortada
o(a) do meio ortadaki
meio-dia öğle [ó-ólé]
depois de meio-dia öğle üzeri [ó-ólé iuzeri]
ao meio-dia öğleyin [ó-ólei-in]
meio seco (bebidas) dömi sek [dómi]
mel bal
melão kavun
melhor (adj) en iyi
melhor (adv) daha iyi
está se sentindo melhor? kendinizi daha iyi hissediyor musunuz? [rrissedi-ior]
melhorar iyileştirmek [i-ilesh-], geliştirmek [gelishtirmek]
quero melhorar o meu turco Türkçemi geliştirmek istiyorum [tiurktchém gelishtirmek]
mencionar bahsetmek [barr-setmek]
menina kız [kãz]
menino oğlan [o-olan]
menos daha az
menos de ...-den az

menos do que... ...-den daha az
pelo menos en azından [en azãndan]
mensagem de texto SMS mesajı [messajã]
menstruação adet dönemi
mentir yalan söylemek [sóilemek]
menu de preço fixo tabldot [tabldot]
mercado pazar, çarşı [tcharshã]
mercearia bakkal
merda! şimdi hapı yuttuk! [shimdi rrapã]
mergulho sem equipamento balık adamlık [balãk adamlãk]
mês ay [ai]
mesa masa
uma mesa para duas pessoas iki kişilik bir masa [kishilik]
mesmo(a)*: eu mesmo(a) faço isso kendim yaparım [iaparãm]
é mesmo? (dúvida) yok canım? [djanãm], (demonstrando interesse: "verdade?") sahi mi?
o mesmo (subst) aynı [ainã]
o mesmo outra vez, por favor aynısından bir tane daha, lütfen [ainãssãndan bir tané darra liutfen]
mesquita cami [djami]

metade yarım [iarãm]
cerca de metade disso onun yarısı kadar [iarãssã]
metade do preço yarı fiyat [iarã]
metal metal
metro metre [metré]
metrô metro
meu, minha* ...-im, ...-ım [-ãm], ...-um, ...-üm [-ium], ...-m
é meu/minha o benim, benimki
mexer (em alguma coisa) oynatmak
mexer-se hareket etmek
mexilhões midye [midie]
milha mil
milímetro milimetre [milimetré]
milkshake milkşeyk [milksheik]
mim* beni
isto é para mim o benim için [itchin]
mande para mim onu bana gönderin
minarete minare [minaré]
minuciosamente hakkıyla [rrakãila], iyice [i-idjé]
minúsculo(a) minik
minuto dakika
num minuto birazdan
só um minuto bir dakika
mobília mobilya
mochila sırt çantası [sãrt tchantassã]

moda: da moda (restaurante, clube) şık [shăk], moda
(pessoa) şık [shăk]
(roupas) modaya uygun [modaia uigun]
moderno(a) modern [modern]
moeda madeni para
moisés portbebe [portbebé]
mola yay [iai]
mole yumuşak [iumushak]
molhado(a) ıslak [ăsslak]
molho sos
montanha dağ [da-a]
nas montanhas dağlarda [da-alarda]
montanhismo dağcılık [da-adjălăk]
monumento anıt [anăt]
morango çilek [tchilék]
mordida (de cachorro) ısırma [ăssărma]
morrer ölmek [ólmék]
morte ölüm [ólium]
morto(a) ölü [óliu]
mosaico mozaik [mozaik]
mosca sinek
mosquito sivrisinek
mostarda hardal
mosteiro manastır [manastăr]
mostrar: poderia me mostrar? bana gösterebilir misiniz? [gósterebilir]
motocicleta motosiklet
motoneta küçük motosiklet [kiutchiuk]
motor motor
motor de arranque marş [marsh]
motorista (de carro) sürücü [siurudju]
(de ônibus) şoför [shofér]
movimentado(a) (restaurante etc.) kalabalık [kalabalăk]
muçulmano(a) Müslüman [miussliuman]
mudar: mudei de ideia fikrimi değiştirdim [de-ishtirdim]
poderia mudar seu carro de lugar? arabanızı çeker misiniz? [arabanăză tchekér missiniz]
mudar-se taşınmak [tashănmak]
ele se mudou para outro quarto başka bir odaya taşındı [bashka bir odaia tashăndă]
para onde se mudou? nereye taşındı? [néreié tashăndă]
muito(a) çok, fazla
é muito bom/boa çok iyi [olduktcha]
gosto muito disso çok beğeniyorum [be-eni-iorum]
muita gente bir çok insan
muito grande çok büyük
muito maior çok daha büyük
muito mais quente çok daha sıcak
muito melhor/pior çok daha iyi/daha kötü

muito pouco para mim bana azıcık [azădjăk]
muito quente fazla sıcak
não muito çok değil [de-il]
não muito çok fazla değil, pek değil [de-il]
não quero muito çok fazla istemiyorum
temos muito tempo çok vakit var
muletas koltuk değnekleri [de-enékleri]
mulher kadın [kadăn]
multa ceza [djezá]
multidão kalabalık [kalabalăk]
mundo dünya [diunia]
muro duvar
museu müze [miuzé]
música müzik [miuzik]
música folclórica halk müziği [miuzi-i]
música pop pop müzik [miuzik]
músico(a) müzisyen

N

nacional ulusal
nacionalidade vatandaşlık [vatandashlăk]
nada hiç [rritch]
mais nada hepsi o kadar
nada para mim, obrigado(a) ben bir şey istemem, teşekkür ederim [teshekiur]
não foi nada; de nada hiç bir şey [rritchbir shei]
não quero nada, obrigado(a) hiç istemiyorum, teşekkür ederim [rritch - teshekiur]
nadar yüzmek [iuzmek]
vamos nadar hadi yüzmeye gidelim
vou nadar yüzmeye gidiyorum [iuzméié]
namorada kız arkadaş [arkadash]
namorado erkek arkadaş [arkadash]
não hayır [rraiăr]
ah, não! hay aksi! [rrai]
não, não estou com fome hayır, aç değilim [rraiăr atch de-ilim]
não (negativa usada numa frase)* değil [de-il]
aquele não – este o değil – bu
não é necessário gerekli değil [de-il]
não tem importância önemli değil [ónemli de-il]
narguilé nargile [nargilé]
nariz burun
nascer: eu nasci em São Paulo São Paulo'da doğdum [-de do-odum]
eu nasci em 1960 bin dokuz yüz altmış'da doğdum
Natal Noel
Feliz Natal! İyi Noeller! [i-i-i]

noite de Natal Noel Gecesi [gedjéssi]
natural doğal [do-al]
náusea mide bulantısı [mide bulantãssã]
navalha ustura
navio gemi
de navio gemiyle [gemi-ilé]
neblina sis
tem neblina sisli
necessário(a) gerekli
negativo (filme) negatif
negócio iş [ish]
é negócio fechado anlaştık [anlashtãk]
nem: nem eu ne de ben [né dé]
nem... nem... ne ... ne ... [né]
nenhum(a) hiç [rritch]
de maneira nenhuma hiç de değil [rritch dé de-il]
não sobrou nenhum hiç kalmadı [rritch kalmadã]
não tenho nenhum troco hiç bozuğum yok [rritch bozu-um iok]
nenhum deles hiç biri [rritch]
neste, nesta: é nesta rua? bu yol üzerinde mi? [iuzérindé]
neta torun
neto torun
neve kar
está nevando kar yağıyor [ia-ãior]
névoa sis
Nicósia Lefkoşe [lefkoshé]
ninguém hiç kimse [rritch kimsé]
não tem ninguém lá hiç kimse yok orda
não tinha ninguém lá orada kimse yoktu [kimsé]
noite (do escurecer até 20h ou 21h) akşam [aksham]
à noite akşamleyin [akshamlei-in]
esta noite bu akşam
noite (entre 20h ou 21h e a aurora, 4h ou 6h, dependendo da estação) gece [gedjé]
à noite geceleyin [gedjelei-in]
boa noite iyi geceler [gédjelér]
esta noite bu gece [gedjé]
no meio da noite gece yarısı [gedjé iarãssã]
poderia nos hospedar por uma noite? bu gece bizi konuk edebilir misiniz? [gedjé]

diálogo

tem um quarto de solteiro para uma noite? bir gece için tek kişilik bir odanız var mı? [gedjé itchin tek kishilik bir odanãz var mã]
sim, senhora evet, efendim
quanto custa por noite? gecesi ne kadar? [gedjéssi]
são 25 liras por uma noite bir gece için yirmi beş lira
obrigado(a), fico com ele tutuyorum, teşekkür ederim [teshekiur]

noiva gelin
noivar nişanlı [nishanlã]
nojento(a) iğrenç [i-irentch]
nome ad
o meu nome é John adım John [adãm]
qual é o nome desta rua? bu caddenin adı ne? [djadénin adã né]
qual é seu nome? adınız nedir? [adãnãz]
nome de batismo ad
nome de solteira kızlık adı [kãzlãk adã]
nora gelin
nordeste kuzeydoğu [kuzeido-u]
normal normal [nor-mal]
noroeste kuzey batı [batã]
norte kuzey [kuzei]
ao norte kuzeye [kuzei-ié]
ao norte de Ancara Ankara'nın kuzeyi [ankaranãn]
no norte kuzeyde [kuzeidé]
Noruega Norveç [norvetch]
norueguês, norueguesa Norveçli
(idioma) Norveççe [norvetch-tché]
nós* biz, bizi
conosco bizimle [bizimlé]
é nosso(a) bizimki
para nós bizim için [itchin]
nota (cédula) kâğıt para [kia-ãt]
notícias (rádio, TV etc.) haber
noturno(a) (viagem) gece [gedjé]
novembro kasım [kassãm]
novo(a) yeni
nublado(a) bulutlu, hava sıkıntılı [sãkãntãlã]
número* sayı [saiã]
(de telefone) numara
disquei o número errado yanlış numara [ianlãsh]
qual é o número do seu telefone? telefon numaranız nedir? [numaranãz]
número de licença kayıt numarası [kaiãt numarassã]
nunca hiçbir zaman [rritch bir zaman]

diálogo

já esteve em Bursa?
Bursa'ya hiç gittiniz mi?
não, nunca estive lá hayır, oraya hiç gitmedim [rraiãr oraia]

nuvem bulut

O

o/a* (artigo definido)
objetiva (de câmera) objektif [objektif]
obrigado(a) teşekkürler [teshekiurler], teşekkür ederim [teshekiur]

muito obrigado(a) çok teşekkür ederim [tchok]
não, obrigado(a) hayır, teşekkür ederim [rraiãr]
obrigado(a) pela carona arabanıza aldığınız için teşekkür ederim [...-nãza aldã-ãnãz]

diálogo

obrigado(a) teşekkürler
não tem de quê bir şey değil [shei de-il]/de nada rica ederim [ridja]

obter (comprar) almak, bulmak
obturação dolgu
obturador (da câmera) örtücü [órtiudjiu], obtüratör [obtiuratór]
oculista gözlükçü [gózliuk-tchiu]
óculos gözlük [gózliuk]
óculos de proteção koruyucu gözlük [koruiudju gózliuk]
óculos de sol güneş gözlüğü [giunésh gózliu-iu]
ocupado(a) (toalete, telefone) meşgul [meshgiul]
estarei ocupado(a) amanhã yarın meşgulum [meshgulum]
este lugar está ocupado? bu yerin sahibi var mı? [mã]
oeste batı [batã]
no oeste batıda
ofensivo(a) çirkin [tchirkin]
oficina mecânica tamirhane [tamir-rrané]
oi! merhaba!
ok (tudo bem) olur
olá merhaba
óleo yağ [ia-a]
óleo de bronzear güneş yağı [giunésh ia-ã]
olhar ...-a bakmak
pode dar uma olhada nas minhas coisas? eşyalarıma göz kulak olur musunuz? [eshialarãma]
posso olhar? bir bakabilir miyim?
só estou olhando, obrigado(a) şöyle bir bakıyorum, teşekkür ederim [shóilé bir bakãiorum, teshekiur]
olho göz [góz]
pode ficar de olho na minha mala? benim için bavuluma göz kulak olur musunuz? [itchin]
ombro omuz [omuz]
omelete omlet
onda dalga
onde: onde? nerede? [néredé]
não sei onde está nerede olduğunu bilmiyorum [oldu-unu]
para onde vai esta estrada? bu nereye çıkıyor? [néreié tchikãior]

diálogos

onde fica o museu Topkapı? Topkapı müzesi nerede? [topkapã miuzéssi]
fica para lá şurada [shurada]
pode me mostrar onde está no mapa? haritada yerini gösterir misiniz? [gósterir]
está bem aqui tam burada

onde você mora? nerede oturuyorsunuz? [néredé]
em Londres Londra'da oturuyorum

ônibus (intermunicipal) yolcu otobüsü [ioldju otobiussiu]
(municipal) otobüs [otobius]
de ônibus otobüs ile [ilé]
ônibus para o aeroporto havaalanı otobüsü [otobius]
qual é o número do ônibus para...? ...-'a kaç numaralı otobüs gidiyor? [katch numaralã]
quando sai o próximo ônibus para...? ...-'a bundan sonraki otobüs ne zaman? [né]
quando sai o último ônibus? son otobüs saat kaçta? [sa-at katchta]

diálogo

este ônibus vai para...? bu ... otobüsü mü? [bu - mu]

não, tem de pegar o número... hayır, onun için ... nolu otobüse binmeniz lazım [rraiãr - itchin ... nolu otobiussé lazãm]

ontem dün [diun]
ontem à noite dün gece [diun gedjé]
ontem de manhã dün sabah [sabarr]
operação (cirurgia) ameliyat
operadora de turismo tur operatörü [operatóriu]
oposto(a) öbürü [óbiuriu]
ordinário(a) sıradan [sãradan]
orelha kulak
orla sahil [sarril]
na orla da praia sahilde [sarrildé]
orquestra orkestra
osso kemik
ótimo fevkalade [fevkaladé]
isso é ótimo! mükemmel! [miukemél]
ou veya [veia]
ou... ou... ya ... ya ...
ouriço-do-mar deniz kestanesi
ouro altın [altãn]
outono sonbahar [sonbarrar]
no outono sonbaharda
outro(a) başka bir [bashka], diğer [di-ér]
em um outro lugar başka bir yer

estou esperando os outros diğerlerini bekliyorum
outra cerveja, por favor bir bira daha, lütfen [darrá liutfen]
outra coisa başka bir şey [bashka bir shei]
outra mesa başka bir masa
pode nos dar outro quarto? bize başka bir oda verebilir misiniz? [bizé]
você tem outros? başka var mı? [bashka var mã]

outubro ekim

ouvir duymak [duimak]
(música) dinlemek

diálogo

você pode me ouvir? beni duyabiliyor musunuz?
não, poderia repetir? sizi duyamıyorum, tekrar söyler misiniz? [duiamãiorum - sóilér]

ovo yumurta

ovo cozido haşlanmış yumurta [rrashlanmãsh]

ovo frito yağda yumurta [ia-ada]

ovo pochê kaynar suya kırılmış yumurta [kainar kãrãlmãsh]

ovo quente rafadan yumurta

ovos mexidos karılmış sahanda yumurta [karãlmãsh]

P

pacote: um pacote de... bir paket ...
pacote de férias paket tur

padaria fırın [fãrãn]

padre rahip

pagar ödemek [ódemek]
já está pago ödendi bile [ódendi bilé]
queria pagar, por favor? ödeyebilir miyim, lütfen? [ódeiebilir]

diálogo

quem vai pagar? kim ödüyor? [ódiu-ior]
eu pago ben ödeyeceğim [ódédjé-im]
não, você pagou da última vez, eu pago olmaz, siz geçen sefer ödediniz, ben ödeyeceğim [getchen - ódediniz, ben ódéiedjéim]

página sayfa [saifa]

pai baba

pais anne baba [ané]

país ülke [iulké]
no meu país bizde [bizdé], memleketmizde, ülkemizde [iulkémizdé]

paisagem manzara

palácio saray [sarai]

palavra kelime [kelimé]
paletó ceket [djekét]
pálido(a) solgun
pane (mecânica) arıza
panela tencere [tendjeré]
pano de limpeza bez
pano de prato bulaşık bezi [bulashâk], kurulama bezi
pão ekmek, somun
 pão branco beyaz ekmek [beiaz]
 pão de sanduíche sandviç ekmeği [sandvitch ekme-i]
 pão integral kepekli ekmek
 pão preto kara ekmek
papai baba
papel kâğıt [kia-ât]
 papel-alumínio aluminyum folyo [aliuminium folio]
 papel de carta mektup kağıdı [kia-âdâ], yazı kâğıdı [iazâ kia-âdâ]
 papel de embrulho ambalaj kağıdı [ambalaj kia-âdâ]
 papel higiênico tuvalet kâğıdı [kia-âdâ]
 um pedaço de papel bir parça kağıt [partcha]
paquistanês, paquistanesa Pakistanlı [-lâ]
par: um par de... bir çift ... [tchift]
para için [itchin]
 você tem alguma coisa para...? (dor de cabeça/diarreia etc.) ... için bir şeyiniz var mı? [sheiniz var mâ]

diálogos

para quem é o imam bayıldı? imam bayıldı kim için? [baiâldâ]
é para mim o benim için
e este? ya bu?
é para ela o, bayanın için [baianân]

onde posso pegar o ônibus para İzmir? İzmir otobüsüne nereden binebilirim? [izmir otobiussiuné]

parabéns! tebrikler!
para-brisa araba ön camı [ón djamâ]
para-choques tampon
parada ara durak
parafuso vida
parar durmak
 para perto de...? ... yakınında duruyor musunuz? [iakânanda]
 pare aqui, por favor lütfen, burada durun [liutfen]
 pare com isso! kes (artık)! [artâk]

parecer: você não parece bem iyi görünmüyorsunuz [góriunmiu-]
parente akraba
parque park
parte: em toda parte her yer
parte posterior arka
particular özel [ózel]
partida maçı [matchã]
(de futebol) futbol maçı
partida (viagem) kalkış [kalkãsh]
partir ayrılmak [airãlmak]
ele partiu ontem dün gitti [diun]
partimos amanhã yarın ayrılıyoruz [iaran airãlãioruz]
quando parte o ônibus para Bursa? Bursa otobüsü ne zaman kalkıyor? [né - kalkãior]
vou partir amanhã yarın hareket ediyorum [iarãn]
Páscoa Paskalya
passado(a) (adj): semana passada geçen hafta [getchen]
sexta-feira passada geçen Cuma
passado (subst): no passado geçmişte [getchmishté]
passageiro(a) yolcu [ioldju]
passaporte pasaport
passar geçmek [getchmek]
assim que passar o centro de informações danışma bürosunu geçer geçmez [danãshma biurossunu getchér getchmez]
passo amanhã yarın uğrarım [u-urarãm]
passar roupa: pode passar estas roupas para mim? bunları benim için ütüler misiniz? [bunlarã - itchin iutiulér missiniz]
pássaro kuş [kush]
passatempo merak
passeio turístico: gezi, tur
excursão de um dia günlük gezi [giunliuk]
gostaria de fazer um passeio para... bir ... gezisi yapmak istiyorum
passeio de ônibus otobüsle gezi [otobiusslé]
vamos fazer um passeio turístico geziye çıkıyoruz [gezi-ié tchãkãioruz]
pasta de dentes diş macunu [madjunu]
pátio avlu
pato ördek [órdék]
pé ayak [ai-ak]
a pé yayan [iaian]
peça parça [partcha]
peça de teatro oyun
peça sobressalente yedek parça [partcha]
pechinchar pazarlık etmek [pazarlãk]

diálogo

quanto você quer por isto? bunun için ne kadar istiyorsunuz? [itchin né]
30 liras otuz lira
é muito – eu lhe ofereço 20 liras o çok fazla – size yirmi lira veririm [tchok - sizé]
é seu por 25 liras size yirmi beş liraya bırakırım [bésh - bãrakãrãm]
não pode ser mais barato?/ está bem, fechado daha ucuza olmaz mı?/tamam, anlaştık [darra udjuza/anlashtãk]

peculiar tuhaf
pedaço parça [partcha]
 um pedaço de... bir parça ...
 um pedaço grande büyük bir parça [biui-iuk bir partcha]
pedestres: área de pedestres yayalara mahsus bölge [marr-sus bólgé]
 passagem de pedestres yaya geçidi [iaia getchidi]
pedir (no restaurante): **podemos pedir agora?** yemekleri şimdi söyleyebilir miyiz? [shimdi sóileiebilir]
 já pedi, obrigado(a) ben ısmarladım, teşekkür ederim [ãssmarladãm teshekiur]
 não pedi isto ben bunu ısmarlamadım
 poderia pedir a ele(a) que...? ondan ...-mesini isteyebilir misiniz?
pedir emprestado ödünç almak [ódiuntch]
 posso pedir... emprestado? ...-i ödünç alabilir miyim?
pedra taş [tash]
pegar almak
 você vem me pegar? beni almaya gelecek misiniz? [almaia geledjék]
peito göğüs [gó-ius]
peixaria balıkçı
peixe balık [balãk]
 restaurante de peixes balık lokantası [balãk lonkantsã]
pele cilt [djilt]
penicilina penisilin
pensão (acomodação) pansiyon
pensão completa tam pansiyon
pensar düşünmek [diushiunmek]
 vou pensar nisso düşüneceğim [diushiunédjé-im]
pente tarak
pepino salatalık [salatalãk]
pequeno(a) küçük [kiutchiuk]
pera armut
perambular: gosto de perambular por aí amaçsızca dolaşmayı severim [amatchsãzdja dolashmaiã]

percurso yol
qual é o melhor percurso? en iyi hangi yoldan gidilir?
perder kaybetmek [kaibetmek]
estou perdido(a), quero ir para... yolumu kaybettim, ...-'e gitmek istiyordum [kaibetim ... -é]
perdi minha bolsa çantamı kaybettim [tchantamã]
perdi o ônibus otobüsü kaçırdım [katchãrdãm]
perfeito(a) mükemmel [miukemél]
perfume parfüm [parfium]
pergunta soru
perguntar sormak
perigoso(a) tehlikeli
período süre [siuré]
permanente perma
permissão izin
permitido(a): é permitido? serbest mi?
permitir ...-a izin vermek
perna bacak [badjak]
pernas: de pernas para o ar baş aşağı [bash asha-ã]
persianas jaluzi [jaluzi]
perto: perto daqui yakında [iakãnda]
é perto do centro da cidade? şehir merkezine yakın mı? [mã]
passa perto de Aya Sophia? Ayasofya'nın yakınından geçecek misiniz? [aiassofia-nãn iakãnãndan getchedjék]
perto do/da... ...-in yakınında [iakãnãnda]
perturbar rahatsız etmek [rarratsãz]
pesado(a) ağır [a-ãr]
pescoço boyun
peso ağırlık [a-ãrlãk]
pêssego şeftali [sheftali]
pessoa kişi [kishi]
as outras pessoas no hotel oteldeki diğer kişiler [di-ur kishilér]
pessoas insanlar
pia (cozinha) evye [evié], bulaşık lavabosu [bulashãk] (banheiro) lavabo
piada şaka [shaka]
piano piyano
picada (de inseto) sokma
picado(a): fui picado(a) beni böcek soktu [bódjék]
picolé dondurma
píer iskele [iskelé]
pijama pijama [pijama]
pilha pil
pílula anticoncepcional doğum kontrol hapı [do-um control rrapã]
estou tomando pílula doğum kontrol hapı alıyorum [rrapã alãiorum]
pimentão biber

pimentão-verde yeşil biber [ieshil]
pimentão-vermelho kırmızı biber [kãrmazã]
pinça cımbız [djãmbãz]
pincel resim fırçası
pincel de blush allık [al-lãk]
pintura resim
pior: está pior daha kötü [kótiu]
o pior en kötü
piquenique piknik
cesta de piquenique piknik sepeti
pires fincan tabağı [fãndjãn taba-ã]
pirulito lolipop
piscina havuz
(de treino) yüzme havuzu [iuzmé]
piscina coberta kapalı havuz [kapalã]
piscina infantil çocuk havuzu
pista para iniciantes (esqui) acemi pisti [adjemi]
pistache antep fıstığı [fãstã-ã]
pistola (arma de fogo) tabanca [tabandja]
pizza pizza
placa (de carro) plaka
(de sinalização) trafik işareti [ishareti]
(de trânsito) işaret [isharét]
(indicativa) işaret levhası [isharét levrrassã]
plano(a) düz [diuz]
planta bitki
plástico plastik
plataforma peron
qual é a plataforma para Bursa? Bursa treni hangi perondan kalkıyor? [kalkãior]
plateia (acomodação no teatro) balkon
platinado (carro) kesici platinler [kessidji]
playground çocuk bahçesi [tchodjuk barr-tchessi]
pneu lastik
estou com um pneu furado lastiğim patladı [lasti-im patladã]
pó toz
pobre fakir
poder*: eu não pude... ...-amadım [-amadãm]
não posso... ...-emem
pode me dar...? bir ... rica edebilir miyim? [ridja]
pode me servir outro(a)? bir tane daha alabilir miyim? [tané]
pode me servir um...? bana ... verebilir misiniz?
pode nos dar...? biraz ... rica edebilir miyiz?
poderia dar...? ... verebilir misiniz?
poderia me dar um pouco? biraz alabilir miyim?

poderia me dar uns biscoitos? birkaç bisküvi alabilir miyim? [birkatch]
poderia ter...? ... alabilir miyim?
pode ser que eu não vá gitmeyebilirim
pode ser que eu queira ficar mais um dia bir gün daha kalmak isteyebilirim
posso entrar? girebilir miyim?
posso me sentar aqui? buraya oturabilir miyim? [buraia]
posso vê-lo(a)? onu görebilir miyim? [górebilir]
você pode...? ...-ebilir misiniz?
polegada inç [intch]
polegar başparmak [bashparmak]
polícia polis
chame a polícia! polis çağırın! [tcha-ārān]
policial polis
(mulher) kadın polis [kadān]
poluído(a) kirli
pomada merhem
pônei midilli
ponte (sobre um rio) köprü [kópriu]
ponto: ao ponto (carne) orta pişmiş [pishmish]
ponto de encontro buluşma yeri [bulushma]
ponto de ônibus otobüs durağı [dura-ā]
ponto de táxi taksi durağı [dura-ā]
população nüfus [niufius]
popular sevilen
por causa de... ... nedeniyle [nedeni-ile]
por cento yüzde [iuzdé]
pôr do sol günbatımı [giun-batāmā]
por içinden [itchinden]
escrito por... ... tarafından yazılan [tarafāndan iazālan]
passa por...? (trem, ônibus) ...-den geçiyor mu? [getchi-ior]
por noite bir gecesi [gedjési]
quanto custa por dia? gündeliği kaça? [giundelik katcha]
por favor (para pedir algo) lütfen [liutfen]
por favor, não faça isso lütfen yapmayın
por favor, poderia...? lütfen ...-ebilir miydiniz? [mi-idiniz]
sim, por favor lütfen
por favor (para pedir atenção) affedersiniz
por quê? niçin? [nitchin]
por que não? neden olmasın? [olmassān]
porca (para parafuso) somun

Português → Turco

Po

porção para crianças çocuk porsiyonu
porcelana porselen
porque çünkü [thciunkiu]
porta kapı [kapã]
porta-malas bagaj [bagaj]
porta-moedas bozuk para çantasi [tchantassã]
portão kapı [kapã]
(de embarque) çıkış kapısı [tchãkãsh kapãssã]
porteiro kapıcı [kapãdjã]
porteiro da noite gece bekçisi [bektchissi]
porto liman
Portugal Portekiz
português (idioma) portekizce [portekizdjé]
(pessoa) portekizli
(produto) portekiz
possível mümkün [miumkiun]
é possível...? ...-mak mümkün mü? [miu]
tão/tanto...quanto possível olduğunca ... [oldu-undja]
postar postalamak
poderia postar isto para mim? bunları benim için postalayabilir miydiniz? [bunlarã - itchin postalaiablirir mi-idiniz]
posta-restante postrestant
pôster poster
posto de combustível benzin istasyonu
posto de serviços servis istasyonu
pouco az
pode me dar um pouco de água? biraz su alabilir miyim?
só um pouco, por favor (de uma bebida) yalnız bir damla, lütfen [ialnãz - liutfen]
um pouco birazcık [birazdjãk]
um pouco caro/pequeno biraz pahalı/küçük
um pouco de leite biraz süt [siut]
um pouco mais biraz daha
pousar inmek
praça meydan [meidan]
praia plaj [plaj]
na praia plajda
prancha de surfe sörf tahtası [sórf tarr-tassã]
prata gümüş [giumiush]
prateleira raf
praticar: quero praticar o meu turco Türkçe pratik yapmak istiyorum [tiurktché]
prato (de refeição) yemek çeşidi [tcheshidi]
(objeto) tabak
prato principal ana yemek
prazer: prazer em conhecê-lo(a)! tanıştığımıza memnun oldum! [tanãshtã-ãmãza]
precisar: eu preciso... ...-e ihtiyacım var [-é irrti-iadjãm]

Po

eu preciso ir agora şimdi gitmek zorundayım [shimdi - zorundaiãm]
preciso...? ...-m lazım mı? [lazãm mã]
preciso pagar? para ödemem gerekiyor mu? [ódemem]
preço fiyat
preços exorbitantes kazık fiyatlar
prédio de apartamentos apartman
preencher doldurmak
tenho de preencher isto? bunu doldurmam gerekli mi?
prefeitura belediye binası [beledi-ie]
preferencial (ao dirigir) öncelik [óndjélik]
preferir: eu prefiro... ... tercih ederim [terdjirr]
prego çivi [tchivi]
preguiçoso(a) tembel
prendedor de roupas mandal
preocupado(a): estou preocupado(a) kaygılanıyorum [kaigãlanãiorum]
presente (subst) hediye [rredi-ié]
preservativo prezervatif
presidente cumhurbaşkanı [djumrrur-bashkanã]
pressão alta yüksek tansiyon [iuksék]
prestar: não presta boşuna, yararsız [boshuna iararsãz]
prestativo(a) yardımcı [iardamdjã]
presunto jambon [Jambon]
preto siyah [si-iah], kara
prima kuzin
primavera ilkbahar
primeiramente önceden [óndjéden]
primeiro(a) ilk, birinci [birindji]
eu fui o(a) primeiro(a) ilk bendim
primeira à esquerda soldan birinci
primeiro andar birinci kat
primeira classe birinci sınıf [birindjissi sãnãf]
primeira vez ilk kez
primeiro-ministro başbakan [bashbakan]
primeiros socorros ilk yardım [iardãm]
primo kuzen
principal esas
principalmente çoğunlukla [tcho-unlukla]
principiante acemi [adjemi]
prisão de ventre kabızlık [kabãzlãk]
prisão hapishane [rrapis-rrané]
problema problem, sorun
sem problema! hiç sorun değil! [- rritch de-il]

procurar aramak
estou procurando... ...-i arıyorum [arãiorum]
professor(a) öğretmen [ó-óretmen]
programa program
qual é o programa para esta noite? bu akşam ne var? [né]
prometer: eu prometo söz veriyorum [sóz]
pronto(a) hazır [rrazãr]
ainda não estou pronto(a) henüz hazır değilim [rreniuz - de-ilim]
você está pronto(a)? hazır mısınız? [mãssãnãz]

diálogo

quando ficará pronto? ne zaman hazır olur? [né]
deve ficar pronto em dois dias bir kaç güne kadar hazır olur [katch giun]

pronunciar: como se pronuncia? bu nasıl telaffuz edilir? [nassãl]
protestante Protestan
protetor labial dudak merhemi
protetor solar güneş merhemi [giunésh mer-rremi]
provador soyunma odası [odassã]
provar prova etmek
posso provar (roupa)? üstümde deneyebilir miyim? [iustiumdé deneiébilir]
posso provar (comida)? tadına bakabilir miyim? [tadãna]
próximo(a) bir sonraki
a próxima esquina/rua à esquerda solda, bir sonraki sapak/cadde
na próxima parada bir sonraki durakta
na próxima semana gelecek hafta [geledjék]
onde fica o(a)... mais próximo(a)? en yakın ... nerede? [néredé]
pudim sütlü tatlı [siutliu tatlã], puding
pular atlamak
pulga pire [pire]
pulmões akciğerler [akdjiérlér]
pulôver kazak
pulseira bilezik, kayış [kaiãsh]
pulseira de relógio saat kayışı [sa-at kaiãshã]
pulso bilek
puro(a) (cristalino) duru (uísque etc.) sek
puxar çekmek [tchekmek]

Q

quadril kalça [kaltcha]
quadro resim

qual: qual ônibus? hangi otobüs?

diálogo

qual deles? hangisi?
aquele şu [shu]
este? bu mu?
não, aquele ali hayır, şu [rraiãr]

qualidade kalite [kalité]
de má qualidade kalitesiz
qualquer: qualquer um deles ikisinden biri
quando? ne zaman?
quando nós voltarmos biz dönünce [dóniundjé]
quando sai o trem/ferryboat? tren/feribot kaçta? [katchta]
quantia tutar
quantidade miktar
quanto? kaç tane? [katch tané]
quanto tempo demora? ne kadar sürer?
quanto tempo vai demorar para consertar? tamir etmesi ne kadar sürer? [né - siurér]

diálogo

quanto é? kaça? [katcha]
1,50 lira bir buçuk lira [butchuk]
vou levar alıyorum [alãiorum]

quarentena karantina
quarta-feira çarşamba [tcharshamba]
quarto (a quarta parte) çeyrek [tcheirek]
quarto (de dormir) yatak odası [odassã]
quarto com duas camas çift yataklı oda [iataklã]
quase neredeyse [néredéissé]
quase nunca hemen hemen hiç [rritch]
que: o quê? ne? [né]
o que devo fazer? ne yapsaydım? [iapsaidãm]
o que é isso? o nedir?
que ônibus devo tomar? hangi otobüse binmem lazım? [lazãm]
que vista! ne manzara!
o homem que... ...-an adam
quebra (de carro) arıza yapmak [arãza]
meu carro quebrou arabam arıza yaptı [iaptã]
quebrado(a) bozuk
(perna etc.) kırık [kãrãk]
quebrar kırmak [kãrmak]
acho que quebrei o pulso sanırım bileğimi kırdım [sanãrãm]
quebrei... ...'i kırdım [kãrdãm]
queijo peynir [peinir]
queijo branco fresco beyaz peynir [beiaz peinir]

queijo de cabra keçi peyniri [peiniri]
queimado(a) de sol güneşte yanmış [giunésté ianmãsh]
queimado(a): isto está queimado bu yanmış [ianmãsh]
queimadura yanık [ianãk]
queimadura de sol güneş yanığı [ianã-ã]
queimar yanmak
queixo çene [tchéné]
quem? kim?
de quem é isto? bu kimin?
quem é? kim o?
quente sıcak [sãdjak]
hoje está quente bugün hava sıcak [bugiun - sãdjak]
querer: ele quer... ...-mek istiyor
não quero... ... istemiyorum
o que você quer? ne istiyorsunuz? [né]
quer beber algo? bir şey içmek ister misiniz? [shei itchmek]
quer dar um passeio? yürüyüşe çıkmak ister misiniz? [iuriu-iushé tchãkmak]
queria um... bir ... istiyorum
queria uma cerveja bir bira istiyorum
quero ir para casa eve gitmek istiyorum [evé]
quero nadar yüzmeye gitmek istiyorum [i-iuzméié]
quero um como este bunun gibi bir şey istiyorum

diálogo

de qual você quer? hangisinden istiyorsunuz?
quero este/aquele tipo bu/şu türden istiyorum [shu tiurdén]

quieto(a): fique quieto! kımıldamayın! [kãmãldamaiãn]
quilo kilo
quilometragem ilimitada kilometre kısıtlamasız [kilometré kãssãtlamassãz]
quilômetro kilometre [kilometré]
a três quilômetros da cidade şehrin üç kilometre dışında [sherr-rin iutch kilometre dãshãnda]
quantos quilômetros são até...? ...buradan kaç kilometre? [katch]
quinta-feira perşembe [pershembé]
quinzena on beş gün [besh giun]
quiosque büfe [biufe]
quitanda manav

R

radiador radyatör [radiatór]
rádio radyo
no rádio radyoda

raio şimşek [shimshek]
raio X röntgen [róntgén]
ramadã Ramazan
ramal (telefone) dahili numara [darrili]
ramal 221, por favor iki yüz yirmi bir numara, lütfen [i-iuz - liutfen]
qual é o seu ramal? dahili numaranız nedir? [numaranãz]
rápido(a) (adj) hızlı [rrãzlã]
qual é o caminho mais rápido para lá? oraya en çabuk nasıl gidilir? [nassãl]
rápido (adv) çabuk [tchabuk]
que rápido ne kadar çabuk oldu [né]
quer beber alguma coisa rapidinho? çabucak bir şey içelim ister misin? [tchabudjak bir shei itchelim]
raquete raket
raro(a) nadide [nadidé]
raso(a) sığ [sã-ã]
rato sıçan [sãtchan]
razão: você tinha razão haklıymışsınız [rrakläimãsh-sãnãz]
realmente gerçekten [gertchékten]
reboque römork [rómork]
recado mesaj [mesaj]
gostaria de deixar um recado para... ... için bir mesaj bırakmak istiyorum [itchin - bãrakmak]
tem algum recado para mim? bana mesaj var mı? [mã]
receber (dinheiro) para almak
receita (medicamento) reçete [retcheté]
recentemente geçenlerde [getchenlerde]
recepção (hotel) resepsiyon (para convidados) davet
na recepção resepsiyonda
recepcionar (no aeroporto) karşılamak [karshãlamak]
recepcionista resepsiyon memuru
recheio iç [itch]
recibo makbuz
reclamação şikayet
tenho uma reclamação bir şikayetim var
reclamar şikayet etmek [shikaiét]
recomendar: poderia recomendar...? ... tavsiye edebilir misiniz? [tavsi-ie]
recomendo... ...-yi tercih ederim [terdjirr]
reconhecer tanımak [tanãmak]
rede (em esporte) ağ [a-a]
reembolso iade [iadé]
pode me reembolsar? paramı geri alabilir miyim? [paramã]
refeição yemek
refil yedek, standby

refrigerante alkolsüz içecek [alkolsiuz itchedjék], meşrubat [meshrubat]
refugo uyduruk şeyler [uiuduruk sheilér]
região bölge [bólgé]
registrado(a): carta registrada taahhütlü [ta-arriutliu]
rei kral
Reino Unido Birleşik Krallık [birleshik kral-ãk]
religião din [din]
relógio saat [sa-at]
relógio de pulso kol saatı [sa-at]
remédio ilaç [ilatch]
repelente de insetos böcek ilacı [iladjã]
repelente de mosquito sivrisinek ilacı [iladjã]
repetir tekrarlamak
pode repetir aquilo? onu tekrar söyler mısınız? [sóilér mãssãnãz]
poderia repetir? tekrar söyleyebilir mısınız? [sóileiébilir mãssãnãz]
repolho lahana [larrana]
reserva rezervasyon
gostaria de fazer uma reserva bir rezervasyon yapmak istiyorum
reservar ayırtmak [aiãrtmak]

diálogos

tenho uma reserva rezervasyonum var
sim, senhor, em nome de quem? evet efendim, isim neydi lütfen? [néidi]

posso reservar uma mesa para esta noite? bu akşam için bir masa ayırtabilir miyim? [aksham itchin - aiãrtabilir]
sim, senhora, para quantar pessoas? evet efendim, kaç kişi için? [katch kishi]
para duas iki kişi için
e para que horas? ve saat kaç için? [ve sa-at]
para as 20 horas sekiz için
qual o seu nome, por favor? adınızı alabilir miyim, lütfen? [adãnãzã alabilir - liutfen]
Ver Alfabeto para soletrar

resfriado: estou resfriado soğuk aldım [aldãm]
respirar nefes almak
ressaca içkiden gelen baş ağrısı [itchkiden - bash a-arãssã]
estou de ressaca çok içtiğim için başım ağrıyor [tchok itchti-im itchin bashãm a-arãior]
restaurante lokanta, restoran
restaurante de carne kebapçı [kebaptchã]

restaurante de frutos do mar balık lokantası [balăk lokantassă]
resto: o resto do grupo grubun geri kalan kısmı [kăssmă]
retirada de bagagem bagaj alım [bagaJ alăm]
reto(a) (adj) düz [diuz]
reto (adv: em frente) doğru [do-oru]
retrato portre [portré]
reunião toplantı [toplantă]
Réveillon Yılbaşı Gecesi [iălbashă gedjéssi]
revelação de filmes film banyosu
revelar (filme) banyo etmek

diálogo

pode revelar estes filmes? bu filmleri banyo edebilir misiniz?
sim, é claro evet, tabi
quando ficam prontos? ne zaman hazır olurlar? [né - rrazăr]
amanhã, à tarde yarın öğleden sonra
quanto custa o serviço de quatro horas? dört saatlik servisin ücreti nedir? [dórt sa-atlik - iudjréti]

revista dergi
reza dua
riacho dere [deré]
rico(a) zengin
ridículo(a) gülünç [giuliuntch]
rifle tüfek [tiufék]
rímel rimel
rins böbrekler [bóbreklér]
(alimento) böbrek
rio nehir [nerrir]
rir gülmek [giulmek]
rocha kaya [kaia]
rochedo yar
rock rock müziği [miuzi-i]
roda tekerlek
rodada: essa rodada é minha bu sefer sıra bende [săra bende]
Rodes Rodos
rodovia otoyol
rolha mantar
romance roman
rosário muçulmano tesbih [tesbirr]
rosto yüz [i-iuz]
roubado(a): fui roubado(a) soyuldum
roubar çalmak [tchalmak]
minha casa foi roubada evime hırsız girdi [evimé rrărsăz]
roubaram minha mala çantam çalındı [tchantam tchalăndă]
roubo hırsızlık [rrărsăzlăk]
isso é um roubo tam bir kazık [kazăk]

roupa giysiler [gi-issilér]
roupa de ginástica eşofman [eshofman]
roupa feminina kadın giyim eşyası [kadãn - eshiassã]
roupa formal resmi
roupa masculina erkek giyim eşyası [eshiassã]
roupa para lavar çamaşır [tchamashãr]
roupão (para mulher) sabahlık [sabarr-lãk]
(para homem) robdöşambr [robdóshambr]
roxo(a) eflatun
rua sokak
do outro lado da rua... ...-un karşı tarafında [karshã tarafãnda]
na rua sokakta
rua secundária yan sokak
rubéola kızamıkçık [kãzamãktchãk]
ruim (tempo, gosto) iğrenç
ruínas harabeler
rum rom

S

sábado cumartesi [djumartessi]
sabão sabun
sabão em pó çamaşır deterjanı
saber (verbo) bilmek
não sabia disso onu bilmiyordum
não sei bilmiyorum
sabe onde posso encontrar...? ...-i nerede bulabilirim, biliyor musunuz? [nérédé]
sabonete sabun
sabor tat
sacada balkon
um quarto com sacada balkonlu bir oda
saca-rolhas tirbuşon [tirbushon]
saco çanta [tchanta]
saco de dormir uyku tulumu [uiku]
saco de lixo çöp torbası [torbassã]
sacola el çantası [tchantassã]
sacola de plástico naylon torba [nailon]
saguão lobi
saia (roupa) etek
saia! çekil git! [tchekil git]
saída çıkış [tchãkãsh]
onde é a saída mais próxima? en yakın çıkış nerede? [iakãn - nérédé]
saída de emergência tehlike çıkışı [tehliké tchãkãshã]
saída de incêndio yangın merdiveni [iangãn]

sair (de algum lugar) çıkmak [tchãkm**ak**]
ele saiu yok, dışarda [dãsharda]
quer sair esta noite? bu akşam çıkmak ister misiniz? [aksh**a**m tchãkm**ak**]
sair (do carro, do avião, do ônibus etc.) inmek
sal tuz
sala de embarque giden yolcular salonu
sala de espera (aeroporto) yolcu salonu [ioldj**u**]
sala de jantar yemek salonu
salada salata
salada à parte garnitür salata [garnit**iur**]
tempero de salada salata sosu
salão (casa, hotel) salon
salmão som balığı [balã-**ã**]
salsicha sosis
salva-vidas cankurtaran [djankurtar**an**]
sandálias sandal
sanduíche sandviç [sandv**i**tch]
sangramento nasal burun kanaması [kanamass**ã**]
sangue kan
sapataria rápida kundura tamircisi [tamirdjiss**i**]
sapateiro kundura tamircisi [-djiss**i**]
sapato ayakkabı [aiak-ab**i**]
um par de sapatos bir çift ayakkabı [tchift]
você pode arrumar (trocar) os saltos (do sapato)? bunların topuklarını yapar mısınız? [bunlar**ã** topuklarãn**ã** - mãssãn**ã**z]
sarampo kızamık [kãzam**ã**k]
sardinhas sardalya
satisfeito(a): estou satisfeito(a) doydum
saudável sağlıklı [sa-alãkl**ã**]
saúde! (brinde) şerefe! [sheref**é**]
(quando alguém espirra) çok yaşa! [tchok iash**a**]
sauna sauna [saun**a**]
se eğer [e-**ér**]
secador de cabelo saç kurutma makinesi [satch]
secadora de roupa santrifüjlü kurutma makinesi [santrifiuj-l**iu**]
seco(a) kuru
seda ipek
sede: estou com sede susadım [sussad**ã**m]
seguir takip etmek
siga-me beni takip edin
segundo(a) (adj) ikinci [ikindj**i**]
segunda classe (viagem) ikinci sınıf [ikindj**i** sãn**ã**f]
segunda-feira Pazartesi
segunda mão elden düşme [diushm**é**]

segundo (subst) saniye [sani-ie]
espere um segundo! bir saniye! [bir]
segurar tutmak
seguro (subst) sigorta
seguro contra terceiros mecburi trafik sigortası [medjburi - sigortassă]
seguro(a) (adj) güvenli [giuvenli]
(confiável; que não é perigoso) güvenilir
seio göğüs [gó-ius]
sela eyer [eier]
self-service self servis
selim sele [selé]
selo pul

diálogo

um selo para o Brasil, por favor Brezilya´ya bir pul, lütfen [brézilia-ia - liutfen]
o que vai enviar? ne gönderiyorsunuz? [gónderi-iorsunuz]
este cartão-postal bu kartpostalı [-postală]

sem ...-siz
semáforo trafik ışıkları [ăshăklară]
sem álcool alkolsüz [-siuz]
semana hafta
de amanhã a uma semana yarından itibaren bir hafta sonra [iarăndan]
de hoje a uma semana haftaya bugün [rrafta-ia bugiun]
fim de semana hafta sonu
há uma semana bir hafta önce [rrafta óndjé]
no fim de semana hafta sonunda
semestre escolar dönem [dónem]
sempre hep [rrép]
o de sempre (bebida etc.) her zamanki
senão yoksa
senhor sen
Senhor, Sr. Bay [bai]
Senhor guarda (dito para um policial) memur bey [bei]
Senhora, Sra., Senhorita, Srta. Bayan [baian]
sentar-se oturmak
posso me sentar aqui? buraya oturabilir miyim? [buraia]
sente-se oturun
tem alguém sentado aqui? burada oturan var mı? [mă]
sentir hissetmek [rrissetmek]
como se sente? kendinizi nasıl hissediyorsunuz? [nassăl]
eu me sinto melhor kendimi daha iyi hissediyorum
não me sinto bem kendimi kötü hissediyorum [kótiu]
sinto calor, estou com calor sıcak bastı [sădjak bastă]

sentir muito: eu sinto muito özür dilerim [óziur]
sinto muito, de verdade! gerçekten üzgünüm [iuzgiunium]
separadamente ayrı ayrı [airã]
separado(a) ayrı [airã]
sou separado(a) eşimden ayrı yaşıyorum [eshimden airã iashãiorum]
séptico(a) mikroplu
ser/estar* olmak

diálogos

de onde você é? siz nerelisiniz?
sou do Rio de Janeiro ben Rio de Janeiroluyum

já esteve alguma vez na Anatólia? hiç Antalya'ya gittiniz mi?
sim, estive lá há dois anos evet, iki yıl önce ordaydım [iãl óndjé ordaidãm]

sério(a) ciddi [djidi]
serviço de emergência acil servis [adjil]
serviço de guincho araç kurtarma [aratch]
serviço de quarto oda servisi
servir (ajustar-se): não me serve bana uymuyor [uimuior]
setembro eylül [eiliul]
setentrional kuzey
seu(s), sua(s)* sizin
sexo seks
(gênero) cinsiyet [djinsi-iét]
sexta-feira cuma [djumá]
sexy cazibeli [djazibeli]
shopping center alış-veriş merkezi
shorts şort [short]
silêncio sessizlik
sim evet
similar benzer
simpático(a) sokulgan
simples kolay [kolai]
sinal: ele/ela não fez nenhum sinal (direção, ciclismo) işaret vermedi
Síria Suriye [surie]
snorkel şnorkel [shnórkel]
só sadece [sadedjé], yalnız [ialnãz]
só dois sadece iki tane [tané]
só para mim yalnız benim için [ialnãz - itchin]
só um(a) yalnız bir tane [tané]
sobre: um filme sobre a Turquia Türkiye hakkında bir film [tiurki-ie rrakãnda]
sobremesa tatlı [tatlã]
sobrenome soyadı
sobretudo (roupa) palto
sobrinho(a) yeğen [ie-en]
sóbrio(a) ayık [aiãk]
sofá kanepe [kanépé]
sofisticado(a) sükseli [siukseli]

sogra kayınvalide [kaiãnvalidé]
sogro kayınpeder [kaiãnpedér]
sol güneş [giunésh]
ao sol güneşte [giunéshté]
faz sol hava güneşli [giunéshli]
tomar sol güneş banyosu yapmak
sola taban
pode pôr sola nova nestes sapatos? bunlara pençe yapar mısınız? [pentché mãssãnãz]
soletrar: como se soletra? nasıl yazılıyor? [nassãl iazãlãior]
ver Alfabeto
solteiro(a): sou solteiro(a) bekârım [bekiarãm]
solto(a) gevşek [gevshék]
solução de limpeza (ex: para lentes de contato) temizleme sıvısı [temizlemé sãvãssã]
solucionar halletmek
sombra: à sombra gölgede [gólgédé]
sombra de olhos far
sombrinha gölgelik [gólgélik], güneş şemsiyesi [giunésh shemsi-iessi]
somente ancak [andjak]
sonho rüya [riu-ia]
sono: estou com sono uykum geldi
sopa çorba [tchorba]
sopé: no sopé da... tepenin eteğinde [ete-indé]
sorrir gülümsemek [giuliumsemek]
sorte şans [shans]
boa sorte! bol şanslar!
sorvete dondurma
sorvete de casquinha dondurma külahı [kiula-rrã]
sozinho(a) (eu) yalnız başıma [ialnãz bashãma]
estou sozinho(a) tek başımayım [bashãmaiãm]
você está sozinho(a)? tek başına mısınız? [bashãna mãssãnãz]
spray para cabelo saç spreyi [siprei]
suave hafif
subir (escadas etc.) çıkmak [tchãkmak]
(no trem etc.) binmek
substancioso(a) (comida) ağır [a-ãr]
substituto(a) yedek, standby
subúrbio banliyö [banli-ió]
sucesso: um grande sucesso büyük bir başarı [biui-iuk bir basharã]
suco suyu
suco de abacaxi ananas suyu
suco de fruta meyve suyu
suco de laranja portakal suyu
suco de laranja natural taze portakal suyu
suco de tomate domates suyu
sudeste güney doğu [do-u]

sudoeste güney batı [batã]
Suécia İsveç [isvetch]
sueco(a) İsveç
(idioma) İsveççe [isvetch-tché]
suéter kazak
suficiente yeter
isso é suficiente bu kadar yeter
não é suficientemente grande yeterince büyük değil [ieterindjé biui-iuk de-il]
não há suficiente yetmez
sujeira pislik, kir
sujo(a) kirli
sul güney [giunei]
no sul güneyde [giuneidé]
sul-africano(a) Güney Afrika
sou sul-africano(a) Güney Afrikalıyım [-lãiãm]
super süper [siupér]
supermercado süpermarket [siupérmarket]
suplemento ek ücret [iudjrét]
surdo(a) sağır [sa-ãr]
surpreendente (atordoante) şaşılacak [shashãladjak]
sutiã sütyen [siutién]

T

tailleur tayyör [tai-iê]
talão de cheques çek defteri [tchék]
talco talk pudrası [talk pudrasã]
talheres çatal bıçak [tchatal bãtchak]
talvez belki
talvez eu venha belki gelirim
talvez não belki de değil [dé de-il]
tamanho boy
tamanho médio orta boy [boy]
tâmaras hurma
também de [de], da
este também bu da
eu também ben de [dé]
eu também sou/estou ben de öyle [dé]
tampa kapak
(do ralo) tıkaç [tãkatch]
tampões tampon
tanque (de carro) depo
tanto faz: para mim tanto faz benim için hepsi bir [itchin]
tão, tanto: é tão bom! öyle iyi ki! [óilé]
é tão caro! öyle pahalı ki!
não é tão ruim pek kötü değil [kótiu]
não tanto o kadar çok değil [tchok de-il]
tão grande/pequeno quanto... ... kadar büyük/küçük
tapete kilim
tapete para reza seccade [sedjadé]

tardar: na quarta-feira o mais tardar en geç Çarşambaya kadar [gétch]
tarde (adv) geç [getch]
está ficando tarde geç oluyor [getch]
tarde (subst) öğleden sonra [ó-ólé]
à tarde öğleden sonra [ó-óléden]
esta tarde bugün öğleden sonra [bugiun]
tarifa (bilhete de ônibus, trem) yol parası [parassã]
taxa de câmbio kur
taxa de serviço servis ücreti [iudjréti]
táxi taksi
onde posso encontrar um táxi? nerede bir taksi bulabilirim? [nérédé]
pode me chamar um táxi? bana bir taksi bulur musunuz?

diálogo

para o aeroporto/para o hotel... , por favor havaalanına/Hotel ...-'e, lütfen [rrava-alanãna ...-é liutfen]
quanto vai custar? ne kadar tutar? [né]
15 liras on beş lira
aqui está bem, obrigado(a) tamam burası iyi, teşekkürler [burassã teshekiurlér]

taxista taksi şoförü [shofóriu]
tchau (em geral) hoşça kalın [hosh-tcha kalãn]
(ao sair) hoşça kal [hosh-tcha]
(dito para alguém que está saindo) güle güle [giulé]
teatro tiyatro
tecido kumaş [kumash]
teleférico teleferik
telefonar, ligar telefon etmek
eu telefono sizi telefonla ararım [ararãm]
por favor, ligue para mim amanhã às 7h30 lütfen yarın sabah yedi buçukta bana bir telefon edin
por favor, peça a ele(a) que me telefone lütfen beni aramasını söyleyin [aramassãnã sóiléi-in]
voltar a telefonar geri aramak (telefonla)
volto a ligar mais tarde sonra tekrar ararım [ararãm]
telefone telefon
telefone de cartão kartlı telefon [kartlã]
telefone público umumi telefon
telefonema interurbano şehirlerarası konuşma [sherrirlér-arassã konushma]
telefonista santral memuru
televisão televizyon
telhado dam

temperatura sıcaklık [sãdjaklãk]
tempero de salada salata sosu
tempestade fırtına [fãrtãna]
templo tapınak [tapãnak]
tempo (clima) hava

diálogo

qual é a previsão do tempo? hava raporu nasıl? [nassãl]
vai fazer tempo bom hava güzel olacak [giuzél oladjak]
vai chover yağmur yağacak [ia-amur ia-adjak]
vai melhorar mais tarde sonra hava açacak [atchadjak]

temporal gök gürültülü fırtına [gók giuriulriuliu fãrtãna]
tênis (calçado) spor ayakkabısı [aiakabãssã]
tênis (esporte) tenis
bola de tênis tenis topu
raquete de tênis tenis raketi
quadra de tênis tenis kortu
tênis de mesa masatopu
ter (dever): temos que ir gitmemiz gerek
ter (possuir) sahip olmak
desculpe, não tenho nada üzgünüm, hiç yok [iuzgiunium, rritch]
você tem...? sizde ... bulunur mu? [sizdé - mã], hiç ...-nız var mı? [rritch ... -nãz var mã], sizde ... var mı? [sizdé - var mã]
terça-feira salı [salã]
terceira idade: cidadão de terceira idade yaşlı vatandaş [iashlã vatandash]
terminal (ônibus) otogar
(trem) son istasyon
terminar bitirmek
ainda não terminei henüz bitirmedim [rren-iuz]
quando é que termina? ne zaman bitiyor? [né]
termômetro termometre [termometré]
terno (roupa) takım elbise [takãm elbissé]
térreo zemin kat
terrível berbat
tesoura makas
testa alın [alãn]
testemunha tanık [tanãk]
quer ser minha testemunha? benim için tanıklık eder misiniz? [itchin tanãklã]
teto tavan
teto solar (no carro) güneşlik [giunéshlik], sunroof
tia (do lado materno) teyze [teizé]
(do lado paterno) hala [rrala]
tímido(a) çekingen [tchekingen]
tinta boya
tinturaria kuru temizleyici [temizleidji]
tio amca [amdja]
típico(a) tipik

tipo tip [tip]
outro tipo de... başka tip bir ... [bashka]
que tipo de...? ne tür ...? [né tiur]
toalha havlu [rravlu]
toalha de banho banyo havlusu
toalha de mão el havlusu
toalha de mesa masa örtüsü [órtiussiu]
todo(a), todos(as)
a semana toda bütün hafta [biutiun]
todas as coisas her şey [shei]
todo mundo herkes
todos eles onların hepsi [onlarã]
todos os dias her gün [giun]
todos os meninos bütün oğlanlar [biutiun]
todas as meninas bütün kızlar
tolo(a) sersem
tom de discagem çevir sesi [tchevir]
tomada (elétrica) priz
(para barbeador) tıraş makinesi prizi
(plugue macho) fiş [fish]
tomar: tomar conta de ...-a bakmak
tomates domates
tônico (cosmético) toner

tonto(a): estou tonto(a) başım dönüyor [bashãm dóniu-ior]
topless göğüsleri açık [góiusléri atchãk], üstsüz [iustsiuz]
topo: no topo de... ...-in en üstünde
torcedor(a) taraftar
torcer: eu torci o... ...-m burkuldu
torci meu tornozelo ayak bileğimi burktum [aiak bile-imi]
torneira musluk
tornozelo ayak bileği [aiak bile-i]
torrada kızarmış ekmek [kãzarmãsh]
torre kule [kulé]
torta (de fruta) turta
(folhada de carne) etli börek [borék]
tosse öksürük [óksiuriuk]
total toplam
totalmente tümüyle [tiumiu-ilé]
trabalho iş [ish]
trabalho em... ...-'da çalışıyorum [tchalãshiorum]
tradicional geleneksel
tradução tercüme
tradutor(a) tercüman
traduzir tercüme etmek [térciumé]
poderia traduzir isto? bunu tercüme edebilir misiniz?

Tt

trailer karavan
trampolim tramplen
trancado(a): está trancado kilitli
trancar: trancar dentro de içeri kilitlemek [itcheri]
tranquilo(a) sakin
trânsito trafik
travesseiro yastık [iastãk]
travessia (marítima) geçiş [getchish]
trazer getirmek, götürmek [gótiurmek]
pode me trazer outro, por favor? bana bir tane daha getirir misiniz, lütfen? [tané - liutfen]
trago isto de volta mais tarde sonra geri getiririm
trem tren
de trem trenle [trenlé]

diálogo

é este o trem para Ancara? bu Ankara treni mi?
sim tabi
não, você deve ir para aquela plataforma hayır, sizin şu öbür perona gitmeniz lazım [rraiãr - shu óbiur - lazãm]

tricô örgü [órgiu]
triste üzgün [iuzgiun]
trocar (dinheiro) bozmak
não tenho troco hiç bozuk param yok [rritch]
pode me trocar uma nota de 1 lira? bana bir lira bozabilir misiniz?
posso trocar isto por...? bunu ... ile değiştirebilir miyim? [ilé de-ishterebilir mi-i-im]

diálogo

temos de trocar de trem? aktarma yapmamız lazım mı? [iapmamãz lazãm mã]
sim, troquem em Bursa/não, a linha é direta evet, Bursa'da değiştirin [bursa-da de-ishtirin]/ hayır, bu tren direkt gider [rraiãr]

trocar-se üstünü değiştirmek [iustiuniu de-ishtirmek]
troco bozuk para
Troia Truva
trólebus troleybüs [tróleibius]
trombadinha yankesici [iankessidji]
tudo hepsi [rrépsi]
é tudo, obrigado(a) hepsi bu kadar, teşekkür ederim [rrépsi teshekiur]
tudo isto hepsi
tudo bem tamam
eu pedi desculpas, tudo bem özür diledim ya [óziur]

tudo bem com você? iyi misin?
tudo bem, obrigado(a) tamam, teşekkür ederim [teshekiur]
tudo bem se...? ...-nin bir mahzuru var mı? [mã]
tudo bem (ok) olur
túnel tünel [tiunél]
turco(a) (adj) Türk [tiurk]
(idioma) Türkçe [tiurktché]
turco(a) cipriota (produto) Kıbrıs Türk [kãbrãs]
(pessoa) Kıbrıslı Türk [kãbrãsslã]
turista turist
Turquia Türkiye [tiurki-ie]
TV TV [ti vi]

U

uísque viski
úlcera ülser [iulsér]
último(a) en son
a que horas sai o último trem para Ancara? Ankara'ya son tren kaçta? [katchta]
último andar üst kat [iust]
um, uma* bir
uma vez bir kere [keré]
umbigo göbek [góbek]
úmido(a) nemli
unha tırnak [tãrnak]
União Europeia (UE) AB [a bé]
universidade üniversite [iuniversité]
urgente acil [adjãl]
urso ayı [aiã]
usar kullanmak
posso usar...? ...-i kullanabilir miyim?
utensílios de cozinha mutfak eşyası [eshiassu]
útil yararlı [iararlã]
uvas üzüm [iuzium]

V

vaca inek
vacinação aşılama [ashãlama]
vagão vagon
vagão-leito yataklı vagon [iataklã]
vagão-restaurante yemekli vagon
vagas: há vagas? (hotel) boş odanız var mı? [bosh odanãz var mã]
vagens ayşekadın fasulyesi [aishékadãn]
vale vadi
valer: não vale a pena anlamı yok [anlamã]
vale uma visita? ziyarete değer mi? [zi-iareté de ér]
válido(a) geçerli [getchérli]
até quando é válido? ne zamana kadar geçerli? [né]

valioso(a), de valor değerli [de-érli]
posso deixar aqui meus objetos de valor? değerli eşyalarımı burada bırakabilir miyim? [eshialarãmã - bãrakabilir]
valor değer [de-ér]
van kamyonet
varal çamaşır ipi [tchamashãr]
vários(as) birkaç [birkatch]
vaso vazo
vassoura süpürge [siupiurgé]
vazamento sızıntı [sãzãntã]
vazar sızmak [sãzmak]
vazio(a) boş [bosh]
vegetariano(a) etyemez
veja só! hayret! [rrairet]
vela mum [mum]
(de barco) yelken
(de carro) buji [buji]
velho(a) (pessoa) yaşlı [iashlã]
(coisa) eski
velocidade hız [rrãz]
velocímetro hızölçer [rrãz-óltchér]
venda: à venda satılık [satãlãk]
vender satmak
vocês vendem...? ... satıyor musunuz? [satãior]
venenoso(a) zehirli
ventar rüzgârlı [riuzgiarlã]
ventilador vantilatör [vantilatór]
vento rüzgâr [riuzgiar]
ver görmek [górmek]
eu o(a) vi esta manhã onu bu sabah gördüm [górdium]
posso ver? görebilir miyim? [górebilir]
você viu o(a)...? ...-i gördünüz mü? [-i górdiuniuz miu]
verão yaz
no verão yazın [iazãn]
verdade: não é verdade o doğru değil [do-oru de-il]
verdadeiro(a) gerçek [gertchék]
verde yeşil [ieshil]
verde-claro açık yeşil [atchãk ieshil]
verduras sebze [sebzé]
verificar kontrol etmek
pode verificar o..., por favor? ...-i kontrol eder misiniz, lütfen? [liutfen]
vermelho kırmızı [kãrmãzã]
vermelho vivo ateş kırmızısı [atesh kãrmãzã]
vespa eşek arısı [eshek arãssã]
vestido elbise [elibissé]
vestir-se giyinmek
vez: esta vez bu sefer
próxima vez gelecek sefer [geledjék]
três vezes üç kez
última vez geçen sefer [getchen]

vezes: duas vezes iki kez
via üzerinden [iuzerinden]
viagem yolculuk [ioldjuluk]
boa viagem! iyi yolculuklar!
viajar seyahat [seiarrat]
estamos viajando por aí geziyoruz
vida hayat [rraiat]
vídeo video
vidro cam [jam]
vila kasaba
vinagre sirke [sirké]
vinha bağ [ba-a]
vinho şarap [sharap]
poderia nos trazer mais vinho? bize biraz daha şarap verir misiniz? [bizé]
vinho branco beyaz şarap [sharap]
vinho de mesa sofra şarabı [sharabã]
vinho do Porto porto şarabı
vinho rosé pembe şarap [pembé sharap]
vinho seco sek
vinho tinto kırmızı şarap [sharap]
vinho xerez şeri [sheri]
violão gitar
vir gelmek
virar: vire à esquerda/à direita sola/sağa dönün [dónium]
onde devo virar? nereden sapmalıyım? [-lãiãm]

diálogo

pode me indicar o caminho para...? ...-e nereden gidilir söyleyebilir misiniz? [-é sóiléiébilir]
siga em frente até chegar ao semáforo trafik ışıklarına kadar dümdüz gidin [ãshãklarãna - diumdiuz]
vire à esquerda sola dönün [dónium]
pegue a primeira à direita sağdan ilk yola sapın [sa-adan - sapãn]
Ver Onde

vírgula: dois vírgula cinco iki nokta beş
visita guiada rehberli tur
visitar ziyaret etmek
gostaria de visitar... ...-i ziyaret etmek isterim
vista manzara
visto vize [vizé]
vital: é vital que... ...-si şart [shart]
vitela dana eti
vitrine vitrin
na vitrine (da loja) vitrinde [vitrindé]
viver yaşamak [iashmak]
vivemos juntos birlikte yaşıyoruz [birlikté iashãoruz]
voar uçmak [utchak]

você, vocês* siz, sizler
com você(s) sizinle [sizinlé]
isto é para você(s) bu sizin için [itchin]
vodca votka
volante direksiyon sistemi
voltado(a): gostaria de um quarto voltado para o pátio avluya bakan bir oda istiyorum
voltagem voltaj [voltaj]
voltar (reaparecer) geri gelmek (para casa, de viagem etc.) dönmek [dónmék]
volto amanhã yarın tekrar gelirim
volto num minuto hemen geliyorum
vomitar kusmak
acho que vou vomitar kusacağım galiba [kushadja-ãm]
vontade: estou com vontade de caminhar canım yürüyüşe çıkmak istiyor [djanãm iuriuiushé tchãkmak isti-ior]
voo uçak seferi [utchak]
número do voo sefer sayısı [saiãssã]
voo de conexão aktarmalı sefer [aktarmalã]
voo doméstico iç hat seferi [itch rrat]
voo regular tarifeli sefer
voz ses

W

walkman® walkman®
windsurfe yelkenli sörf [ielkenli]
prancha de windsurfe yelkenli sörf [sórf]
praticar windsurfe sörf yapmak

X

xadrez satranç [sat-rantch]
xampu şampuan [shampuan]
xarope para tosse öksürük şurubu [shurubu]
xícara fincan [findjan]
uma xícara de..., por favor lütfen bir fincan ... [liutfen]

Z

zangado(a) kızgın [kãzgãn]
zelador(a) kapıcı [kapãdjã]
zero sıfır [sãfãr]
zíper fermuar [fermuar]
pode pôr um zíper novo? fermuarı değiştirir misiniz? [fermuarã de-ishtirir missiniz]

Turco

→

Português

Coloquialismos

Pode ser que você escute estas palavras e expressões em sua viagem à Turquia. Não se sinta tentado a usar as mais fortes, a não ser que saiba muito bem com quem está falando.

Allah aşkına [ashkã**na**] pelo amor de Deus!
Allah kahretsin! dane-se!
Allah razı olsun! [ra**zã**] saúde!
aslan sütü [siu**tiu**] ao pé da letra, "leite de leoa"; gíria para rakı (bebida conhecida como arak no Brasil)
baksana be! [bé] olha aqui!
bombok uma merda
çek arabanı! [tchék araba**nã**] caia fora!
dangalak idiota
defol! cai fora!; fora daqui!
eline sağlık! [eli**ne** sa-a**lãk**] literalmente, "saúde às suas mãos!"; dito para quem faz comida ou artesanato de qualidade
eşşoğlu eşşek [esho-o**lu** ésh**ék**] imbecil
eyvah! [ei**va**rr] ai!; ai de mim!
hay Allah! [rra] oh, Deus!
herif cara (aquele cara lá)
inşallah [inshal**á**rr] Se Deus quiser
işler nasıl? [ish**ler** nas**sãl**] como vão as coisas?
kapa çeneni! [tcheneni] cale a boca!
katiyen olmaz! impossível!
kuş beyinli [kush bei-inl**i**] burro(a) (literalmente, "cérebro de passarinho")
maşallah! [mashal**a**rr] que Deus o proteja! (usado para evitar mau-olhado, quando se fala de sucessos da vida pessoal etc.)
ne haber?, ne var ne yok? como vai a vida?
saçma! [satchm**a**] bobagem!
serseri vagabundo
sudan ucuz [udj**uz**] baratinho; a preço de banana
vay canına! [**vai** djanãn**a**] nossa senhora!; cacete!
yapma be! [bé] ah, fala sério!

Alfabeto turco

Esta seção está na ordem alfabética turca:
a, b, c, ç, d, e, f, g, ğ, h, ı, i, j, k, l, m, n, o, ö, p, r, s, ş, t, u, ü, v, y, z

A

a! ah! nossa!
...-a para (prep)
AB [a bé] Estados Unidos
abartmak exagerar
ABD [a bé dé] EUA
abi irmão mais velho
abide [abidé] monumento
abla irmã mais velha
abone kartı [aboné kartã] cartão de assinante (revista, TV etc.)
abonman cartela ou cartão de passagens de ônibus
acaba [adjabá] eu imagino/acho
acayip [adjai-ip] estranho(a)
acele [adjélé] com pressa; urgente
acele edin! ande logo!
acele et! ande logo!
acele etmek apressar-se
acemi [adjemi] principiante
acemi pisti pista para principiantes (de corrida, esqui etc.)
acenta [adjenta] agência
acı [adjã] amargo(a); apimentado(a); dor
acıkmak [adjãkmak] estar com fome
acıktım [adjãktãm] estou com fome
acılı [adjãlã] apimentado(a)
acımak [adjãmak] sentir dor; machucar-se
acıyor [adjãior] dói; está doendo
acil [adjil] urgente
acildir: bu acildir! [adjildir] é uma emergência!
acil durum emergência
acil servis serviço de emergência
acil vaka emergência
aç [atch] esfomeado(a)
açgözlü [atchgózliu] guloso(a)
açık [atchãk] aberto(a); claro(a); óbvio(a); ligado(a)
açık bilet bilhete aberto
açık havada ao ar livre
açık hava tiyatrosu teatro ao ar livre
açıklamak [atchãklamak] explicar
açık yüzme havuzu [iuzmé] piscina a céu aberto
açılır tavan [atchãlãr] teto solar
açılış saatleri [atchãlãsh sa-atleri] horário de funcionamento
açılış ve kapanış saatleri [ve kapanãsh] horário de abertura
açıp/kapama düğmesi [atchãp diu méssi] ligar/desligar
açmak [atchmak] abrir; ligar
ad nome; nome de batismo
ada ilha
adam homem
adamlar homens
adaptör [adaptór] adaptador
adası [adassã] ilha
adet unidade; número

âdet menstruação
adı [adã] nome
adım... [adãm] meu nome é...; me chamam de...
adınız nedir? [adãnãz] qual o seu nome?
adil justo(a) (justiça)
adres endereço
adres defteri livro de endereços
aferin! muito bem!
affedersiniz desculpe
afiş [afish] pôster
afiyet olsun! bom apetite!
aft afta
ağ [a] rede
ağa [a-a] antes um grau de nobreza, hoje indica respeito
ağabey [a-abei] irmão mais velho
ağaç [a-atch] árvore
ağır [a-ãr] pesado(a); substancioso(a)
ağırlık [a-ãrlãk] peso
ağız [a-ãz] boca
ağlamak [a-lamak] chorar
ağrı [a-a-arã] dor
ağrı giderici ilaçlar [gideridji ilatchlar] analgésicos
ağustos [a-ustos] agosto
ahali povo
ahçı [arr-tchã] cozinheiro(a)
ahize [arrizé] receptor (telefone)
Aids [aids] Aids
aile [ailé] família
aile gazinosu [ailé] casa noturna familiar
ailesiz girilmez entrada permitida apenas para famílias
aileye mahsus apenas para grupos familiares
ait: ...-e ait [-é ait] pertencente a; relativo a
ait olmak pertencer
ajanda [aJanda] agenda
akciğerler [akdji-ér] pulmões
Akdeniz Mediterrâneo
akıl [akãl] inteligência
akıllı [akãl-lã] inteligente
akım [akãm] corrente (elétrica)
akıntı [akãntã] corrente (de água)
akraba parente
akrabalar parentes
akrep escorpião
aks eixo
aksan sotaque
akşam [aksham] noite
akşamleyin [akshamlei-in] à noite
akşam on 22h
bu akşam esta noite
akşam yemeği [iemé-i] jantar; ceia
akşam yemeği yemek [iemé-i] jantar (verbo)
aktarma conexão
aktarmalı sefer [aktarmalã] voo de conexão
aktarma yapmak trocar (de trem etc.)
aktör [aktór] ator
aktris atriz
akü [akiu] pilha

alan área; campo
alaturka estilo turco
al bakalım [bakalãm] aqui está
alçak [altchak] baixo(a)
alçı [altchã] gesso
alerjik [alerjic] alérgico(a)
alet aparelho; dispositivo
alıcı [alãdjã] destinatário; recebedor
alımlı [alãmlã] atraente
alın [alãn] testa
alınan mal değiştirilmez sem reembolso ou troca
alınan para [alãnan] dinheiro recebido
alıp götürmek [alãp gótiurmek] para viagem
alışılmamış [alãshãlmamãsh] incomum
alışkanlık [alãshkanlãk] hábitos; costumes
alış kuru [alãsh kuru] valor do câmbio para compra
alışmak: ...-e alışmak [-e alãshmak] acostumar-se a
alışveriş [alãshverish] compras
alışverişe çıkmak [alãshverishé tchãkmak] ir às compras
alışveriş merkezi shopping center
Allah Deus
Allahaısmarladık [al-la-ãsmarladãk] até logo (fique com Deus!; dito por quem está indo embora)
Allah aşkına [ashkãna] pelo amor de Deus
Allah belanı versin! [belanã] vá se danar!
Allah kahretsin! vá se danar
Allah razı olsun [razã] Deus te abençoe!
allık [al-ãk] pincel de blush
almak aceitar; receber; comprar; obter; pegar
Alman alemão; alemã
Almanca [almandja] alemão (idioma)
Almanya Alemanha
alo alô
alt baixo(a) (lugar)
altı [altã] seis
altın [altãn] ouro
altıncı [altãndjã] sexto(a)
altında [altãnda] abaixo de; embaixo de
altmış [altmãsh] sessenta
altta embaixo
alüminyum folyo [aliuminium] papel-alumínio
alyans aliança
ama mas
...-amadım [-amadãm] eu não poderia...
aman! pelo amor de Deus!
ambalaj kağıdı [ambalaj kia-ãdã] papel de embrulho
amca [amdja] tio (do lado paterno)
ameliyat operação
Amerikalı [amerikalã] americano(a)
amfiteatr anfiteatro

amortisör [amortissór] amortecedor
amper(lik) ampere
ampul lâmpada
an momento
ana mãe
Anadolu Anatólia; Ásia Menor
anahtar [anarr-tar] chave
anahtarlık [anarr-tarlãk] chaveiro
anavatan casa; lar
anayol rodovia
anayol ilerde siga a rodovia
anayurt casa; lar
ancak [andjak] só; somente; mas
anıt [anãt] monumento
ani de repente
aniden de repente
anlam significado
anlamadım [-madãm] não entendo
anlamak entender
anlamı yok [anlamã] não vale a pena
anlamıyorum [anlamã-] não entendo
anlatmak explicar
anlıyorum [anlã-] entendo
anne [an-né] mãe
anne baba pais
Anonim Şirket [shirkét] sociedade anônima
antifriz anticongelante
antik antigo(a)
antika antiguidade(s)
antikacı [antikadjã] antiquário
antiseptik antisséptico
antrenman treino
antrenman ayakkabısı [aiak-abãssã] tênis (calçado)
apaçık [apatchãk] óbvio(a)
apandisit apendicite
apartman prédio de apartamentos
apartman dairesi [dairéssi] flat; apartamento
aptal idiota; estúpido(a)
apteshane [aptés-rrané] banheiro onde se faz a ablução, ritual de purificação antes das orações
ara intervalo; espaço
araba carro
arabamda no meu carro
araba ön camı [ón djamã] para-brisa
araba vapuru ferryboat; balsa
arabesk tipo de música de lamento, pessimista
araç giremez proibida a entrada de carros
araç kurtarma [aratch] serviço de guincho
ara durak parada; escala
aralık [aralãk] dezembro
aramak procurar
Arap árabe
Arapça [araptchá] arábico(a); árabe (idioma)
arasında: ...-lerin arasında [arassãnda] entre...
arasıra [arassãra] de vez em quando

ara sokak rua secundária
ardında [ardãnda] além
arı [arã] abelha
arı su [su] água destilada
arıza [arãza] defeito
arızalı [arãzalã] com defeito
arıza servisi serviço de reparos
arıza yapmak meu carro quebrou
arka parte de trás
arkada atrás
...-in arkasında atrás de...
arkadan binilir entrada pelos fundos
arkadan göndermek [góndermek] despachar
arkadan inilir saída pelos fundos
arkadaş [arkadash] amigo(a); companheiro(a); namorado(a)
arka lambalar lanternas traseiras
arkamdaki atrás de mim
arka sinyal lambaları [lambalarã] lanternas traseiras
Arnavut albanês
arnavut kaldırımı calçamento com pedras; paralelepípedo
Arnavutluk Albânia
artık [artãk] agora
artık ... yok não mais...
arzu etmek desejar
asansör [assansór] elevador
aseton removedor de esmalte
asıl [assãl] (subst) original; (adj) básico(a)
asker soldado
askeri bölge zona militar
askı [askã] cabide; alça (de blusa); suspensório
asla nunca
aslan sütü [siutiu] gíria para raki (bebida turca)
aslen basicamente; originalmente
asma kilit cadeado
astım [astãm] asma
Asya Ásia
AŞ [a shé] S.A., sociedade anônima
aşağı [asha-ã] embaixo
aşağıda [asha-ãda] embaixo; abaixo; na parte de baixo
aşçı [ash-tchã] cozinheiro(a)
aşı [ashã] vacina
aşılama [ashãlama] vacinação
aşmak [ashmak] atravessar
AT [a té] CE, Comunidade Europeia
at cavalo
ata ancestral
ateş [atesh] fogo; temperatura; febre
ateşli [atéshli] febril
atınız jogar; inserir (moeda)
Atina Atenas
atkı [atkã] echarpe; cachecol
atlamak pular
atletizm atlético
atmak atirar
At Meydanı [meidanã] hipódromo
avanak idiota

avcılık [avdjãlãk] caçar
avlu pátio
Avrupa [avrupa] Europa; europeu; europeia (produtos)
Avrupalı [avrupalã] europeu; europeia (pessoa)
avukat advogado(a)
Avustralya [avustralia] Austrália
ay [ai] mês; lua
ayak [aiak] pé
ayak bileği [bile-i] tornozelo
ayakkabı [aiak-abã] sapato(s)
ayakkabı bağı [ba-ã] cadarços
ayakkabıcı [aiak-abãdjã] sapataria
ayakkabı cilası [djilassã] graxa de sapatos
ayak parmağı [aiak parma-ã] dedo do pé
ayakta durmak [aiakta] ficar
aybaşı [aibashã] início do mês; dia de pagamento
aydın [aidãn] intelectual
ayd[illegible] [aidãnlãk] iluminado(a) ([illegible])
[illegible] período (menstrual)
[illegible]ı [aiã] urso; (gíria) babaca
ayık [aiãk] sóbrio(a); consciente
ayılmak [aiãlmak] reabilitar
ayırma [aiãrma] partida
ayırmak [aiãrmak] separar
ayırtmak [aiãrtmak] reservar
ayin [ai-in] missa; cerimônia religiosa; ritual
aylık bilet [ailãk bilet] passe (de ônibus) mensal
aylık taksitler parcelas mensais
ayna [aina] espelho
aynı [ainã] igual
ayrı [airã] separado(a)
ayrı ayrı separadamente
ayrıldım [airãldãm] separado(a)
ayrılmak [airãlmak] partir; ir embora
ayrılmış [airãlmãsh] reservado(a)
az não muito; pouco
azami ağırlık limite de peso
azami genişlik largura máxima
azami hız velocidade máxima
azami park 1 saat estacionamento por uma hora
azami sürat limite de velocidade
azami yükseklik altura máxima

B

baba pai; papai
bacak [badjak] perna
bacanak [badjanak] cunhado (irm[illegible] mulher ou do marido)
bade[illegible]tihabı [bademdjik iltirrab[illegible]] amigdalite
badem [illegible] [shekeri] amêndoas doces, cobertas de açúcar
baga[illegible] [[illegible]] bagagem; porta-malas
bagaj alma yeri retirada de bagagem

bagaj fişi [fishi] recibo de despacho de bagagem
bagaj kaydı [kaidã] check-in
bagaj kayıt [kayãt] check-in
bagaj kayıt masası [massassã] balcão de check-in
bagaj kontrolü [kontroliu] controle de bagagem
bağ [ba-a] corda; barbante
bağımsız [ba-ãmsãz] independente
bağırmak [ba-ãrmak] gritar
bağlantı [ba-alantã] conexão
bağlı: ...-a bağlı [ba-alã] depende de...
bahçe [barr-tché] jardim
bahsetmek [barr-setmek] mencionar
bahşiş [barr-shish] gorjeta
bakabilir miyim? posso ver?
bakar mısınız! [mãssãnãz] desculpe!
bakım [bakãm] cuidado; zelo
bakımından [bakãmãndan] do ponto de vista de
bakır [bakãr] cobre
bakkal mercearia
bakkaliye [bak-alie] produtos de mercearia
bakmak: ...-a bakmak tomar conta de
baksana be! [bé] olhe aqui! (chamando a atenção de alguém)
balayı [balayã] lua de mel
baldız [baldãz] cunhada (irmã da esposa)
bale [balé] balé
balık [balãk] peixe
balık adamlık [adamlãk] mergulhar sem equipamento
balıkçı [balãk-tchã] peixaria
balıkçı köyü [kói-iu] aldeia de pescadores
balıkçılık [balãk-tchãlãk] pescaria
balık lokantası [balãk lokantassã] restaurante de peixes
balık pazarı [pazarã] mercado de peixes
balık tutmak yasaktır proibido pescar
balkon balcão; sacada; círculo
balkonlu com sacada
balsam condicionador
balta machado
bambaşka [bambashka] bem diferente
bana para mim
banka [banka] banco
banka hesabı [rressabã] conta bancária
bankamatik caixa eletrônico
banket acostamento
banknot nota; cédula
banliyö [bali-ió] subúrbio
banliyö tren şebekesi sistema ferroviário local
banyo banheiro
banyolu (oda) com banheiro privativo
banyo etmek desenvolver
banyo tuzları [tuzlarã] sais de banho

banyo yapmak tomar banho
bardak copo
barmen kız [kãz] barman; garçonete
barsak intestino
basamağa dikkat cuidado com o degrau
basın(ız) aperte
basit simples; fácil
baş [bash] cabeça
baş ağrısı [a-arãssã] dor de cabeça
başarı [basharã] sucesso
başarmak [basharmak] ter sucesso; conquistar
baş aşağı [asha-ã] de cabeça para baixo
başbakan [bashbakan] primeiro-ministro
başka [bashka] diferente
başka bir outro(a)
başka bir şey [shei] algo mais
başka bir yer outro lugar
başka bir yerde [ierdé] em outro lugar
başkent [bashkent] capital federal
başlamak [bashlamak] começar
başlangıç [bashlangãtch] começo; princípio
başlangıçta [bashlangãtchta] no princípio
başlıca [bashlãdja] principal
başparmak [bashparmak] polegar
baş üstüne [iustiuné] com prazer
batı [batã] oeste
batıda no oeste
...-in batısında a oeste de...
batmak afundar
battaniye [ba-tanie] cobertor
bavul mala
Bay [bai] senhor
bayağı [baia-ã] comum; vulgar; ordinário(a)
Bayan [baian] senhora; senhorita
bayan iç çamaşırı [itch tchamashãrã] roupa íntima feminina; lingerie
bayan konfeksiyon roupa feminina
bayanlar [baianlar] banheiro feminino
bayat [baiat] duro(a); (pão) amanhecido; estragado
baygın [baigãn] inconsciente
bayılmak [baiãlmak] desmaiar
baylar [bailar] banheiro masculino
baypas [baipas] marca-passo
bayrak [bairak] bandeira
bazen às vezes
bazı [bazã] um pouco
bebek bebê; boneca
bebek bezi fralda
bebek iskemlesi/sandalyesi cadeirão de bebê
bedava gratuito(a)
beden tamanho
bedesten mercado coberto para venda de bens de valor (tecidos, joias)

beğendim [be-endim] gosto disso
beğenmek [be-enmek] gostar
bej [bej] bege
bekar solteiro(a)
bekârım [bekiarãm] sou solteiro(a)
bekçi [bektchi] guarda
beklemek: ...-i beklemek esperar
bekleme salonu [beklémé] sala de espera
beklemeyin [beklémé-in] não espere
bekleyin! [beklé-in] espere!
beni bekleyin espere por mim
bekleyiniz! [beklé-iniz] espere!
bel cintura
belediye binası [beledi-e binassã] prefeitura
belediye sarayı [saraiã] prefeitura
... belediyesi [belediessi] prefeitura municipal
belge [belgé] documento
belki talvez
belki de değil [de-il] talvez não
belli óbvio(a)
ben eu
ben de [dé] eu também
bence öyle [bendjé óilé] acho que sim
bence öyle değil [de-il] acho que não
bende [bendé] em mim
benden de mim
beni me
benim meu/minha; é meu/minha; (ao telefone) eu mesmo(a)
benim için [itchin] para mim
o benimdir é meu/minha (mais formal)
benzemek parecer
benzer similar
benzin combustível
benzin bidonu lata de gasolina
benzin istasyonu posto de gasolina
benzin pompası [pompassã] bomba de gasolina
beraber junto (adv)
berbat terrível; horrível
berber barbeiro; cabeleireiro masculino
bereket bênção; abundância
bereket versin felizmente
beri aqui
...-den beri desde...
beş [besh] cinco
beşinci [beshindji] quinto
Bey [bei] senhor; chefe; mestre; cavalheiro
beyaz [beiaz] branco(a)
beyazlar brancos(as) (roupas etc.)
beyaz zehir remédios
beyefendi cavalheiro; senhor
beyin sarsıntısı [beyin sarsãntãssã] concussão
bez tecido; pano
bıçak [bãtchak] faca
bırakmak [bãrakmak] deixar; abandonar; permitir

bıyık [bãiãk] bigode
biberon mamadeira
biçim [bitchim] forma; jeito; maneira
bijuteri [bijuteri] joias
bile [bilé] mesmo
...-se bile [-sé] mesmo se...
bile bile deliberadamente
bilek pulso
bilet bilhete
biletçi [bilet-tchi] cobrador
bilet gişesi [gishessi] bilheteria
biletsiz girilmez proibida a entrada sem bilhete
bilezik pulseira
bilgi informação
bilgisayar [bilgissaiar] computador
bilim ciência
bilinmeyen numaralar [bilinmeien] auxílio à lista (telefone)
... biliyor musunuz? você sabe...?
bilmek saber
bilmiyordum eu não sabia
bilmiyorum eu não sei
bin mil
bina edifício
binicilik [binidjilik] andar a cavalo
binilir embarcar aqui
biniş kartı [binish kartã] cartão de embarque
binmek embarcar; subir
bir um, uma
bir ... daha outro...; mais um...
biraz algum; um pouco
biraz daha um pouco mais
birazcık [birazdjãk] um pouquinho mais
birazdan em um instante
bir çift ... [tchift] um par de...
birçok [birtchok] muito(a)
birey [birei] individual
bir gecesi [gedjessi] por noite
biricik [biridjik] único(a)
bir iki tane ... [tané] um ou dois...; alguns
biriktirmek buscar
birinci [birindji] primeiro(a)
birinci kat primeiro andar
birinci sınıf [sãnãf] primeira classe
birisi alguém
birkaç [birkatch] alguns
birkaç tane [tané] uns poucos
bir kere [kéré] uma vez
Birleşik Amerika [birleshik] Estados Unidos
Birleşik Devletler Estados Unidos
Birleşik Krallık [kral-lãk] Reino Unido
birlikte [birlikté] junto(a)
bir parça [partcha] um pedaço
bir sonraki próximo(a)
bir şey [shei] alguma coisa; qualquer coisa
bir şey değil [de-il] não tem de quê; de nada
başka bir şey? [bashka] algo mais?
bir yerde [ierdé] algum lugar
bisiklet bicicleta

bisikletçi [bissiklet-tchi] ciclista
bisiklete binmek [bissikleté] andar de bicicleta
bisiklet sporu ciclismo
bitirmek: ...-i bitirmek terminar; finalizar
bitişiğinde [bitishi-indé] perto de
bitişik [bitishik] próximo a
bitki planta
bitkin cansado(a)
bitmek terminar; crescer
bitti acabado(a)
biz nós
Bizans [bizans] bizantino(a)
bizde [bizdé] em nós
bizden de nós
bize [bizé] para nós
bizi nós
bizim nosso(a)
bizim için [itchin] para nós
bizimki nosso(a)
bizimle [bizimlé] conosco
bizler nós
bizzat pessoalmente
blucin [bludjin] jeans
bluz blusa
bodrum porão
bodrum kat andar; nível do porão
boğa [bo-a] touro
boğaz [bo-az] garganta
boğaz ağrısı [a-arãssã] dor de garganta
Boğaziçi [bo-azitchi] Bósforo
boğaz pastil(ler)i pastilhas para garganta
bol largo(a); solto(a)
bol bol ... cheio de...
bol şanslar! boa sorte!
bomba bomba
bombok uma merda
bone [boné] touca
boru cano (de água)
boş [bosh] vazio(a)
boşanmış [boshanmãsh] divorciado(a)
boş oda vago(a)
boşta (gezer) desempregado(a)
boş yer vaga
boy tamanho; altura
boya pintura
boyamak pintar
boyar que desbota
boyun pescoço
boyunca [boiundja] durante
bozmak trocar
bozuk quebrado(a)
bozuk para moedas
böbrekler [bóbréklér] rins
böcek [bódjék] inseto
böcek ilacı [ilacã] repelente de insetos; inseticida
böceklere karşı ilaç [bódjékleré karshã ilatch] repelente de insetos
böcek sokması [sokmassã] picada de inseto
Boğaz [bo-az] Bósforo
bölge [bólgé] região; distrito; zona
bölüm [bólium] departamento
böyle [bóilé] como este; tal

böyle tamam assim está bem
böyle iken de qualquer forma
Britanya Grã-Bretanha
bronşit [bromshit] bronquite
bronzlaşmak [bronzlashmak] bronzear-se
bronzlaşmış [bronzlashmăsh] bronzeado(a) (adj)
bronzluk bronzeado (subst)
bronz ten bronzeado (subst)
broş [brosh] broche
broşür [broshiur] folheto
bu este(a); esse(a)
bu ... mi? isso é...?
bu ne? o que é isso?
buçuk [butchuk] metade; e meio
... buçuk e meia...
budala idiota
bu gece [gedjé] hoje à noite
bugün [bugiun] hoje
buji [buji] cabo
buji telleri cabo para ligar duas baterias
bukle [buklé] cachos (de cabelo)
Bul. bulevar; avenida
bu ...-lar esse(a), este(a)...
bulaşıcı [bulashădjă] infeccioso(a)
bulaşık [bulashăk] louça suja
bulaşık bezi pano de prato
bulaşık deterjanı [bulashăk deterjană] detergente
bulaşık lavabosu pia de lavar louça
bulaşık yıkamak [iăkamak] lavar a louça

Bulgar búlgaro(a)
Bulgaristan Bulgária
bulmak encontrar; descobrir; alcançar
buluşmak [bulushmak] encontrar
buluşma yeri [bulushma] ponto de encontro
bulut nuvem
bulutlu nublado
bulvar bulevar; avenida
... Bulvarı [bulvară] avenida...
bunlar este(a)
bunları [bunlară] este(a)
bunun fiyatı ne kadar? [fi-ată né] quanto é?
burada [burada] aqui
burada aşağıda [asha-ăda] aqui embaixo
burda aqui
burası [burassă] aqui
burun nariz
but [but] coxa
buyrun [buirun], buyurun [buiurun] posso ajudá-lo(a)?; sim?; por aqui; por favor; vá em frente
buz [buz] gelo
buzdolabı [buzdolabă] geladeira
buzluk freezer
büfe [biufé] barraca de sanduíches
büro [biuro] escritório
büro malzemeleri material de escritório

bütün [biutiun] tudo; todo(a)
büyük [biu-iuk] largo(a); grande
büyükanne [biu-iuk-ané] avó
büyükbaba avô
Büyük Britanya Grã-Bretanha
büyükelçilik [biu-iuk-eltchilik] embaixada
büyük jeton [Jeton] ficha (de metrô etc.) grande
büyüklük [biu-iukliuk] tamanho
büyük mağaza [biu-iuk ma-aza] loja de departamento
büyültme [biu-iultmé] ampliação

C

Cad. [djad.] Av.
cadde [djad-é] avenida
... Caddesi Avenida...
cam [djam] vidro
cami [djami] mesquita
... Camii/Camisi Mesquita...
cam sileceği [siledjé-i] limpador de para-brisa
canım sıkılıyor [djanãm sãkãlãior] estou entediado(a)
...-a canim sıkılıyor estou preocupado(a)
cankurtaran [djankurtaran] ambulância; salva-vidas
canlı [djanlã] animado(a); vivo(a)
can sıkıcı [djan sãkãdjã] importuno(a)
can simidi boia salva-vidas
can yeleği [ielé-i] colete salva--vidas
can yelekleri coletes salva-vidas
can yelekleri tavandadır coletes salva-vidas acima
caz [jaz] jazz
cazibeli [djazibeli] sexy
ceket [djekét] jaqueta; paletó
cemiyet [djemi-iét] sociedade
cenaze [djenazé] funeral
cep [djép] bolso
cereyanlı [djereianlã] corrente de ar
cesur [djessur] corajoso(a)
cevap [djevap] resposta
cevap vermek responder
ceza [djeza] multa
check-in yaptırmak [iaptãrmak] fazer o check in
cımbız [djãmbãz] pinça
ciddi [dji-di] sério(a)
cila [djila] graxa de sapato
cilt [djilt] pele
cilt temizleyici [temizleidji] loção para limpeza de pele
cins(i) [djins(i)] tipo
cinsiyet(i) [djinsi-iét] sexo (gênero)
civarında [djivarãnda] sobre
coğrafya [djo-orafia] geografia
cuma [djuma] sexta-feira
cumartesi [djumartessi] sábado
cumhurbaşkanı [djumrrur-bashkanã] presidente
cumhuriyet [djumrruri-iét] república
cüzdan [djiuzdan] carteira

Ç

çabuk [tchabuk] rápido(a)
çabuk ol! ande logo!
çadır [tchadãr] barraca
çadır bezi lona para barraca
çadır direği [dire-i] vareta para barraca
çadır kazığı [kazã-ã] estacas para barraca
çağ [tcha-a] tempo; data; idade; era
çağdaş sanat [tcha-adash] arte moderna
çağdaş sanat galerisi galeria de arte moderna
çağırmak [tcha-ãrmak] chamar; convidar
çağlayan [tcha-alaian] cachoeira
çakı [tchakã] canivete
çakmak [tchakmak] isqueiro
çalar saat [tchalar sa-at] despertador
çalınız tocar a campainha
çalışkan [tchalãshkan] workaholic
çalışmak [tchalãshmak] tentar; trabalhar; estudar
çalışma saatleri [tchalãshma sa-atleri] horário de trabalho
çalışmıyor [tchalãshmãior] não está funcionando
çalıştırmak [tchalãshtãrmak] ligar
çalkalamak [tchalkalamak] chacoalhar
çalmak [tchalmak] roubar; jogar; telefonar
çamaşır [tchamashãr] roupa para lavar
çamaşırhane [-rrané] lavanderia
çamaşır ipi varal
çamaşır makinesi máquina de lavar
çamaşır mandalı [mandalã] prendedor de roupa
çamaşır suyu alvejante
çamaşır tozu detergente
çamaşır yıkamak [iãkamak] lavar
çamur [tchamur] lama
çan [tchan] sino
çanak çömlek [tchanak tchómlék] cerâmica
...jazı [tchana-kalé ...] estreito de Dardanelos
[...nanta] bolsa
...a [tchapa] âncora
...rpışma [tcharpãshma] colisão
...arşaf [tcharshaf] lençol; vestimenta preta longa e larga com capuz usada por algumas mulheres religiosas turcas
çarşamba [tcharshamba] quarta--feira
çarşı [tcharshã] mercado; bazar
... Çarşısı [tcharshãssã] Mercado...
çartır (seferi) [tchartãr] voo charter
çatal [tchatal] garfo
çatal bıçak [bãtchak] talheres
çay [tchai] chá; riacho

çay bahçesi [barr-tchessi] casa (jardim) de chá
çaydanlık [tchaidanlãk] chaleira
çayevi [tchaievi] casa de chá
çayhane [tchai-rrané] café (para famílias)
çay kaşığı [tchai kashã-ã] colher de chá
çek [tchek] cheque
çek arabanı! [arabanã] caia fora!
çek defteri talão de cheque
çeker [tcheker] que encolhe
çekici [tchekidji] atraente
çekiç [tchekitch] martelo
çekil! [tchekil] vá embora!
çekilip gitmek [tchekilip] ir embora
çek-in [tchek] check-in
çekin puxar
çekingen [tchekingen] tímido(a)
çekiniz empurrar
çek kabul edilir aceita-se pagamento com cheques
çek kartı [kartã] cartão de banco
çekmece [tchekmedjé] gaveta
çekmek [tchekmek] puxar; tirar; sofrer
çekmez que não encolhe
çene [tchéné] queixo; maxilar
çengelli iğne [tchengél-i i-iné] alfinete de segurança
çeşit [tcheshit] variedade; tipo
çeşme [tcheshmé] fonte
... Çeşmesi [tcheshméssi] ... Fonte
çeviriniz [tcheviriniz] discar; digitar
çevirmek [tchevirmek] virar; traduzir; discar
çevir sesi [tchevir] tom de discagem
çevir sinyali tom de discagem
çevir tonu tom de discagem
çevre yolu [tchevré iolu] estrada intermunicipal
çeyizlik [tchei-izlik] enxoval
çeyrek [tcheirék] quarto (fração)
çığlık atmak [tchã-ãlãk] gritar
çık dışarı! [tchãk dãsharã] saia!
çıkılmaz sem saída
çıkış [tchãkãsh] saída
çıkış kapısı [kapãssã] portão
çıkmak [tchãkmak] sair; subir
çıkmaz [tchãkmaz] sem saída; dilema
... Çıkmazı [tchãkmazã] ...rua sem saída
çıkmaz sokak rua sem saída
çıkmaz yol caminho sem saída
çıplak [tchãplak] nu, nua
çiçek [tchitchék] flor
çiçekçi [tchitchék-tchi] florista
çiçekevi [tchitchekevi] floricultura
çift [tchift] par; dupla
çiftçi [tchift-tchi] fazendeiro(a)
çiftlik [tchiftlik] fazenda
çift yataklı oda [iataklã] quarto com duas camas
çiğ [tchi-i] cru
çiğnemek için mastigar

çiklet [tchiklét] chiclete
çikolata [tchikolata] chocolate
çimen [tchimen] grama; gramado
çimenlere basmayınız não pise na grama
çingene [tchingené] cigano
çini [tchini] azulejos
cips [djips] batata chips
çirkin [tchirkin] feio(a); ofensivo(a)
çivi [tchivi] prego
çizgi [tchizgi] linha
çizik [tchizik] arranhão
çizim [tchizim] desenho
çizme [tchizmé] bota
çizmek [tchizmek] desenhar
çocuk [tchodjuk] criança
çocuk arabası [arabassã] carrinho de bebê
çocuk bahçesi [barr-tchessi] playground
çocuk bakıcısı [bakãdjãssã] babá
çocuk bezi fraldas
çocuk doktoru pediatra
çocuk havuzu piscina infantil
çocuk konfeksiyon roupa infantil
çocuklar [tchodjuklar] crianças
çocuk yatağı [iata-ã] berço
çoğu [tcho-u] muitos(as); a maioria
çoğunlukla [tcho-unlukla] principalmente; a maior parte do tempo
çok [tchok] muito(a)
çok daha fazla muito mais
çok daha iyi/daha kötü [kótiu] muito melhor/pior
çok değil [de-il] não muito
çok fazla muito
o kadar çok değil não muito
çok çok muito
çok doğru! [do-oru] exatamente!
çok yaşa! [iashá] saúde!
çorap(lar) [tchorap(lar)] meia(s)
çöp [tchóp] lixo
çöp atmayınız favor não jogar lixo
çöp kutusu lata de lixo (dentro de casa)
çöp tenekesi lata de lixo (na rua)
çöp torbası [torbassã] sacos de lixo
çünkü [tchiunkiu] porque
çürük [tchiuriuk] hematoma; cárie

D

D ponto de parada para dolmuş (táxi tipo lotação)
da também
...-da em; no/na
İstanbul'da em Istambul
dağ [da-a] montanha
dağlarda [da-alarda] nas montanhas
... Dağı [da-ã] ... Monte
... Dağları [da-alarã] ... Montanhas

dağcılık [da-adjãlãk] alpinismo; escalada
dağ köyü [da-a kóiu] vilarejo na montanha
daha [darra] mais; extra; ainda
... daha fazla mais que...
çok daha fazla [tchok] muito mais
daha az menos
daha iyi melhor
daha iyi olmak melhorar
daha kötü [kótiu] pior
dahi também; mesmo
dahil [darril] incluído(a)
dahilen (alınır) intravenoso(a)
dahil etmek incluir
dahili extensão
dahiliye [darrilie] interno(a)
dahiliyeci [darriliedji] clínico geral
dahiliye mütehassısı [miuterras-sãssã] clínico geral
daima [daima] sempre
daire [dairé] círculo; flat; apartamento; escritório; departamento
dakika minuto
beş dakikaya kadar [bésh dakikaia] em cinco minutos
bir dakika só um minuto
dalga onda
dalmak mergulhar
dalma techizatı [tedj-rrizatã] equipamento de mergulho
dam telhado
damat genro
damla pouco
damsız girilmez entrada proibida para homens desacompanhados
...-dan de
İstanbul'dan Bodrum'a de Istambul para Bodrum
...-dan biraz um pouco de
...-dan daha iyi melhor que
...-dan beri desde
dangalak idiota
danışma [danãshma] informação
danışma masası [massassã] balcão de informação
Danimarka dinamarquês, dinamarquesa; Dinamarca
dans dança
dans etmek dançar
dar estreito(a); apertado(a)
darüşşifa [dariush-shifa] nome antigo para hospital
dava processo; julgamento
davet convite
davet etmek convidar
dayı [daiã] tio (materno)
de [dé] também; e; mas
...-de em; no/na
debriyaj [debriaj] embreagem
dede [dedé] avô
dedi ele/ela disse
defa tempo; virada
defol! saia!; vá embora!
defter caderno; livro de exercícios
değer [de-ér] valor
değerli [de-érli] valioso(a)

değil [de-il] não; ele/ela não é/está
değil mi? não é?
değiler [de-ilér] eles não são/estão
değilim [de-ilim] não sou/estou
değiliz [de-iliz] não somos/estamos
değilsin [de-ilsin] você não é/está
değilsiniz [de-ilsiniz] vocês não são/estão
değişir [de-ishir] isso depende
değişken [de-ishken] trocável
değişmek [de-ishmek] trocar; alterar
değiştirilmez as mercadorias não podem ser trocadas
değiştirmek [de-ishtirmek] trocar
değmek [de-emek] valer a pena; tocar; encostar
deli doido(a)
delik buraco
delikanlı [delikanlã] adolescente (homem)
demek significar; dizer
demek istemek significar
demir ferro
demiryolu ferrovia
demiryolu geçidi [getchidji] passagem de nível
demlik bule
...-den de
...-den az menos de
...-den başka [bashka] além de
den beri desde (tempo)
...-den daha az menos do que
denemek tentar; experimentar; provar
denetçi [denet-tchi] inspetor
deniz mar
deniz kenarında [kenarãnda] à beira-mar
deniz kıyısı [kãiãssã] costa; praia
deniz kıyısında [kãiãssãnda] na costa; na praia
denizanası [denizanassã] água-viva
deniz gezisi cruzeiro
deniz kabuğu [kabu-u] concha do mar
deniz kestanesi ouriço-do-mar
deniz motoru barco a motor
deniz yosunu alga
depo tanque (do carro)
depozito depósito
deprem terremoto
dere [deré] riacho
derece [deredjé] degrau
dergi revista
derhal agora; imediatamente
deri pele; couro
deri mamulleri artigos de couro
derin fundo(a); profundo(a)
dernek sociedade
ders lição; classe; aula
dert dor; sofrimento; doença; problema
deterjan [deterJan] detergente
dev enorme; gigante

devam etmek continuar
devamlı virajlar série de curvas
deve [devé] camelo
dev gibi enorme
devirmek derrubar; atropelar
devlet estado
devre [devré] período
dezenfektan desinfetante
...-dir: o ...-dir é/está...
dırlar: onlar ... dırlar [dãrlar] eles são/estão...
dış [dãsh] exterior
dışarda [dãsharda] fora; do lado de fora; ele/ela está fora
dışarı [dãsharã] lado de fora; fora
dışarı sarkmayınız não debruce na janela (de trêm, ônibus etc.)
dış hatlar voos internacionais
dışında [dãshandã] exceto
...-di ele/ela era/estava
dibinde [dibindé] no sopé da
Dicle [didjlé] o Tigres
Didim Dídima (na costa do Egeu)
diğer [di-ér] outro(a)
dik íngreme
...-dik nós éramos/estávamos
dikiz aynası [ainassã] retrovisor
dikkat! cuidado!; atenção!
dikkat ediniz! tome cuidado!
dikkat et! seja cuidadoso(a)!
dikkatli cuidado
dikkatli olun! tenha cuidado!
dikmek costurar; plantar
dil língua
dilek: en iyi dileklerimle [dileklérimé] com os melhores cumprimentos
...-diler eles eram/estavam
dilim fatia
dil kursu curso de idiomas
dil okulu escola de idiomas
din [din] religião
...-diniz você era/estava
dinle! [dinlé] escute!
dinlemek escutar
dinlenme [dinlemé] descanso
dinlenmek descansar
dip embaixo
diploma diploma
...-dir é/está
direk poste; mastro
direksiyon direção
direksiyon sistemi volante
direkt direto(a)
dirsek cotovelo
disket disquete
dispanser posto de saúde
diş [dish] dente
diş ağrısı [a-arãssã] dor de dente
dişçi [dish-tchi] dentista
dişeti [dishéti] gengiva
diş fırçası [fãrtchassã] escova de dentes
diş floşu [floshu] fio dental
diş hekimi dentista
diş ipi fio dental
diş macunu [madjunu] pasta de dentes
diş tabibi dentista
diya [di-ia], diyapozitif [di-iapozitif] diapositivo

diz joelho
doğa [do-**a**] natureza
doğal [do-**al**] natural
doğmak [do-om**ak**] nascer; surgir
doğru [do-or**u**] correto(a); certo(a)
...-e doğru [-é] em direção a
doğrulamak [do-orulam**ak**] confirmar
doğu [do-**u**] leste
doğuda [do-ud**a**] no leste
...-nın doğusu [-nãn do-uss**u**] leste de...
doğum günü [do-**um** giun**iu**] aniversário
doğum gününüz kutlu olsun! [giuniun**iuz**] feliz aniversário!
doğum tarihi [tarirr**i**] data de aniversário
doğum yeri local de nascimento
doksan noventa
dokumak tecer
dokunmak tocar; apalpar
dokunmayınız não toque
dokuz nove
dokuzuncu [dokuzundj**u**] nono(a)
doküman [dokiunm**an**] documento
dolap armário
dolayı: ...-den dolayı [dolai**ã**] devido a
doldurmak completar
doldurunuz preencher
dolgu recheio; obturação
dolmak recheado(a); preenchido(a)
dolma kalem caneta-tinteiro
dolmuş [dolm**u**sh] táxi tipo lotação
dolmuş durağı [dura-**ã**] ponto de parada de dolmuş
dolmuş indirme-bindirme yeri [indirm**é**-bindirm**é**] ponto para subida e descida do dolmuş
dolu cheio(a); sem vagas; lotado(a)
doluyuz estamos lotados
domuz porco
don cuecas; calcinhas; geada
donatım [donat**ã**m] equipamento
dondurma sorvete; picolé
dondurma külahı [kiularr**ã**] sorvete de casquinha
dondurulmuş yiyecekler [dondurulm**u**sh i-iedjékl**é**r] comida congelada
donmuş [donm**u**sh] congelado(a)
donuk dor intensa
dosdoğru [dossdo-or**u**] sempre em frente
dost amigo(a)
dökmek [dókm**e**k] entornar; derramar
döndürmek [dóndiurm**e**k] virar
dönel kavşak [dón**e**l kavsh**a**k] rotatória
dönmek [dónm**e**k] vir; retornar; voltar
... dönün [dóni**u**n] vire...

dönüş [dóniush] retorno
dördüncü [dórdiundjiu] quarto (número ordinal)
dört [dórt] quatro
dört yol (ağzı) [a-azã] cruzamento
döşeme [dósheme] mobília; estofamento; chão; piso
döviz [dóviz] câmbio
döviz alım belgesi [alãm] documento comprovando compra de moeda estrangeira
döviz kuru taxa de câmbio
draje [drajé] drágea
dudak lábios
dudak merhemi protetor labial
dul viúvo(a)
duman fumaça
dur! pare!
duracak o ônibus vai parar
duracak yer área para parada rápida (de carro, táxi etc.)
durak parada
durgun calmo(a); quieto (a)
durmak parar; ficar; permanecer
durmak yasaktır proibido parar
duru claro(a); transparente; cristalino(a)
durulmaz sem paradas
durum situação
duruma göre [góre] depende...
duş [dãsh] chuveiro
duş jeli [djeli] gel de banho
duşlu com chuveiro
duvar muro
duygu [duigu] sentimento
duymak [duimak] ouvir; sentir
düğme [diu-umé] botão; interruptor
düğün [diu-iun] casamento
dükkân [diukkan] loja
dümdüz devam edin [diumdiuz] siga sempre em frente
dümdüz ilerde [ilerde] sempre em frente
dün [diun] ontem
dün gece [gedjé] a noite passada
dün sabah [sabarr] ontem de manhã
dünya [diunia] palavra
dürüst [diuriust] honesto(a)
düş kırıcı [diush kãrãdjã] decepcionante
düşmek [diushmek] cair
düşünmek [diushiunmek] pensar
düşürmek [diushiurmek] derrubar
düz [diuz] plano(a); reto(a); liso(a)
düzenlemek [diuzenlemek] organizar
düz gidin siga reto
düzine [diuziné] dúzia
yarım düzine [iarãm] meia dúzia
düz vitesli com câmbio manual (carro)

E

...-e [-é] para; em direção a
...-ebilir misiniz? você pode...?; você poderia...?

...-ebilir miyim? posso...?; poderia...?
eczane [edjzané] farmácia
edebilir: ... edebilir miyim? posso...?
edebiyat literatura
efendi cavalheiro; mestre (hoje depreciativo); pessoa bem--educada
efendim senhor; madame
efendim? desculpe?
Efes Éfesos
eflatun lilás
Ege [egé] Egeu
egzos escapamento
eğer [é-ér] se
eğlenmek [e-elenmek] divertir-se
eğlendik [e-elendik] foi divertido
eh [é] suficiente; está bem
ehliyet [errli-iét] licença
ekim outubro
ekip time
ekonomi sınıfı [sãnãfã] classe econômica
eksik falta
ekspres expresso (trem)
ekspresyol rodovia
ekspresyol kavşağı [kavsha-ã] cruzamento da estrada
ekspresyolun sonu fim da rodovia
ekşi [ekshi] ácido(a)
ek ücret [iudjrét] suplemento; taxa extra
el mão
el arabası [arabassã] carrinho; trólebus
el bagajı [bagajã] bagagem de mão
elbette [elbe-té] certo; certamente
elbezi pano de prato
elbise [elbissé] roupa; vestido
elbiseler roupas; vestidos
el çantası [tchantassã] bolsa de mão
elçilik [eltchilik] embaixada
elden düşme [diushmé] segunda mão
elde yıkanabilir pode ser lavado à mão
eldiven luvas
elektrik eletricidade
elektrikçi [elektriktchi] eletricista
elektrik düğmesi [diu-uméssi] interruptor
elektrik kesilmesi falta de luz
elektrikli elétrico(a)
elektrikli aletler eletrodomésticos
elektrikli tıraş makinesi [tãrash] barbeador elétrico
elektrik sobası [sobassã] aquecedor elétrico
elektrik süpürgesi [siupiurgessi] aspirador de pó
el feneri lanterna
el freni freio de mão
eline sağlık! [eliné sa-alãk] muito bem!
elle yıkayınız lavar à mão
elli cinquenta

elmas diamante
el sanatları [sanatlarã] artesanatos
el sanatları dükkanı [diu-kanã] loja de artesanato
elverişsiz [elverishsiz] inconveniente
emanet guarda-volumes
emanet kasası [kassassã] armário com cadeado
emek trabalho
emekli aposentado(a); pensionista
...-emem não posso
emin seguro(a); certo(a); convencido(a)
emin misiniz? tem certeza?
emniyet kemeri cinto de segurança
emniyet kemerlerinizi bağlayınız apertem os cintos de segurança
emniyetli seguro(a) (que não é perigoso)
emniyette [emni-ié-té] em segurança (que não está em perigo)
emzik chupeta
en o mais (importante, largo etc.); largura
enayi [enai-i] idiota; tolo(a)
en azından [azãndan] pelo menos
en çok [tchok] principalmente
ender raro(a)
endişe etmek [endishé] preocupar-se
enfeksiyon infecção
enformasyon informação
enişte [enishté] cunhado (marido da irmã); marido da tia
en iyi melhor
enjeksiyon [ejeksion] injeção
en kötü [kótiu] pior
en son último(a)
en sonunda eventualmente
epey [epei] muito bom
erkek arkadaş [arkadash] namorado
erkek çocuk [tchodjuk] menino
erkek giyim eşyası [eshiassã] roupa masculina
erkek gömleği [gómlé-i] camisas masculinas
erkek iç çamaşırı [itch tchamashãrã] roupa íntima masculina
erkek kardeş [kardesh] irmão
erkek konfeksiyon(u) roupa masculina
erkekler homens
erkekler tuvaleti banheiro masculino
erkeklik organı [organã] pênis
erkek tuvaleti banheiro masculino
erken(den) cedo
Ermeni armênio(a)
Ermenistan Armênia
ertelemek adiar
ertesi próximo(a); seguinte
ertesi gün [giun] dia seguinte
esas principal; básico(a)

eski velho(a); antigo(a)
eski moda antiquado(a)
eski şehir [sherr-**ir**] cidade velha
esnasında [essnassãnd**a**] duração
esnek elástico (subst)
estağfurullah [esta-afurul-**arr**] não há de quê
eş [esh] esposa; marido
eşarp [esh**a**rp] lenço de cabeça
eşek [esh**e**k] burro
eşek arısı [arãss**ã**] vespa
eşlik etmek [eshl**ik**] acompanhar (pessoa)
eşofman [eshofm**a**n] roupa de ginástica
eşşoğlu eşek [esho-ol**u** esh**e**k] imbecil
eşya [eshi**a**] mobília
eşya arabası [arabass**ã**] carrinho de bagagem
eteğinde [eté-ind**é**] sopé
etek saia
etiket etiqueta
etkileyici [etkileidj**i**] impressionante
et pazarı [pazar**ã**] açougue
etyemez vegetariano(a)
ev casa
evde [evdé] em casa
evde mi? ele/ela está?
eve gitmek [ev**é**] ir para casa
evet sim
evlenmek casar
evlenme yıldönümü [evlenm**é** iãldóniumi**u**] aniversário de casamento
evli casado(a)
evrak çantası [tchantass**ã**] pasta
evvel primeiro(a); anterior
...-den evvel antes
evvelki penúltimo(a)
evvelki gün [giun] anteontem
evvelsi o(a) anterior
evvelsi gün [giun] anteontem
evye [evi**é**] pia de cozinha
eyer [ei**é**r] sela
eylemek [eielem**e**k] fazer
eylül [eili**u**l] setembro
eyvah! [eiv**a**rr] Ai!
eyvallah! [eival**a**rr] até logo!; obrigado(a)!
ezan chamado para a oração dos muçulmanos

F

fabrika fábrica
Fahrenheit Fahrenheit
faiz [fa**i**z] juros
fakat mas
fakir pobre
faks çekmek [tchekm**e**k] enviar um fax
fakslamak enviar um fax
falan sobre (um assunto); e assim por diante
fanila camiseta
far sombra de olhos
fare [far**é**] rato
fark diferença
farlar farol

fatura fatura; nota fiscal
favori favorito(a)
fayda [faida] lucro; vantagem
fazla demais; mais que
fazla bagaj [bagaj] excesso de bagagem
fazla pişmiş [pishmish] cozido(a); assado(a) demais
felaket desastre
fen ciência
fena mau
fener lâmpada
fenni científico
feribot ferryboat
fermuar [fermuar] zíper
Fes Fez (cidade do Marrocos)
fevkalade [fevkaledé] extraordinário(a); incomum
Fırat [fărat] Eufrates
fırça [fărtcha] escova
fırın [fărăn] forno; padaria
fırtına [fărtăna] tempestade
fikir ideia
film banyo etmek revelar (fotografia)
film banyosu revelação de filmes
film yıldızı [iăldăză] estrela do cinema
filtre kağıdı [filtré kia-ădă] filtros de café
fincan [findjan] xícara
fincan tabağı [taba-ă] pires
fiş [fish] recibo de caixa; tomada (elétrica)
fiyat preço
flaş [flash] flash
plaster curativo
fondöten [fondóten] base (creme)
formda ataque
formüler [formiulér] formulário
fotoğraf [foto-oraf] fotografia
fotoğraf çekmek [tchekmek] fotografar
fotoğrafçı [foto-oraftchă] fotógrafo; loja de artigos fotográficos
fotoğraf makinesi câmera
fön [fón] fazer escova
fönle kurutma [fónlé] secar e fazer escova
Fransa [fransa] França
Fransız [fransăz] francês/ francesa
Fransızca [fransăzdjá] francês (idioma)
fren freios
fren yapmak frear
fuar [fuar] feira de negócios
fuaye [fuaie] foyer
futbol futebol
futbol maçı [matchă] partida de futebol

G

galeri galeria; galeria de arte
galiba provavelmente
gar terminal
garaj [garaj] garagem
garip estranho(a); peculiar

garson garçom
garson kız [kãz] garçonete
gayet [gaiét] muito
gaz gás
gazete [gazeté] jornal
gazete bayii [bai-i] banca de jornal
gazete satıcısı [satãdjãssã] vendedor de jornal
gaz geçirgen lensler [getchiren] lentes de contato semirrígidas
gazi veterano de guerra
gazino restaurante ao ar livre; clube noturno
gaz pedalı [pedalã] acelerador
gaz tüpü [tiupiu] botijão de gás
gaz vermek acelerar
gebe [gebé] grávida
gebeliği önleyici [gebelik ónlé-idji] anticoncepcional
gece [gedjé] noite; tarde da noite; madrugada
geceleyin [gedjelé-in] à noite
gece bekçisi [bekdjissi] porteiro noturno
gecekondu [gedjékondu] barraco (de favela)
gecekondu bölgesi [bólgessi] favela
gece kulübü [kuliubiu] clube noturno
gecelik [gedjélik] camisola
gece yarısı [iarãssã] meia-noite
gecikme [gedjikmé] atraso
gecikmeli [gedjikmeli] atrasado(a)
geç [getch] tarde (adv); travessia
geçe [getché] passado (subst)
geçen [getchen] passado(a); último(a)
geçen hafta semana passada
geçen yıl [iãl] ano passado
geçerli [getchérli] válido(a)
geçici güzergah [getchidji giuzérgarr] diversão
geçin: ...-i geçin [getchin] passar o...; deixar pra trás
geçiş [getchish] travessia
geçit [getchit] desfiladeiro
geç kalmak atrasar-se
geçmek [gecthmek] passar por...; atravessar
geçme yasağı proibido ultrapassar
geçmiş olsun! [getchmish] estimo a sua melhora!
geçmişte [getchmishté] no passado
geldiği ülke país de origem (em uma viagem)
gelecek [geledjék] futuro
gelecekte [geledjékté] no futuro
gelecek hafta semana que vem
gelecek yıl [iãl] ano que vem
gelen bagaj [bagaj] retirada de bagagens
gelenek costume; tradição
geleneksel tradicional
gel-git vaivém; maré
gel-git olayı [olaiã] maré

Gelibolu Galípoli (península turca)
gelin noiva; nora
geliş [gel**i**sh] chegada
geliş nedeni motivo de viagem (chegada)
geliştirmek [gelishtirm**e**k] melhorar
gelmek chegar
gemi barco; navio
  gemiyle [gemi-il**e**] de navio
genç [gentch] jovem
genç kız [kãz] adolescente (mulher)
gençler [gentchl**é**r] jovens
gençlik hosteli [gentchl**i**k] albergue da juventude
gene [gen**é**] novamente; ainda
genel geral
genellikle [genel-ikl**é**] usualmente; geralmente
genel olarak geralmente
geniş [gen**i**sh] largo(a)
gerçek [gertch**e**k] real; autêntico(a); verdadeiro(a)
gerçekten [gertchekt**e**n] realmente
  gerçekten üzgünüm [gertch**e**kten iuzgiun**iu**m] sinto muito
gerçi [gertch**i**] embora
gerek(li) necessário(a)
gerekmek ser necessário(a)
geri de volta; marcha ré; para trás
  geride [ger**i**dé] atrás
geri aramak (telefonla) voltar a telefonar
geri dönülmez proibido retornar (trânsito)
geri gelmek voltar
geri geri gitmek voltar de marcha ré
geri gidin voltar
gerinmek espreguiçar-se
geri ödeme [ódem**é**] reembolso
geri vites marcha ré
germek esticar
getirmek buscar
gevşek malzeme algo que está frouxo (parafuso etc.)
gevşek şev desmoronamento
gevşemiş [gevshem**i**sh] solto(a)
gezi viagem
gezinti viagem; saída
gezmek sair para passear; dar uma volta; sair para um passeio turístico
gıda zehirlenmesi [gãd**a**] intoxicação alimentar
gibi como
gideceği yer [gidedjé-**i**] destino
giden yolcular salonu [ioldjul**a**r] sala de embarque
gidermek remover
gidilecek yer [gidiledj**é**k] destino
gidip getirmek: ...-i gidip getirmek buscar
gidiş [gid**i**sh] ida; passagem de ida
gidiş bileti bilhete de ida

gidiş dönüş bileti [dóniush] bilhete de ida e volta
girilmez entrada proibida
girin entre
giriniz entrem
giriş [girish] entrada; ingresso
giriş holü [rroliu] foyer
giriş ücreti [iudjréti] taxa de entrada
giriş ücretledir entrada paga
giriş ücretsizdir entrada franca
Girit Creta
girmek entrar
girmek yasaktır entrada proibida
girmeyiniz não entre
gişe [gishé] bilheteria
git! [git] vá embora!
gitar guitarra
gitmek ir
gitti ele/ela foi embora
gittikçe [gi-tiktché] gradualmente
giydirmek [gi-idirmek] vestir
giyim eşyası [eshiassã] roupas e acessórios
giyinmek vestir-se
giyip denemek experimentar
giymek [gi-imek] vestir
gizli secreto(a)
golf sahası [sarrassã] campo de golfe
göğüs [gó-ius] peito; seio
göğüsleri açık [gó-iussleri atchãk] topless
gök [gók] céu
gök gürültüsü [giuriultiussiu] trovão
göl [gól] lago
... Gölü [góliu] Lago...
gölge [gólgé] sombra
gölgede [gólgédé] na sombra
gölgede kurutunuz secar ao ar livre; secar ao sol
gömlek [gómlek] camisa
gönderen [gónderen] mensageiro(a)
gönderilecek adres [gónderiledjék] novo endereço
göndermek [góndermek] enviar
göre: ...-e göre [-é góré] de acordo com
görevli [górevli] oficial; guarda
görmek [górmek] ver
gör(ül)meye değer yerler [gór(iul)meié dé ér] as paisagens
görümce [góriumdjé] cunhada (irmã do marido)
görünmek [góriunmek] parecer
görüşmek üzere [góriushmek iuzéré] até mais
görüşürüz! [góriushiuriuz] até breve!
gösteri [gósteri] espetáculo
göstermek [góstermek] apresentar
götürmek [gótiurmek] levar; levar embora
göz [góz] olho; gaveta
göz boyası [boiassã] sombra de olhos
göz damlası [damlassã] colírio

gözde [gózdé] favorito(a)
göz doktoru oculista
gözlük [gózluk] óculos
gözlükçü [gózliuktchiu] oculista
göz makyajı çıkarıcısı [makiajã tchãkarãdjãssã] demaquilante para os olhos
gramer gramática
gri cinza
grip [grip] gripe
grup grupo
gururlu orgulho
gücendirmek [giundjendirmek] ofender
güçlü [giutchliu] forte
güçsüz [giutchsiuz] fraco(a)
gül [giul] rosa (flor)
güle güle [giulé] até logo
güle güle giy! [gi-i] literalmente, "vista-as com alegria!" (dito para alguém que acabou de comprar roupas novas)
güle güle kullan! literalmente, "use com alegria!" (dito para alguém que acabou de comprar algo novo)
gülmek [giulmek] rir
gülümsemek [giuliumsemek] sorrir
gülünç [giuliuntch] ridículo(a)
Gümrük [giumriuk] alfândega
gümrük beyannamesi bens a declarar (na alfândega)
gümrüksüz [giumriuksiuz] duty--free
gümüş [giumiush] prata
gümüş yaprak folha de prata (para artesanato, restauração etc.)
gün [giun] dia
gün ağarırken [a-arãrken] ao amanhecer
günaydın [giunaidãn] bom dia
günbatımı [giunbatãmã] pôr do sol
günce [giundjé] agenda
günde bir/iki/üç defa uma vez/duas vezes/três vezes por dia
günde üç defa ikişer tablet alınız tome dois comprimidos três vezes ao dia
gündüz [giundiuz] durante o dia
güneş [giunésh] sol
güneşte [giunéshte] no sol
güneş banyosu yapmak tomar banho de sol
güneş çarpması [tcharpmassã] insolação
güneş gözlüğü [giunésh] óculos de sol
güneş ışığı [ãshã-ã] luz do sol
güneşli [giunéshli] ensolarado(a)
güneşlik [giunéshlik] guarda-sol, sombrinha
güneş losyonu bronzeador
güneş merhemi bloqueador solar
güneşte yanmak [giunéshté ianmak] bronzear-se
güneşte yanmış [ianmãsh] queimadura de sol
güneş yağı [ia-ã] óleo de bronzear

güneş yanığı **[ianã-ã]** queimadura de sol
güney **[giunei]** sul
güneyde **[giuneidé]** ao sul
...-in güneyi **[giunei-i]** sul de...
güney batı **[batã]** sudoeste
güney doğu **[do-u]** sudeste
günlük **[giunliuk]** por dia; diariamente
günlük bilet bilhete de um dia
günlük gezi viagem de um dia
günü **[giuniu]** dia de
Gürcistan **[giurdjistan]** Geórgia
Gürcü **[giurdjiu]** georgiano(a)
gürültü **[giuriultiu]** barulho
gürültülü **[giuriultiuliu]** barulhento(a)
gürültü yapmayın! **[iapmaiãn]** silêncio!
güverte **[giuverté]** convés
güzel **[giuzél]** bonito(a); agradável; bom/boa; atraente
güzergah **[giuzérgarr]** rota

H

haber notícias (no rádio, TV etc.)
ne haber? como estão as coisas?
hacı **[rradjã]** peregrino (forma respeitável de se referir a alguém que tenha feito peregrinação a Meca)
hafif leve; suave
hafif koşu **[koshu]** jogging
hafif müzik **[miuzik]** música suave
hafif rüzgar **[riuzgar]** brisa
hafta semana
haftaya bugün **[rrafta-ia bugiun]** daqui a uma semana
haftaya yarın **[iarãn]** de amanhã a uma semana
haftada por semana
haftalık bilet **[rraftalãk]** bilhete semanal
hafta sonu fim de semana
hafta sonunda no fim de semana
hakikaten realmente
hakiki verdadeiro(a); real, genuíno(a)
hakkında **[rrakãndá]** que diz respeito a
hakkıyla **[rra-kãila]** bem
haklı **[rrak-lã]** certo(a); justificável
hala tia (paterna)
hâlâ ainda
halat corda
halı **[rralã]** tapete; carpete
halıcı **[rralãdjã]** vendedor(a) de carpetes/tapetes
halı kaplama carpete
halılar **[rralãlar]** tapetes
Haliç **[rralitch]** Chifre de Ouro (estuário que divide o lado europeu de Istambul)
haliç baía; golfo
halk povo

halka açık [atchăk] público(a); aberto(a) ao público
halk dansları [danslară] dança folclórica
halk müziği [miuzi-i] música folclórica
halk oyunları [oiunlară] dança folclórica
halletmek: ...-i halletmek consertar; arrumar
hamal porteiro
hamam [rramam] banho turco
hamam böceği [-bódjé-i] barata (inseto)
hamile [rramilé] grávida
han galerias de comércio
... Hanı [rrană] Galeria...
hangi? qual?
hangisi? qual deles?
hanım [rranăm] senhora; esposa
... hanım senhora...
hap pílula anticoncepcional
hapis(hane) [rrapis(rrané)] prisão
hapşırık [rrapshărăk] espirro
hapşırmak [rrapshărmak] espirrar
harabe [rrarabé] ruína
harabeler ruínas
harcamak [rrardjamak] gastar
hareket etmek mover; mexer(se)
hareket saati [sa-ată] horário de partida
hariç [rraritch] exceto; não incluído
harika! ótimo!
harikulade [rrarikuladé] maravilhoso(a)
harita [rrarita] mapa
hasar görmüş [górmiush] estragado(a)
hassas sensível; delicado(a)
hasta doente
hastabakıcı [-bakădjă] enfermeira
hastalık [rrastalăk] doença
hastalık sigortası [sigortassă] seguro saúde
hastane [rrastané] hospital
... Hastanesi Hospital...
hat rota; linha
hata erro; falta
hatıra [rratăra] lembrança
hatırlamak [rratărlamak] lembrar
hatırlıyorum [rratărlăiorum] eu lembro
hatta mesmo
hava ar; tempo; clima
hava soğuk [so-uk] está frio
havaalanı [rrava-alană] aeroporto
hava basıncı [bassăndjă] pressão atmosférica
hava cereyanı [djereiană] corrente de ar
havai fişek [fishék] fogos de artifício
havale [rravalé] transferência bancária
havalimanı [rravalimană] aeroporto
havalimanı otobüsü [otobiussiu] ônibus do aeroporto

hava tahmini previsão do tempo
havayolu [rravaiolu] linha aérea
havlu toalha de banho
havuz piscina
hay Allah! [rrai] Ah, meu Deus!
hayat [rraiat] vida
haydi! [rraidi] vai logo!
haydi gidelim! [rraidi] vamos embora!
hayhay! [rrai-rrai] com certeza!; certamente!
hayır [rraiăr] não
hayran [rrairan] fã; admirador(a)
hayret [rrairet] espanto
hayvan [rraivan] animal
hayvanat bahçesi [rraivanat barrtchéssi] zoológico
hayvanlara yiyecek vermeyiniz não alimente os animais
hazımsızlık [rrazăm-săzlăk] indigestão
hazır [rrazăr] pronto(a)
hazırlamak [rrazărlamak] preparar
haziran junho
hediye [rredi-ie] presente
hediyelik eşya dükkanı [eshia diu-kană] loja de presentes
hekim doutor
hela toalete; banheiro
hem tão... quanto; tanto quanto
hemen imediatamente
hemen hemen agora mesmo
hemen hemen hiç [rritch] quase nunca
hemen şimdi [shimdi] já
hemşire [rremshiré] enfermeiro(a); irmã
hemzemin geçit [getchit] passagem de nível
henüz [rreniuz] ainda; agora; há pouco
henüz değil [de-il] ainda não
hep sempre; todo(a)
hep birden totalmente
hepimiz todos nós
hepsi tudo/todos; tudo isto
hepsi bu kadar isso é tudo
hepsi o kadar nada mais
her cada
her gün [giun] todo dia; diariamente
her defasında [defassănda] toda hora
herif cara; sujeito (pessoa)
her iki ... de [dé] ambos...
her ikisi de ambos
herkes todos
her neyse [neisse] que seja...
her şey [shui] tudo
her şey dahil tudo incluído
her şeyden önce [sheiden óndjé] antes de mais nada
her yer todo lugar
her yerde [ierdé] em toda parte
her zaman sempre
hesap conta; cheque
hesap makinesi calculadora
heyecan verici [rreiedjan veridji] emocionante
Heyelan! desmoronamento!

heykel [rreik**é**l] estátua
hırdavatçı [rrãrdavat-tch**ã**] loja de ferragens
Hıristiyan [rrãristi-i**a**n] cristão/cristã
hırka [rrãrk**a**] cardigã
hırsız [rrãrs**ã**z] ladrão
hırsızlık [rrãrsãzl**ã**k] roubo
hıyar [rrãi**a**r] pepino; (gíria) imbecil
hız [rrãz] velocidade
hız kısıtlaması sonu fim do trecho com velocidade limitada
hızla [rrãzl**a**] rapidamente
hızlı [rrãzl**ã**] rápido; rapidamente
hicri [rridjr**i**] sistema de datas muçulmano
hiç [rritch] nenhum(a); nada; nunca
hiç de değil [dé de-**i**l] de maneira nenhuma
hiç ... iz mi? você já...?
hiç ... yok não tenho nenhum(a) ...; não há nenhum(a)...
hiç bir ... nenhum(a)...
hiç biri nenhum(a) deles(as)
hiç kalmadı [kalmad**ã**] não sobrou nenhum(a)
hiçbir şey [rr**i**tchbir shei] nada
hiçbir yerde [iérd**é**] em lugar nenhum
hiçbir zaman nunca
hiç kimse [kims**é**] ninguém
hidrofil pamuk algodão hidrófilo
hikâye [rrikiai**e**] história
his sentimento
hisar fortificação; castelo
hissetmek sentir
hitap ekmek chamar
Hititler os hititas
hizmet etmek servir
hoca [rrodj**a**] professor; mestre; professor de instrução religiosa
hol hall de entrada; lobby
... holü [rroli**u**] hall...
horlamak roncar
hostes comissária de bordo
hoş [rrosh] agradável; prazeroso(a)
hoş bulduk! é bom estar aqui! (em geral, resposta para "hoş, geldiniz")
hoşça kal [rrosh-tch**a**] até logo (dito por alguém que está saindo)
hoşça kalın [kal**ã**n] até logo
hoş geldiniz! bem-vindo(a)!
hoşlanmak [rroshlanm**a**k] parecer
hükümet [rriukium**é**t] governo
hür [rriur] gratuito(a)
hürriyet [rriuri-i**é**t] liberdade; independência

I

...-ı [-ã] dele; dela
ılıca [ãlãdj**a**] fontes termais
ılık [ãl**ã**k] morno(a)

ılık ütü ferro morno
ılımlı [ãlãmlã] suave; moderado(a)
...-ım [-ãm] meu; sou/estou
...-ımız [-ãmãz] nosso(a)
...-ın [-ãn] de; seu
...-ınız [-ãnãz] seus
...-ınız var mı? [mã] tem...?
Iraklı [ãraklã] Iraque
ırmak [ãrmak] rio
ırza geçme [ãrza getchmé] estupro
ısırık [ãssãrãk] picada; mordida
ısırma [ãssãrma] picada
ısırmak [ãssãrmak] picar; morder
ısıtma [ãssãtma] aquecimento
ıslak [ãsslak] molhado(a)
ısmarlamak [ãssmarlamak] pedir
ışık [ãshãk] luz
...-ız [-ãz] somos/estamos
ızdıraplı [ãzdãraplã] dor

İ

...-i dele; dela; o/a
iade [iadé] reembolso
iade etmek devolver
iç [itch] interior
iç çamaşırı [tchamashãrã] roupa íntima
içerde [itcherdé] interior
içeri [itcheri] dentro
içeride [itcheridé] interior; dentro
içeri kilitlemek [itcheri] trancar dentro
içerisi [itcherisi] dentro
içermek [itchermek] conter; incluir
iç hastalıkları mütehassısı [rrastalãklarã miuterra-sãssã] médico geral
iç hatlar [itch] voos domésticos
iç hat seferi voo doméstico
içilmez [itchilmez] não potável
için [itchin] para; como
içinde [itchindé] em; incluído(a)
iki gün içinde [giun] daqui a dois dias
içinden [itchinden] através
içine [itchiné] para
iç kale [kalé] cidadela
içki [itchki] bebidas alcoólicas
içkili olarak araba sürmek [siurmek] dirigir embriagado(a)
içkisiz bebidas alcóolicas não são permitidas
iç lastik câmara de ar
içmek [itchmek] beber
içme suyu [itchmé] água potável
içten [itchten] sincero(a)
idi foi/estava
iğne [i-iné] agulha; injeção
iğrenç [i-irentch] nojento(a); revoltante
... ihtiyacında [irrti-iadjãnda] precisando de...
ihtiyaç [irrti-iatch] necessidade
ihtiyaç duymak [duimak] precisar
ihtiyar [irrti-iar] velho(a)

ikamet residência; casa
ikamet adresi domicílio
iken enquanto
iki dois
iki hafta quinzena
iki kere [keré] duas vezes
iki kişilik oda [kishilik] quarto de casal
iki kişilik yatak cama de casal
iki misli dobro
ikinci [ikindji] segundo(a)
ikinci kat segundo andar
ikinci sınıf [sãnãf] segunda classe
ikisi: ikisi de [dé] ambos
ikisinden biri qualquer um deles
iki tane tek kişilik yatak [tané tek kishilik] camas separadas
iki yol ağzı [a-azã] bifurcação
iki yönlü trafik pista de duas mãos
ikizler gêmeos
iklim clima
il província; condado
... İli Província de...; Condado de...
ilaç [ilatch] remédio
ilan yapıştırmak yasaktır proibido colar cartazes
ilçe [iltché] distrito administrativo
ile [ile] com; e; de
otobüs ile [otobius] de ônibus
ileri parte da frente; para a frente
...-ileri o/a
ileride [ileridé] mais adiante; no futuro
ilerleyelim lütfen!? poderia ir mais para a frente, por favor!?
iletmek despachar; transmitir
ilgilenmek estar interessado em; mostrar interesse em; cuidar de
ilginç [ilgintch] interessante
ilim ciência
ilişki kurmak [ilishki] contatar
ilişkin: ...-e ilişkin [ilishkin] relativo a
ilk primeiro(a)
ilk önce [óndjé] em primeiro lugar
ilk kez primeiro tempo
ilkbahar primavera
ilk hareket primeira saída
ilk olarak primeiro(a)
ilk yardım [iardãm] primeiros socorros
ilk yardım çantası [tchantassã] kit de primeiros socorros
iltihap inflamação
...-im meu; sou/estou
imam imame, sacerdote da religião muçulmana
imaret assistência social
imdat emergência
imdat! socorro!
imdat freni freios de emergência
...-imiz nosso(a)
imkansız [imkiansãz] impossível
imza assinatura; autorização

imza etmek assinar
...-in de; seu/sua
inanılmaz [inanãlmaz] inacreditável; incrível; espantoso(a)
inanmak acreditar
ince [indjé] fino(a)
incitmek [indjitmek] machucar
inç [intch] polegada
indirimli satış [satãsh] venda
inek vaca
İngiliz [ingiliz] inglês
İngiliz anahtarı [anarrtarã] chave inglesa
İngilizce [ingilizdjé] inglês (idioma); em inglês
İngiliz kadın [kadãn] inglesa
İngilizler os ingleses
İngiliz sterlini libra esterlina
İngiltere [ingilteré] Inglaterra; Reino Unido
inik lastik pneu furado
inilir saia daqui
...-iniz seu/sua
inmek descer; sair; aterrissar
insan pessoa; homem
insanlar pessoa
inşallah [inshalarr] Se Deus quiser; espero que sim; espero que
inşallah öyle değildir [óilé de-ildir] espero que não
ip barbante; corda
ipek seda
iple çekmek [iplé tchekmek] aguardar
iplik fio
iptal edildi cancelado(a)
iptal etmek cancelar
İranlı [iranlã] iraniano(a)
iri grande
İsa [issa] Jesus
ishal [issrral] diarreia
isilik erupção (na pele)
isim nome
iskele [isskele] píer; cais; terminal de ferryboat
... İskelesi Píer...; Docas...; Terminal...
iskonto desconto
İslami [isslami] islâmico(a)
İspanya [isspania] Espanha
İspanyol [isspaniol] espanhol(a)
İspanyolca [isspanioldja] espanhol (idioma)
israr ediyorum eu insisto
israr etmek: ...-de israr etmek insistir
İstanbul Boğazı [isstanbul bo-azã] Bósforo
istasyon estação
istasyonda na estação
istemek querer; pedir
istemiyorum não quero
isterim quero
... ister misiniz? você quer...?
istiyor ele/ela quer
... istiyor musunuz? você quer...?
istiyor(d)um eu gostaria
istiyorsunuz: ne istiyorsunuz? [né] o que você quer?

istiyorum eu quero
İsveç [issvétch] Suécia; sueco(a)
İsveççe [issvetch-tché] sueco (idioma)
İsviçre [issvitchré] Suíça
iş [ish] trabalho; negócio
işaret levhası [isharét levrrassã] placa indicativa
işe: bu işe yaramaz [ishé] não é bom
iş günü [ish giuniu] dias da semana
işitme cihazı [ishitmé djirrazã] aparelho auditivo
işitmek [ishitmek] escutar
işkembeci [ishkembédji] restaurante de dobradinha
işkembe salonu [ishkembé] restaurante de dobradinha
işlek [ishlék] ocupado(a)
işleme günleri horário do ferryboat
iş seyahati [ish seiarrati] viagem de negócios
işsiz [ishsiz] desempregado(a)
iştah [ishtarr] apetite
işte [ishté] aqui esta/estão; há; dela; dele
İtalya [italia] Itália
İtalyan [italian] italiano(a)
itfaiye [itfai-ié] brigada de incêndio
itiniz empurre
itmek empurrar
iyi bom; amável
iyi misin? você está bem?
iyi akşamlar [akshamlar] boa noite
iyice [i-idjé] bem
iyi geceler [gedjelér] boa noite
iyi günler [giunlér] bom dia; tenha um bom dia
iyilik sağlık [sa-alãk] estou bem
iyimser otimista
iyi şanslar! [shanslar] boa sorte!
iyiyim estou bem
iyi yolculuklar! [ioldjuluklar] tenha uma boa viagem!
...-iz nós somos/estamos
izin feriado; férias; permissão
izin belgesi licença
izin vermek deixar; permitir
izlemek seguir

J

jaluzi [jaluzi] persianas
jant [Jant] rim; raio
jarse [jarse] malha
jel [Jel] gel; gel para cabelo
jeton [Jeton] ficha (metrô e trens de superfície)
jikle [jiklé] afogar o motor
jilet [jilet] lâmina de barbear
jinekolog [jinekolog] ginecologista
jogging yapmak fazer jogging
jöle [jólé] gel para cabelo; gelatina

K

kaba rude; grosseiro(a); vulgar
kabaca [kabadj**a**] aproximadamente
kabadayı [kabadai**ã**] macho
kabak abobrinha; (gíria) careca
kabakulak caxumba
kabarcık [kabardj**ã**k] bolha
kabız [kab**ã**z] com prisão de ventre
kabızlık [kabãzl**ã**k] prisão de ventre
kabin cabine
kabin memuru comissário de bordo
kablo fio; arame
kabul etmek aceitar
kaburga costela
kaç? [katch] quantos?; quanto custa?
kaç kişilik [kishil**i**k] para quantas pessoas?
kaç tane? [tan**é**] quantos?
kaç yaşındasınız? [iashãndassãn**ã**z] quantos anos você tem?
kaç gecelik? [katch gedjél**i**k] por quantas noites?
kaçak [katch**a**k] vazamento; fugitivo(a); contrabando
kaçık [katch**ã**k] esquisito(a)
kaçırmak [katchãrm**a**k] perder (ônibus etc.)
kadar até; sobre; tanto quanto
kadar ...-e kadar [-é] tanto... quanto; até
ne kadar? [né] quanto custa?
ne kadar iyi! que bom!; isso é muito bom!
kadın [kad**ã**n] mulher
kadın bağı [ba-**ã**] absorvente higiênico
kadın giyim eşyası [eshiass**ã**] roupa feminina
kadınlar [kadãnl**a**r] mulheres
kadın polis a policial (mulher)
kadran discar; digitar
kafa cabeça
kafatası [kafatass**ã**] crânio
kafeterya cafeteria
kâğıt [kia-**ã**t] papel
kâğıt çocuk bezi [tchodj**u**k] fraldas descartáveis; fraldas
kâğıt mendil lenços de papel
kâğıt para cédula
kahvaltı [karr-valt**ã**] café da manhã
kahvaltı dahil café da manhã incluído
kahve [karr-v**é**] café; cafeteria (em geral somente para homens)
kahvehane [karr-vé-rran**é**] café (em geral somente para homens)
kahverengi [karr-véreng**i**] marrom
kala: ...-e ... kala [-a] para...: faltam... para as... horas
beşe on kala [besh**é**] dez minutos para as cinco horas
kalabalık [kalabal**ã**k] multidão; lotado(a); ocupado(a)

kalabalık saatler [sa-atl**er**] horário de pico
kalacak yer [kaladj**ak**] acomodação
kalan o resto (de)
kalça [kaltch**a**] quadril
kaldırım [kaldăr**ă**m] calçada
kaldırınız levante o...
kaldırmak [kaldărm**ak**] levantar (alguma coisa)
kale [kal**é**] castelo; forte
... Kalesi Castelo...; Forte...
kalem lápis
kalın [kal**ă**n] espesso(a); grosso(a)
kalın kafa cabeça-dura
kalite [kalit**é**] qualidade
kaliteli alta qualidade
kalkış [kalk**ă**sh] saída
kalkmak levantar; tirar; partir
kalmak ficar; permanecer
kalorifer aquecimento central; aquecedor
kalp coração
kalp krizi ataque cardíaco
kamara cabine
kambiyo casa de câmbio
kamp ateşi [atésh**i**] fogueira (em acampamento)
kamping camping; camping de trailer
kamp yapmak acampar
kamp yapmak yasaktır proibido acampar
kamp yeri camping
kamu público (subst)
kamyon caminhão
kamyonet van
kan sangue
Kanada Canadá; canadense
Kanadalı [kanadal**ă**] canadense (nacionalidade)
kanamak sangrar
kanat asa
kan grubu tipo sanguíneo
kano canoa
kano kullanmak canoagem
kanun lei
kapa çeneni! [tchenen**i**] cale a boca!
Kapadokya Capadócia
kapak tampa
kapalı [kapal**ă**] fechado(a); apagado(a); coberto(a)
kapalı çarşı [tcharsh**ă**] mercado coberto
kapalı havuz piscina coberta
kapalı yüzme havuzu [iuzm**é**] piscina coberta
kapamak desligar; fechar
kapatmak fechar
kapı [kap**ă**] porta; portão
kapıcı [kapădj**ă**] zelador; porteiro
kapı kolu [kap**ă**] maçaneta
kap kacak [kadj**ak**] utensílios de cozinha, panelas
kaplıca [kaplădj**ă**] fonte termal
kaporta capô
kapsamak incluir
kaptan capitão
kaput capô
kar neve

kâr lucro; benefício
kara preto(a); escuro(a)
karabasan pesadelo
karaciğer [karadji-**ér**] fígado
Karadeniz mar Negro
karakol delegacia de polícia
karanlık [karanl**ãk**] escuro; escuridão
karantina quarentena
karar decisão
(...-e) karar vermek [-é] decidir
karayolu [karaiol**u**] rodovia
karayolu haritası [rraritass**ã**] mapa rodoviário
karbüratör [karbiurat**ór**] carburador
kardeş [kard**esh**] irmão; irmã
karı [kar**ã**] esposa
karın ağrısı [kar**ãn** a-arãss**ã**] dor de estômago
karınca [karãndj**a**] formiga
karışıklık [karãshãkl**ãk**] bagunça
karıştırmak [karãshtãrm**ak**] misturar
karmaşık [karmash**ãk**] complicado(a)
karşı: ...-e karşı [-é karshã] contra; contrário(a)
karşıda [karshãd**a**] oposto(a)
karşıdan gelen taşıtlara öncelik dar preferência aos carros vindos na direção oposta
karşılaşmak [karshãlam**ak**] encontrar
karşın: ...-e karşın [-é karsh**ãn**] apesar de
karşısında [karshãssãnd**a**] oposto(a)
karşıt [karsh**ãt**] oposto(a); contrário(a)
kart cartão
kartlı telefon [kartl**ã**] telefone de cartão
karton caixa de papelão
kartpostal cartão-postal
kartvizit cartão de visita
kas músculo
kasa caixa registradora
kasaba cidade pequena
kasadan fiş alınız por favor, retire a ficha no caixa
kasap açougue
kasap dükkanı [**diu**-kanã] açougue
kase [kass**é**] vasilha
kasetli teyp [t**eip**] gravador de fita
kasım [kass**ãm**] novembro
kasis estrada irregular
kasiyer caixa
kask capacete
kasket boné
kasten deliberadamente
kaş [kash] sobrancelha
kaşık [kash**ãk**] colher
kaşıntı [kashãnt**ã**] coceira
kaş kalemi [kash] lápis de sobrancelha
kat andar
katakomp catacumba
katedral catedral
katiyen olmaz! de jeito nenhum!

Katma Değer Vergisi [de-ér] Imposto sobre Valor Agregado
Katolik católico(a)
kavanoz jarro; vidro para conservas
kavga luta
kavga etmek lutar
kavim pessoas; tribo
kavşak [kavshak] cruzamento
kaya [kaia] rocha
kayak esqui
kayak pisti pista de esqui
kayak yapmak esquiar
kaybetmek [kaibetmek] perder
kaybolmak [kaibolmak] desaparecer
kaygan [kaigan] escorregadio(a)
kaygan yol pista escorregadia
kaygı [kaigã] preocupação
kaygılanmak [kaigãlanmak] preocupar-se
kayık [kaiãk] pequeno barco a remo
kayınbirader [kaiãnbirader] cunhado (irmão do marido ou da esposa)
kayınpeder [kaiãnpedér] sogro
kayınvalide [kaiãnvalidé] sogra
kayıp eşya [kaiãp eshia] achados e perdidos
kayıp eşya bürosu [biurossu] seção de achados e perdidos
kayış [kaiãsh] pulseira
kayıt numarası [kaiãt numarassã] número de registro
kaymak [kaimak] nata
kaynak [kainak] nascente
kaynana [kainana] sogra
kaza acidente
kazak pulôver; suéter
kazan caldeira
kazanmak receber; ganhar
kazık [kazãk] roubo
KDV [ka dé vé] IVA
kebapçı [kebaptchã] restaurante de carne
keçe uçlu kalem [ketché utchlu] caneta hidrográfica
keçi [ketchi] cabra
kederli deprimido(a)
kedi gato
kel careca
kelebek borboleta
kelime [kelime] palavra
kemençe [kementché] pequeno violino com três cordas
kemer cinto
kemik osso
...-ken enquanto
kenar borda; asa
deniz kenarında [kenarãnda] à beira-mar
kenar mahalle bairros pobres na periferia da cidade
kenar şeridi [sheridi] acostamento
kendi (por) si mesmo
kendileri (por) eles mesmos
kendim (por) eu mesmo
kendimiz (por) nós mesmos
kendin (por) você mesmo

kendiniz (por) vocês mesmos
kent cidade
kepenk obturador
kere [ker**é**] momento
kerpeten alicate
kervansaray [kervansar**ai**] caravançará, lugar para parada de caravanas
kes (artık)! [art**ã**k] pare!
kesici platinler [kessidj**i**] platinado
kesik corte
kesinlikle [kessinlikl**é**] definitivamente; certamente
kesinlikle! absolutamente!
kesinlikle (öyle) değil [(óil**é**) de-**il**] certamente não; com certeza não
keskin afiado(a)
kesmece [kessmedj**é**] palavra usada pelos vendedores de rua para informar que os melões podem ser abertos antes da compra
kesmek cortar
kestirme [kestirm**é**] atalho
keten algodão
keyif [kei-**if**] prazer; disposição
kez tempo
Kıbrıs [kãbr**ã**s] Chipre; cipriota
Kıbrıslı [kãbrãssl**ã**] cipriota (nacionalidade)
Kıbrıslı Rum greco-cipriota (pessoa)
Kıbrıs Rum greco-cipriota (adj)
Kıbrıs Türk [tiurk] turco--cipriota (adj)
kılavuz [kãlav**uz**] guia; manual do usuário
kılık [kãl**ã**k] aparência; costume
kına [kãn**a**] hena
kır [kãr] campo
kırık [kãr**ã**k] quebrado(a); fraturado(a)
kırk [kãrk] quarenta
kırmak [kãrm**ak**] quebrar; ofender
kırmızı [kãrmãz**ã**] vermelho(a)
kırsal alanlar [kãrs**al**] campo
kırtasiye [kãrtassi-**ie**] artigos de papelaria
kırtasiyeci [kãrtassi-iedj**i**] papelaria
kısa [kãss**a**] curto(a); breve
en kısa zamanda [kãss**a**] assim que possível
kısa yolculuk [ióldjul**uk**] viagem curta
kısım [kãss**ã**m] parte; porção
kıskanç [kãsk**a**ntch] ciúmes
kış [kãsh] inverno
kışın [kãsh**ã**n] no inverno
kış tatili férias de inverno; feriado de inverno
kıvırcık [kãvãrdj**ã**k] crespo(a); alface
kıyafet [kãiaf**é**t] roupa; vestimenta
kıyı [kãi**ã**] costa
kıymık [kãim**ã**k] espinho
kız [kãz] menina; filha
kızaklı tekne [kãzakl**ã** tékn**é**] embarcação tipo catamarã

kızamık [kãzamãk] sarampo
kızamıkçık [kãzamãktchãk] rubéola
kız arkadaş [arkadash] namorada
kızarmak [kãzarmak] frito(a); assado(a)
kızartmak [kãzartmak] fritar; assar
kız(evlat) [kãz(evlat)] filha
kızgın [kãzgãn] bravo(a); furioso(a)
Kızılay [kãzãlai] Crescente Vermelho (sociedade humanitária)
Kızılhaç [kãzãlrratch] Cruz Vermelha
kızıl saçlı [kãzãl satchlã] ruivo(a)
kız kardeş [kardesh] irmã
kızlık adı [kãzlãk adã] nome de solteira
kızmak [kãzmak] ficar bravo(a)
ki aquele que está em; aquele que pertence a
kibrit fósforos
kilidi açmak [atchmak] abrir
kilim tapete
kilise [kilissé] igreja
... Kilisesi Igreja de...
kilit fechadura
kilitlemek fechar; trancar
kilitli fechado(a); trancado(a)
kilometre kısıtlaması yok [kilometré kãssãtlamassã] quilometragem ilimitada
kim? quem?
kimi algum(a)
kimin? de quem?
kimlik identificação
kimlik kartı [kartã] carteira de identidade
kimse [kimsé] alguém; ninguém
kira aluguel
kiralamak alugar
kiralık [kiralãk] para alugar
kiralık bisiklet aluguel de bicicletas
kiralık kayık [kaiãk] aluguel de barcos
kiralık otomobil [kiralãk] aluguel de carros; carro alugado
kira ücreti [iudjréti] preço do aluguel
kirli sujo(a); poluído(a)
kişi [kishi] pessoa
kitabevi livraria
kitap livro
kitapçı [kitaptchã] livraria
kitaplık [kitaplãk] biblioteca
KKTC República Turca do Chipre do Norte
klakson buzina
Klasik Batı müziği [batã miuzi-i] música clássica ocidental
klima ar-condicionado
klimalı [klimalã] com ar--condicionado
koca [kodja] marido; largo(a); grande; velho(a)
kod numarası [numarassã] código de discagem
koğuş [ko-ush] enfermeira
koklamak cheirar
kokmak cheirar; cheirar mal

koku cheiro
kol braço; maçaneta
kolay [kolai] fácil
kolej [kolej] colégio técnico
koleksiyon coleção
koli [koli] pacote(s)
koli gişesi [gishessi] balcão de encomendas (correio)
kolonya água-de-colônia
kol saati [sa-atã] relógio de pulso
koltuk poltrona
kolye [kolie] colar
kombinezon combinação
komik estranho(a); engraçado(a)
kompartıman [kompartãman] compartimento
kompartıman sigara içmeyenlere mahsus [itchmeinleré marrsas] área para não fumantes
komple kahvaltı [komplé karr valtã] café da manhã completo
komşu [komshu] vizinho(a)
konak casa
konaklamak pernoitar; hospedar-se
konfeksiyon confecção (de roupas)
konferans conferência
konser concerto
konserve açacağı [konservé atchadja-ã] abridor de lata
konserve kutusu lata
konsolosluk consulado
kontak ignição
kontak lensleri lentes de contato
kontrol verificação; inspeção
kontrol etmek verificar
konu assunto; tópico
konuk convidado(a)
konukseverlik [konukseverlik] hospitalidade
konuşma [konushma] fala; conversa
konuşmak [konushmak] conversar; falar
konut residência; casa
koridor yanı [ianã] assento no corredor
korkmak: ...-den korkmak ter medo de...
korku medo
korkunç [korkuntch] assustador(a); horrível
korna buzina
koruma faktörü [faktóriu] fator de proteção
korumak proteger
koruma kremi loção pós-sol
koruyucu gözlük [koruiudju gózliuk] óculos de proteção
koruyucu sıvı [sãvã] solução para lentes de contato
kostüm [kostium] traje
koşmak [koshmak] correr
koşu [koshu] corrida; jogging
koşu yapmak correr; fazer jogging
kova balde

koy baía
koymak colocar
koyu escuro(a)
koyun ovelha
köpek [kópék] cachorro
köpek var cuidado com o cachorro
köprü [kópriu] ponte
kör [kór] cego(a)
körfez [kórfez] golfo; baía
köşe [koshé] esquina; canto
köşede [koshédé] na esquina; no canto
köşk [kóshk] casa de campo; chalé
kötü [kótiu] ruim; mau/má; mal
kötü kalite [kalité] sem qualidade
köy [kói] vilarejo
köylü [kóiliu] camponês
köy yolu estrada
kral rei
kraliçe [kralitché] rainha
krank mili virabrequim
kravat gravata
kredi kartı [kartã] cartão de crédito
kredi kartı kabul edilmez não aceitamos cartão de crédito
krem creme; loção
krema creme de leite
krem rengi creme (cor)
kreş [kresh] creche
kriko macaco (carro)
kuaför [kuafór] cabeleireiro (para mulheres)

kubbe [ku-bé] domo
kuduz raiva (doença)
kulak orelha
kulak, burun ve boğaz [ve bo-az] ouvido, nariz e garganta
kulaklıklar [kulaklãklar] fone de ouvido
kule [kulé] torre
kullanım [kul-lanãm] uso
kullanmak usar
kulübe [kuliubé] alpendre
kulüp [kuliup] clube
kum areia
kumanda tablosu painel (carro)
kumanya embalagem de comida industrializada
kumaş [kumash] tecido (material)
kumullar dunas de areia
kundura sapatos
kunduracı [kunduradjã] sapataria
kundura tamircisi [tamirdjissi] sapateiro
kupa cálice; taça (esporte)
kupür bilet [kupiur] reserva de bilhete de ônibus
kur taxa
kuron coroa; prêmio
kurşun kalem [kurshun] lápis
kurşunsuz benzin [kurshunsuz] gasolina sem chumbo
kuru seco(a)
kurukahveci [kurukarr-védji] vendedor de café
kurulama bezi pano de prato
kurum sociedade; instituição
kurumak secar-se

kuru temizleme [temizlem**é**] lavagem a seco
kuru temizleyici [temizleidjiss**i**] tinturaria
kurutmak secar
kuru yemişçi [iemishtch**i**] vendedor de frutas secas e nozes
kurye [kuri**e**] mensageiro
kusmak vomitar
kusura bakmayın [kussura bakmai**ãn**] desculpe-me
kuş [kush] pássaro
kuş beyinli [be-inl**i**] estúpido(a)
kuşet [kush**et**] beliche
kutu caixa
kuyruk [kuir**uk**] fila; cauda
kuyruk olmak fazer fila
kuytu [kuit**u**] isolado(a)
kuyu bem
kuyumcu [kuiumdj**u**] joalheiro
kuzen primo
kuzey [kuz**ei**] norte; setentrional
kuzeyi norte de
kuzey yönünde [ióniund**é**] ao norte
kuzeyde [kuzeid**é**] no norte
kuzeybatı [bat**ã**] noroeste
kuzeydoğu [kuzeido-**u**] nordeste
Kuzey Kıbrıs Türk Cumhuriyeti [kãbr**ã**s tiurk djumrrurieti] República Turca do Chipre do Norte
kuzin prima
küçük [kiutch**iuk**] pequeno(a)
küçük jeton [Jet**on**] lembrancinha
küçük paket pacotinho
küfür [kiuf**iur**] besteira
külliye [kiul-li**e**] complexo de edifícios ligados a uma mesquita
külot [kiul**ot**] calça; cuecas; calcinhas
külotlu çorap [kiulotl**iu** tchor**ap**] apertados(as)
kül tablası [kiul tablass**ã**] cinzeiro
kültür [kiult**iur**] cultura
kültür merkezi centro cultural
küpe [kiup**é**] brinco(s)
kürek çekmek [kiur**é**k tchekm**ek**] remar
kürk [kiurk] pele; casaco de pele
Kürt [kiurt] curdo(a)
küsmek: ...-e küsmek [-é kiusm**ek**] ficar com raiva de
kütüphane [kiuti**iup**-rran**é**] biblioteca
küvet [kiuv**ét**] banheira

L

lacivert [ladjiv**ért**] azul-marinho
lağım [la-**ãm**] esgoto; cano de esgoto
lamba lâmpada
...-lar terminação plural
...-ları [-lar**ã**] terminação plural + artigo definido

lastik borracha; elástico; pneu
lastik bant elástico
lastik basıncı [bassãndjã] pressão do pneu
lastik patlaması [patlamassã] pneu furado
lavabo lavabo
lazım [lazãm] necessário(a)
bana ... lazım preciso...
...-le [-lé] com
Lefkoşa [lefkosha] Nicósia (capital de Chipre)
lehçe [lerr-tché] dialeto
leke [lekeh] lugar
...-ler terminação plural
...-leri terminação plural + artigo definido
libre [libré] libra (peso)
liman porto
lira lira (unidade monetária turca)
lisan okulu escola de línguas
lise [lissé] ensino médio
...-'liyim eu sou de...
lokanta restaurante
lokum bala de goma árabe
Londra Londres
Londra'da em Londres
losyon loção
...-lu com
Lübnan [liubnan] Líbano
lügat [liugat] dicionário; palavra
lüks [liuks] luxo; luxuoso(a); elegante
lütfen [liutfen] por favor
lütfen ayakkabılarınızı çıkarınız por favor, tire os seus sapatos
lütfen bozuk para veriniz pague trocado, por favor

M

...-m meu/minha
maalesef [ma-alessef] infelizmente
maç [match] jogo; partida
madem já que; posto que
madeni para moeda
Magosa Famagusta (cidade de Chipre)
mağara [ma-ara] caverna
... Mağarası [ma-arassã] Caverna...
mağaza [ma-aza] loja
mahalle [marralé] bairro; região da cidade
mahallesi distrito; zona; vizinhança
mahsus deliberadamente
mahzen porão
makas tesoura
makbuz recibo
makina/makine [makiné] máquina
makinist mecânico
makul razoável
makyaj [makiaj] maquiagem
makyaj malzemesi cosméticos
Malazgirt Malazgirt (cidade no leste da Turquia)

...-malı [-malã] ele/ela tem...
...-malıyım [malãiãm] eu tenho que...
mallar produtos; mercadorias
mal olmak custar
mal sahibi proprietário(a)
manastır [manastãr] convento
manav quitandeiro; verdureiro
mandal pregador de roupas
manifatura tecido; têxtil
manivela alavanca
mankafa grosso(a); estúpido(a)
mantar cogumelo(s); rolha
manto casaco (feminino)
manzara vista; cenário
marka marca; grife
Marmara Denizi mar de Marmara
marş [marsh] marcha; partida
mart março
martı [martã] gaivota
masa mesa
masaj [massaj] massagem
masa örtüsü [órtiussiu] toalha de mesa
masatopu tênis de mesa
masum inocente
maşallah! [mashalarr] que Deus o proteja! (usado para expressar admiração e espantar o mau-olhado)
matbua impressora
matine [matiné] matinê
mavi azul
Mavi Tren trem azul (trem de Ancara a Istambul)
mayıs [maiãs] maio
mayo [maio] roupa de banho; sunga
mazot diesel
mecburi [medjburi] obrigatório(a)
mecburi iniş pouso de emergência
mecburi trafik sigortası [sigortassã] seguro obrigatório contra terceiros
meç [metch] destaques
medeni hali estado civil
medrese [médréssé] escola de teologia
... Medresesi Escola de Teologia...
mefruşat [mefrushat] cortinas e tecidos para móveis estofados
mektup carta
mektup arkadaşı [arkadashã] correspondente
mektup kutusu caixa do correio
...-meli ele/ela deve...
...-meliyim eu devo...
...-mem eu não irei...; eu não...
meme vermek [mémé] amamentar
memleket terra natal
memnun alegria; prazer
memnun oldum é um prazer; prazer em conhecê-lo(a)
memur oficial
memur bey [bei] policial
mendil lenço

mensup: ...-e mensup [-é] pertencente a; conectado com
merak curiosidade; preocupação; hobby
mercek [merdjék] lente
merdiven escadas
merhaba! olá!; oi!
merhem pomada
merkez centro
merkezi central
merkez postanesi correio central
mersi obrigado(a)
Meryemana Virgem Maria
mesai saatleri [messai sa-atleri] horário de funcionamento
mesaj [messaj] mensagem
mescit [messdjit] pequena mesquita
mesela por exemplo
mesele [messelé] questão; problema
mesleği [messle-i] ocupação
meslek profissão; ocupação
meşgul [meshgul] ocupado(a); comprometido(a)
meteliksiz quebrado(a)
meteliksizim estou falido(a) (gíria)
metro metrô
mevsim estação do ano
meydan [meidan] praça
meyhane [meirrané] taberna que serve álcool e comida, em geral frequentada apenas por homens
mezar sepultura; tumba
... mezarı [mezarã] sepultura do(a)...; tumba do(a)...
mezarlık [mezarlãk] cemitério
...-mız [-mãz] nosso(a)
mide [midé] estômago
midem bulanıyor [bulanãior] estou enjoado(a)
mide ağrısı [a-arãssã] dor de estômago
mide bozukluğu [bozuklu-u] indisposição estomacal
mide bulantısı [bulantãssã] náusea
midilli pônei
mihrap [mirr-rap] nicho numa mesquita que indica a direção de Meca
mikrodalga micro-ondas
mikroplu séptico(a)
miktar quantidade; porção
mil milha
milâdi ano da era cristã
millet nação
milletlerarası [mi-létarassã] internacional
milli nacional
milli park parque nacional
milliyet nacionalidade
milyar um bilhão
milyon milhão
minare [minaré] minarete
minibüs [minibius] micro-ônibus
minik pequeno; minúsculo
minnettar grato(a)

misafir [missa**fir**] convidado(a)
misiniz: bana ... verebilir misiniz? pode dar...?
miyim: ...-ebilir miyim? posso...?
miyop míope
...-miz nosso(a)
mizah humor
mizanpli enrolar o cabelo com bobs
mobilya móvel
mocamp camping de trailer
moda moda; elegante; na moda
modaya uygun [mada**ia** ui**gun**] na moda; elegante
mola pausa; descanso
mor púrpura
motor barco a motor; motor
motor kapak contası [djontas**sã**] gaxeta do cilindro do motor
motosiklet bicicleta motorizada
mozaik [moza-**ik**] mosaico
M.Ö. a.C.
M.S. d.C.
muavin assistente; assistente do motorista nos ônibus intermunicipais
muayene [muaie**né**] exame
muayenehane [muaienérra**né**] clínica
muazzam [mua-**zam**] extraordinário(a)
muhafaza etmek guardar; manter
muhallebici [murra-lebidj**i**] doceria
muhtar [murr**tar**] representante eleito de um bairro
muhtemelen [murrtemel**én**] provavelmente
mum [mum] vela
musluk torneira; bica
muslukçu [musluktch**u**] encanador; bombeiro
mutfak cozinha
mutfak eşyası [eshias**sã**] panelas
mutlu feliz
...-muz nosso(a)
mücevherat [miudjévrrer**at**] joias
müddet [miu-**dét**] período
müdür [miud**iur**] diretor(a)
müdür muavini diretor(a)-assistente
müezzin [miué**zin**] muezzin, pessoa que faz leitura de textos do corão durante a reza
mükemmel [miuke-**mél**] excelente; perfeito(a)
mükemmel! isso é ótimo!
mümkün [miumk**ium**] possível
mümkün olduğu kadar çabuk [oldu-**u** - tchab**uk**] assim que; o mais rápido possível
mürekkepli kalem [miure-képl**i**] caneta
mürettebat [miurét-eb**at**] equipe; grupo
müsaade etmek [miussa-ad**é**] permitir
müshil [miussrr**il**] laxante

Müslüman [miussliuman] muçulmano(a)
müteakip boşaltma [miuteakip] próximo descarregamento (de um navio de cargas)
mütehassıs [miuterras-sãs] especialista
mütevazı [miutevazã] modesto(a); humilde
müthiş [miut-rrish] espetacular
...-müz [-miuz] nosso
müze [miuzé] museu
müzik [miuzik] música
müzik aleti instrumento musical
müzisyen [miuzissi-ien] músico(a); musicista

N

...-n seu/sua
nadide [nadidé] malpassado(a)
nadiren não com frequência
nahoş [narrosh] desagradável
nakil transmissão; transporte
nakit: nakit ödemek [ódemek] pagar em dinheiro
nakit para dinheiro
nalbur loja de ferragens
namaz oração muçulmana rezada cinco vezes ao dia
nane şekeri [nané shekéri] bala de hortelã, de menta
nargile [nargilé] narguilé
nasıl? [nassãl] como?
nasılsın? [nassãlsãn] como vai você?
nasılsınız? [nassãlsãnãz] como vai você? (formal)
naylon torba [nailon] sacola de plástico
naylon yağmurluk [ia-amurluk] capa de chuva de náilon
nazik educado(a); bom/boa; generoso(a)
ne? [né] o quê?
ne ...! que...!
ne var? o que é isto?; qual o problema?
ne kadar? quanto custa?
neden causa
neden? por quê?
nedeniyle [nedeni-ile] porque
nedir: o nedir? o que é aquilo?
nefes almak respirar
nefis delicioso(a); amável
nefret etmek odiar
nehir [nerrir] rio
... Nehri [nerr-ri] Rio...
nemlendirici (krem) [nemlen diridji] creme hidratante
nemli úmido(a)
ne ... ne ... [né] nem... nem...
ne oldu? o que que há?; algo errado?; o que aconteceu?
ne oluyor? o que está acontecendo?
nerede? [néredé] onde?; onde é?
neredeysse [néredeisé] quase; logo
ne var ki mas; contudo

ney [nei] espécie de flauta
ne yazık ki infelizmente; que chato...
ne zaman? quando?
...-nın [-nãn] de
...-nız [-nãz] seu/sua
niçin? [nitchin] por quê?; por que não?
nihayet [nirraiét] fim; finalmente
...-nin de
nisan abril
nişanlı [nishanlã] noivar
niye? [ni-ié] por quê?
...-niz seu/sua
Noel Natal
Noel Gecesi [gedjéssi] véspera de Natal
Noeliniz kutlu olsun! Feliz Natal!
normal [normal] normal
Norveç [norvétch] Noruega; norueguês, norueguesa
not defteri caderno
nöbet [nóbet] ataque; turno; plantão
nöbetçi doktor [nóbet-tchi] médico de plantão
nöbetçi eczane [edjzané] farmácia de plantão
numara número
...-nun de
...-nuz seu/sua
nüfus [niufus] população
...-nün [-niun] de
...-nüz [-niuz] seu/sua

O

o aquele(s); ele; ela é/está
o işte [ishté] é ele/ela
o ...-dir é...
o nedir? o que é aquilo?
obdüratör [obdiuratór] persiana
objektif [objektif] lente
ocak [odjak] janeiro; forno
oda quarto; cômodo (subst)
oda hizmetçissi [rrizmét-tchisi] criada; camareira
oda numarası [numarassã] número do quarto
oda servisi serviço de quarto
o dö tuvalet [dó] água-de--colônia
ofis escritório
oğlan [o-olan] menino
oğul [o-ul] filho
oje [ojé] esmalte de unha
okul colégio
okumak ler; estudar
olağan [ola-an] comum
olamaz impossível; impraticável
olay evento
oldu certo (Ok)
ne oldu? [né] o que está acontecendo?; o que há de errado?
olduğunca ... [oldu-undja] assim que possível
oldukça [olduktcha] regularmente; inteiramente
oldukça çok [tchok] bastante

oldu mu? certo?; tudo certo?
olgun maduro(a)
olmak ser/estar; acontecer; tornar-se
olmaz não é possível
olur tudo bem; concordo
oluyor: ne oluyor? [né] o que está acontecendo?
omuz ombro
on dez
ona dele; dela; a ele/a ela
on altı [altã] dezesseis
on beş [besh] quinze
on beş gün [giun] quinzena
on bir onze
onda nele/nela
ondan dele/dela
ondan sonra depois disso
on dokuz dezenove
on dört [dórt] catorze
on iki doze
onlar eles/elas; deles/delas
onlara deles/delas; a eles/a elas
onlarda neles/nelas
onlardan deles/delas
onları [onlarã] a eles/a elas
onların [onlarãn] deles/delas
onlarınki [onlaranki] deles/delas
onlarla com eles/com elas
on sekiz dezoito
onu ele; ela
onun dele; dela
onuncu [onundju] décimo
onun için [itchin] para ele/ela; logo; portanto
onunki dele; dela
on üç [iutch] treze
on yedi dezessete
ora aquele lugar
orada ali
orası [orassã] lá
oraya [oraia] para lá
orda ali
ordu exército
orijinal [orijinal] original; incomum; som original
orman madeira; floresta
orta metade; médio(a)
ortada no meio
orta büyüklükte [biu-iukliukté] tamanho médio
orta jeton [Jeton] ficha (metrô, telefone); média
ortalama olarak na média
ortopedi uzmanı [uzmanã] ortopedista
Osmanlı [ossmanlã] otomano(a)
ot grama
otel hotel
otel odası [odassã] quarto de hotel
otobüs [otobius] ônibus
otobüs ile [ile] de ônibus
otobüs bileti bilhete de ônibus
otobüs durağı [dura-ã] ponto de ônibus
otobüs garajı [garajã] estação de ônibus
otobüsle gezi [otobiusslé] viagem de ônibus
otobüs terminali terminal de ônibus

otogar terminal de ônibus; estação de ônibus
otomat máquina de vendas
otomatik automático(a)
otomatik arama ligação direta
otomatik para çekme makinesi [tchékmé] caixa eletrônico
otomatik vitesli automático (carro)
otomatlı çamaşırhane [otomatlã tchamashãr-rrané] lavanderia automática
otomobil carro
 otomobil ile [ile] de carro
otomobil kiralama (servisi) aluguel de carro
otomobil yıkama yeri [iãkama] lava-rápido
otopark estacionamento
otostop carona
otostop yapmak pegar carona
otoyol rodovia; estrada
oturacak yer [oturadjak] assento
oturmak viver; sentar-se
oturma odası [odassã] sala de estar
oturun! sente-se!
otuz trinta
ova planície
 ... Ovası [ovassã] Planície...
oynamak jogar; tocar; dançar (dança folclórica); brincar
oynatmak brincar com
oysa mas; ainda; enquanto
oyun jogo; dança folclórica
oyuncak [oiundjak] brinquedo
oyuncu [oiundju] ator; atriz
o zaman depois; naquele tempo; então

Ö

öbür [óbiur] outro
öbür gün [giun] depois de amanhã
öbür türlü [tiurliu] caso contrário
öbürü [óbiuriu] o outro
ödemek [ódemek] pagar
ödemeli [ódemeli] a cobrar
ödemeli konuşma [konushma] chamada a cobrar
ödeyiniz [ódei-iniz] pagamento
ödünç almak [óduntch almak] pegar emprestado(a)
ödünç vermek emprestar
öfkeli [ófkéli] com raiva
öğle [ó-ólé] meio-dia
öğleden sonra [ó-óléden] tarde; depois do meio-dia
öğle yemeği [ó-ólé iémé-i] almoço
öğleyin [ó-ólein] meio-dia
öğrenci [ó-rendji] estudante
öğrenci kartı [kartã] carteira de estudante
öğrenci yurdu albergue de estudante
öğrenmek [ó-renmek] aprender
öğretmek [ó-retmek] ensinar
öğretmen [ó-rétmen] professor(a)

öksürük [óksiuriuk] tosse
öksürük şurubu [shurubu] xarope para tosse
ölçek [óltchék] pesar; medir
öldürmek [óldiurmek] matar
ölmek [ólmek] morrer
ölü [óliu] morto(a)
Ölü Deniz mar Morto
ölüm [ólium] morte
ön [ón] frente
ön tarafta à frente
ön cam [djam] para-brisa
önce [óndjé] antes; primeiro; em primeiro lugar
...-den önce antes
önceden [óndjéden] adiantado(a)
öncelik [óndjélik] prioridade
öncelikle [óndjéliklé] antes de mais nada
önce siz (buyrun) [óndjé - (buiurun)] depois de você
önde [óndé] em frente
önden [ónden] na frente
önden binilir entrada pela frente
önem [ónem] importância
önemi yok não tem importância
önemli [ónemli] importante
önermek [ónérmek] avisar; sugerir
önünde: ...-in önünde [óniundé] em frente a...
öpmek [ópmek] beijar
öpücük [ópiudjuk] beijo
ören [órén] ruína
ören yeri ruínas
örgü [órgiu] roupa de tricô
örnek [órnék] exemplo; padrão
örneğin [órne-i] por exemplo
örümcek [óriumdjék] aranha
övgü [óvgiu] elogio
öyle [óilé] assim
öyle yapmayın! [iapmaiãn] pare!; não faça isso!
öyleyse [óiléissé] então; naquele caso
özel [ózél] particular; especial
özel bakım ünitesi [bakãm iunitéssi] unidade de terapia intensiva (UTI)
özel fiyat preço especial
özel hasta paciente particular
özel indirim oferta especial
özellikle [ózé-liklé] especialmente
özel ulak entrega especial; carta expressa
özür [óziur] desculpa; defeito
özür dilemek pedir desculpas
özür dilerim desculpe
özürlü [óziurliu] desabilitar
özürlü kişiler deficiente físico

P

padişah [padishá] sultão; governante
pahalı [parralã] caro(a)
paket pacote

paketlemek empacotar
paket tur pacote de férias
paletler nadadeiras
palto casaco
pamuk algodão
pamukçuk [pamuktchu**k**] afta
panayır [panai**ã**r] feira; parque de diversões; quermesse
pansiyon pensão
pansuman molho; preparação
pantolon calça
para dinheiro
para almak cobrar
para cüzdanı [djiuzdan**ã**] carteira; bolsa
para çantası [tchantass**ã**] bolsa
paraya çevirmek [parai**a** tchevirme**k**] descontar
parayı geri vermek [parai**ã**] restituir
parça [partch**a**] parte; pedaço
bir parça ... um pedaço de...
büyük bir parça [biu-**iu**k] um pedaço grande
pardon perdão; desculpe
parfüm [parf**ium**] perfume
parfümeri [parfiumer**i**] perfumaria
park edilir estacionamento
park edilmez proibido estacionar
park etmek estacionar
park lambaları [lambalar**ã**] luzes laterais
park yapılmaz proibido estacionar
parlak brilhante
parmak dedo
parmaklık [parmakl**ã**k] cerca
parti festa
pasaport passaporte
pasaport kontrolü [kontról**iu**] controle de passaporte
Paskalya Páscoa
pastane [pastan**é**] doceria; café
pasta ve şekerlemeler [ve sherkérlém**é**lér] confeitaria
pastil pastilhas
patika trilha
patiska cambraia
patlak furado(a); estourado(a)
patlak lastik pneu furado
patron patrão
pavyon clube noturno barato; boteco; barraca
paylaşmak [pailashm**a**k] dividir
pazar domingo; mercado
pazar çantası [tchantass**ã**] sacola de compras
pazar günleri dışında exceto aos domingos
pazarlık [pazarl**ã**k] pechincha
pazarlık edilmez proibido pechinchar
pazarlık etmek pechinchar
pazartesi segunda-feira
pazen algodão penteado; algodão mercerizado
peçete [petchet**é**] guardanapo
pek muito; extremamente
pek (fazla) değil [de-**il**] não muito

pekâlâ certo; muito bem
pek az pouco(a)
peki certo(a)
pembe [pem**bé**] cor-de-rosa
pencere [pendje**ré**] janela
pencere yanı [ia**nã**] assento na janela
perçem [pertch**em**] tufo de cabelo deixado no topo da cabeça
perde [per**dé**] cortina; ato
perdeler cortinas
perhiz dieta
peron plataforma, pista
perşembe [pershem**bé**] quinta-feira
peşin [pesh**in**] em dinheiro
pezevenk cafetão
piç [pitch] bastardo
pijama [pij**ama**] pijamas
pikap gravador
piknik yemeği [iemé-**i**] embalagem de comida industrializada
pil pilha
pipo cachimbo
pire [pi**ré**] pulga
pis [pis] imundo(a)
pislik sujo(a)
pişirmek [pishirm**ek**] cozinhar
piyes jogar
PK caixa postal
plaj [plaj] praia
 plajda na praia
plaj şemsiyesi [shemsiess**i**] guarda-sol
plaj yaygısı [iaigãss**ã**] esteira de praia
plak gravação
plaka placa de carro
plaster curativos
poliklinik policlínica
polis policial
polis karakolu delegacia de polícia
polis memuru policial
pompa bomba (de encher, de gasolina)
pop müzik [miuz**ik**] música pop
popo bumbum
pop şarkıcısı [sharkãdjãss**ã**] cantor de música pop
porselen porcelana
porsiyon porção
portatif yatak cama dobrável
portbebe [portbe**bé**] moisés
portre [port**ré**] retrato
posta correspondência
postacı [postadj**ã**] carteiro
posta kartı [kart**ã**] cartão-postal
posta kodu código postal
posta kutusu caixa do correio
postalamak postar; enviar
postane [posta**né**] correio
Posta Telgraf Telefon Correio, Telégrafo e Telefone (empresa de correios turca)
pozometre [pozomet**re**] medidor de luz
pratik prático(a)
prens príncipe
prenses princesa

prezervatif preservativo
priz tomada
protez prótese
prova etmek experimentar
PTT [pé té té] empresa de correios turca
pul selo(s)
puro charuto
puset carrinho
pusula bússola

R

radyatör [radiatór] radiador; aquecedor
radyo rádio
  radyoda no rádio
raf prateleira
rahat [rarrat] confortável
rahatsız etmek [rarratsãz] perturbar
rahip [rarrip] padre
Ramazan ramadã, mês muçulmano de jejum e oração
randevu compromisso
ranza beliche; ancoradouro
ray [rai] trilho; ferrovia
razıyım [razãiãm] concordo; aceito
rebap rabeca, violino de três cordas
reçete [retcheté] receita (de remédios)
reçete ile satılır somente com receita
reçete yazmak receitar
rehber [rerrbér] guia
rehberli tur [rerrbérli] visita guiada
renk cor
renkli cor
renkliler cores
resepsiyon recepção
  resepsiyonda na recepção
resepsiyoncu [ressepsiondju] recepcionista
resepsiyon masası [massassã] balcão de recepção
resepsiyon memuru recepcionista
resim quadro; pintura
resmi formal
resmi tatil feriado
restoran restaurante
reyon [reion] departamento
rezervasyon reserva
rıhtım [rãrrtãm] cais
  rıhtımda à beira do cais
rica ederim [ridjá] não há de quê
rica etmek solicitar; pedir
rimel máscara
rizikolu arriscado(a)
robdöşambr [rrobdóshambr] robe
rock müziği [miuzi-i] rock
Rodos Rodes (ilha grega)
roman romance
Romanya Romênia
romatizma reumatismo
rondela máquina de lavar
rota rota; itinerário
römork [rómork] trailer

röntgen [róntg**en**] raio X
ruh durumu humor
ruj [ruj] batom
Rum [rum] grego étnico (pessoa de etnia grega que vive na Turquia)
Rumca [rumdj**a**] grego (idioma)
Rum kadını [kadãn**ã**] grega étnica
Rum Ortodoks grego ortodoxo
Rus russo(a)
rüya [riu-**ia**] sonho
rüzgâr [riuzg**iar**] vento
rüzgârlı [riuzg**iar**lã] tempestuoso(a)

S

saat [sa-**at**] hora; relógio de pulso
saat kaç? [katch] que horas são?
saat kayışı [kaiãsh**ã**] pulseira de relógio
sabah [sab**arr**] manhã (das 4h ao meio-dia)
bu sabah esta manhã
sabahleyin [sabarrle-**in**] na manhã
sabahlık [sabarr-l**ã**k] penhoar; robe
sabun sabão; sabonete
sabun tozu sabão em pó
saç [satch] cabelo
saç fırçası [fãrtchass**ã**] escova de cabelo
saç kesme [kessm**é**] corte de cabelo
saç kurutma makinesi secador
saçma [satchm**a**] bobo(a); tolo(a)
saçma! besteira!; bobagem!
saç spreyi [satch sprei-**i**] spray para cabelo
saç tıraşı [tãrash**ã**] corte de cabelo (masculino)
saç tokası [tokass**ã**] grampo(s); presilha; elástico de cabelo
sade [sad**é**] simples
sadece [sadedj**é**] somente
sağ [sa-**a**] vivo(a); direita (contrário de esquerda)
sağa dön [sa-**a** dón] vire à direita
sağa dönülmez proibido virar à direita
sağa dönün [dón**ium**] vire à direita
sağanak [sa-an**ak**] chuveiro
sağa sapın [sap**ã**n] vire à direita
sağa viraj curva à direita
sağda [sa-ad**a**] à direita
sağdan direksiyonlu [sa-**a**dan] com volante à direita
sağdan gidiniz mantenha-se à direita
sağında [sa-aãnd**a**] à direita
sağır [sa-**ã**r] surdo(a)
sağlığınıza! [sa-alã-ãnãz**a**] saúde!
sağlıklı [sa-alãkl**ã**] saudável
sağol [sa-a**ol**] saúde; obrigado(a)

saha campo; área
sahil costa; litoral
sahilde [sarrildé] no litoral; na orla
sahil yolu estrada litorânea
sahi mi? é mesmo?
sahip dono(a)
sahip olmak ter; possuir
sahne [sarr-né] palco
sahte [sarr-té] falso(a); falsificação
sakal barba
sakal tıraşı [sakal tãrashã] barbear-se
sakın! [sakãn] tome cuidado!
sakin quieto(a); sossegado(a)
sakız [sakãz] goma de mascar
saklamak esconder
saklanmak esconder-se
saldırgan [saldãrgan] agressivo(a)
saldırı [saldãrã] ataque
salı [salã] terça-feira
salık vermek [salãk] recomendar
salon saguão; hall
saman nezlesi febre do feno
sana você; para você
sanat arte
sanatçı [sanat-tchã] artista
sanat galerisi galeria de arte
sanayi [sanai-i] indústria
sandal sandália(s); escaler
sandalye [sandalie] cadeira
sandık [sandãk] baú
saniye [sani-ie] segundo (tempo)
bir saniye! só um segundo!
sanki como se
sanmak supor; pensar
santigrat centígrado
santimetre [santimetré] centímetro
santral memuru gerente; dono
santrifüjlü kurutma makinesi [santrifiujliu] secadora de roupa
sap caule; tronco; cabo
sapak volta; curva
saray [sarai] palácio
... Sarayı [saraiã] Palácio...
sargı [sargã] atadura
sarhoş [sar-rrosh] bêbado(a)
sarı [sarã] amarelo(a)
sarışın [sarãshãn] loiro(a)
sarmak empacotar; embrulhar; enrolar
satılan mal geri alınmaz não trocamos as mercadorias
satılık [satãlãk] à venda
satın alma [satãn] compra
satın almak comprar
satış [satãsh] venda
satış kuru cotação de venda (moeda)
satışlarımız peşindir não aceitamos cartão de crédito
satmak vender
satranç [satrantch] xadrez
savaş [savash] guerra
sayfa [saifa] página
sayı [saiã] número
sayın ... [saiãn] estimado... (tratamento formal, quando se chama a pessoa pelo sobrenome)

saymak [saimak] contra; considerar
saz música oriental; flauta; instrumento de corda turco
seans [seans] apresentação
sebep causa
sebil fonte pública de água potável
seçmek [setchmek] escolher
sefer viagem; voo; ocasião
bu sefer esta vez
geçen sefer [getchen] última vez
gelecek sefer [geledjék] próxima vez
seferden kaldırıldı [kaldãrãldã] voo cancelado; partida cancelada
sefer numarası [numarassã] número do voo
sefer sayısı [saiãssã] número do voo
sekiz oito
sekizinci [sekizindji] oitavo(a)
seks sexo
seksen oitenta
sel inundação
Selçuklular [Seltchuklar] os Seljuk (dinastia turca)
sele [selé] sela
seloteyp [seloteip] fita adesiva
sema cerimônia dervixe
sempatik bom/boa
semt área; distrito; vizinhança
sen você
sende [sendé] você; em você
senden (de) você
sene [sené] ano
seni você
senin seu/sua; seus/suas
seninki seus
sepet cesta
serbest vazio(a); livre; independente
sergi exposição; feira de negócios
serin fresco(a)
sersem tolo(a); bobo(a)
serseri vagabundo(a)
sert duro; difícil
sert dönüş curva acentuada
sert lensler lentes de contato rígidas
sert viraj curva acentuada
servis dahildir taxa de serviço incluída
servis istasyonu posto de combustível
servis otobüsü [otobiussiu] ônibus fechado
servis ücreti [iudjréti] taxa de serviço
ses voz
sessizlik silêncio
sever:... sever misiniz? você gosta de...?
sevgi amor
sevici [sevidji] lésbica
sevilen popular
sevişmek [sevishmek] fazer amor
sevmek amar
seyahat [seiarrat] viagem

seyahat acentası [adjentassã] agência de viagem
seyahat çeki [tcheki] cheque de viagem
seyahat çekleri [tchekleri] cheques de viagem
seyahat etmek viajar
seyirci [sei-irdji] audiência
seyretmek [seirétmek] olhar; observar; assistir
...-sı [-sã] dele; dela
sıcak [sãdjak] quente
hava sıcak está quente
sıcaklık [sãdjaklãk] calor; temperatura
sıcak su [sãdjak] água quente
sıçan [sãtchan] rato
sıfır [sãfãr] zero
sığ [sã-ã] raso(a)
sıhhat [sãrrat] saúde
sık [sãk] frequente; denso(a); espesso(a)
sıkıcı [sãkãdjã] chato(a)
sıkıntılı [sãkãntãlã] fraco(a); chato(a)
sıkışmış [sãkãshmãsh] preso(a)
sıkmayınız não torcer (roupa)
sık sık [sãk] geralmente
...-sın [-sãn] você é/está
sınav [sãnav] exame
sınıf [sãnãf] classe; tipo
sınır [sãnur] fronteira; borda
...-sınız [-sãnãz] vocês são/estão
sırasında [sãrassãnda] durante
sırf [sãrf] somente
sırf gidiş [gidish] bilhete/passagem simples
sırt [sãrt] costas
sırt ağrısı [a-arãssã] dor nas costas
sırt çantası [tchantassã] mochila
sıska [sãska] magro(a)
sızıntı [sãzãntã] escapamento; vazamento
...-si dele; dela
sigara cigarro
sigara içenler [itchenlér] fumantes
sigara içilen [itchilen] permitido fumar
sigara içilmez proibido fumar
sigara içmek [itchmek] fumar
sigara içmek yasaktır proibido fumar
sigara içmeyenler [itchmeienlér] não fumantes
sigara içmeyenlere mahsus bölüm/kısım [itchmeienléré marrssus bólium/kãssãm] ala para não fumantes
sigara içmeyenlere mahsus (kompartıman) [kompartãman] não fumantes (compartimento)
sigara içmeyiniz não fume
sigorta seguro; fusível
sigorta kutusu caixa de fusíveis; disjuntores
sigorta teli fio do fusível
silah arma
silecekler [siledjéklér] limpador de para-brisa

silgi borracha (de apagar)
...-sin você é/está
sinek mosca
sinema cinema
sinir hastası [rratassã] neurótico(a)
sinirli nervoso(a)
...-siniz vocês são/estão
sinyal seta; indicador
sipariş [siparish] ordem; pedido
sis nevoeiro; névoa
sisli nebuloso(a)
site [sité] condomínio
sivil civil
sivilce [sivildjé] espinha
sivrisinek mosquito
sivrisinek ilacı [iladjã] repelente para mosquito
siyah preto(a)
siyah beyaz [beiaz] preto e branco
siz você
...-siz sem
sizde [sizdé] (em) você(s)
sizde kalsın [kalsãn] por favor, fique com isso
sizden de você(s)
size [sizé] para você(s)
sizi você(s)
sizin seu/sua; seus/suas
sizinki seu/sua; seus/suas
sizinle [sizinlé] com você(s)
sizlerin seus
ski yapmak esqui
slayt [slait] diapositivo
sofa hall
soğuk [so-uk] frio (adj e subst)
soğuk aldım [aldãm] estou resfriado(a)
soğuk algınlığı [algãnlã] resfriado(a)
soğuk su água gelada
Sok. R. (rua)
sokak rua; estrada
sokma picada de inseto
sokmak picar; morder; enfiar; inserir
sokulgan simpático(a)
sol esquerda
sola à esquerda
sola dön [dón] vire à esquerda
sola dönülmez proibido virar à esquerda
sola dönün [dóniun] vire à esquerda
solak canhoto(a)
sola sapın [sapãn] vire à esquerda
sola viraj curva à esquerda
solda na esquerda
solgun pálido(a); claro(a)
solunda à esquerda de
somun porca (para parafuso); pão
somun anahtarı [anarrtarã] chave inglesa
son fim; último(a); final
yolun sonunda no final da rua
sona erdi acabou
sonbahar outono
sonbaharda no outono
son derece [deredjé] extremamente

Turco → Português

son durak terminal
son hareket último trem/ ônibus
son istasyon terminal de trem
son kullanma tarihi ... use antes de...; data de validade
son moda na moda
sonra próximo; depois
...-den sonra depois
daha sonra depois
sonradan depois; mais tarde
sormak perguntar
soru pergunta
sorumlu responsável
sorun problema
hiç sorun değil! [rritch - de-**il**] sem problemas!
sorun nedir? o que está errado?
sorup öğrenmek [ó-renm**é**k] descobrir
soyadı [soiad**ã**] sobrenome
soyunma odası [odass**ã**] provador
sömestr [sóm**e**sstr] termo; período
söndürmek [sóndiurm**e**k] extinguir; apagar
sönük [són**iuk**] apagado(a); extinto(a)
sörf [sór**f**] surfe
sörf tahtası [tarrtass**ã**] prancha de surfe
sörf yapmak surfar
söylemek [sóilem**e**k] dizer; contar
sözcük [sózdji**uk**] palavra
sözlük [sózl**iuk**] dicionário
söz vermek [sóz] prometer
spiral [spir**al**] espiral
spor esporte
spor malzemeleri artigos esportivos
spor salonu ginásio
spor tesisleri área de esportes
stabilize yol estrada de terra ou pedra
su água; rio; riacho
...-su seu; sua
suçiçeği [sutchitché-**i**] catapora
sufi dervixe; místico
su geçirmez [getchirm**ez**] à prova d'água
su kayağı [kaia-**ã**] esqui aquático
Sultan Ahmet Camii [arrm**é**t djam**i**] Mesquita Azul
...-sun você é/está
suni artificial; falso(a); afetado(a)
...-sunuz vocês são/estão
Suriye [suri**e**] Síria
Suriyeli sírio(a)
sus! cale-se!
susadım [sussad**ã**m] estou com sede
susamak estar com sede
su sporları [sporlar**ã**] esportes aquáticos
suyla [sui**la**] com água
...-suz sem
...-sü [-si**u**] seu; sua

So

süet [siuét] camurça
sükseli [siukséli] elegante
...-sün [-siun] você é/está
sünger [siungér] esponja
sünnet [siunét] circuncisão
...-sünüz [-siuniuz] vocês são/estão
süper [siuper] super; ótimo
süpürge [siupiurgé] vassoura
sürahi [siurarri] jarro
sürat tahdidi limite de velocidade
süre [siuré] período
sürgülemek [siurgiulemek] rebitar
sürmek [siurmek] dirigir; caluniar; espalhar; continuar
sürpriz [siurpriz] surpresa
sürücü [siuriudjiu] motorista
sütlü çikolata [siutliu tchikolata] chocolate ao leite
sütsüz çikolata [siutsiuz tchikolata] chocolate puro
sütun [siutun] coluna
sütyen [siutien] sutiã
svetşört [suétshórt] blusa de moletom

Ş

şadırvan [shadãrvan] fonte anexa à mesquita para as abluções rituais
şafak [shafak] começo; amanhecer
şahane [sharrané] ótimo(a); excelente; muito bom
şair [shair] poeta
şaka [shaka] piada
şal [shal] xale
şalter [shalter] disjuntor principal
şamandıra boia
şampuan [shampuan] xampu
şampuan ve mizanpli [vé] lavar e pentear
şans [shans] sorte
şapka [shapka] chapéu
şarkı [sharkã] canção
şarkıcı [sharkãdjã] cantor(a)
şarkı söylemek [sharkã sóilémek] cantar
şarküteri [sharkiuteri] delicatéssen
şart [shart] essencial
... şarttır [shar-tãr] é essencial que...
şaşılacak [shashãladjak] espantoso(a); surpreendente
şaşırtıcı [shashãrtãdjã] surpreendente
şato [shatô] castelo
şayet [shaiét] se
şebeke planı [shébéké planã] mapa de rede
şef [shef] chefe
şehir [sherrir] cidade
şehirde [sherrirdé] na cidade
şehiriçi [sherriritchi] local; correio local
şehir kodu código de área

şehirlerarası konuşma [sherrirlérarassã konushma] telefonema interurbano
şehirlerarası otobüs işletmesi [otobius ishlétmessi] serviço de ônibus de longa distância
şehir merkezi centro da cidade
şehir planı [planã] mapa da cidade
şehir turu passeio turístico pela cidade
şehzade [sharrzadé] príncipe; herdeiro natural
şeker [sheker] açúcar; doce; docinho
şeker hastası [rrastassã] diabético(a)
şemsiye [shemsi-e] guarda--chuva
şenlik [shenlik] carnaval; parque de diversão
şerefe [shéréfé] balcão de minarete
şerefe! saúde! (brinde)
şerit [sherit] pista da rodovia
şerit metre [metré] fita métrica
şey [shei] coisa
şeyh [sheirr] xeque (líder de ordem religiosa)
şezlong [shezlong] espreguiçadeira
şık [shãk] na moda
şiddetli [shi-détli] afiado(a)
şikayet [shikaiét] reclamação; queixa
şikayet etmek reclamar
şilebezi [shilébezi] gaze; pano de fralda
şilte [shilté] colchão
şimdi [shimdi] agora
şimdi değil [de-il] não agora
şimdi anladım [anladãm] vejo; agora entendo
şimdiden [shimdiden] já
şimşek [shimshék] raio; relâmpago
şirket [shirkét] companhia; firma
şişe [shishé] garrafa
şişe açacağı [atchadja-ã] abridor de garrafa
şişlik [shishlik] inchaço
şişman [shishman] gordura; gordo(a)
şişmiş [shishmish] inchado(a)
şofben [shofben] aquecedor de água
şoför [shofór] motorista
şoför ehliyeti carteira de motorista
şok [shók] choque
şort [short] shorts
şöyle [shóilé] assim; tal que
şöyle böyle [bóilé] mais ou menos
şu [shu] este/esta; aquele/aquela
şubat [shubat] fevereiro
şube [shubé] divisão
şu ...-lar aqueles/aquelas ...
şunlar [shunlar] aquele/aquela
şura [shura] aquele lugar

şurada [shurada] ali
şurda [shurda] lá
şurup [shurup] xarope para tosse

T

...-ta em
taahhütlü [ta-arriutliu] por carta registrada
taahhütlü mektup carta registrada
tabak prato
taban chão; base; andar
tabanca [tabandja] arma; pistola
tabii! [tabi-i] claro!; é claro!
tabii değil [de-il] claro que não
tabla cinzeiro
tablet çikolata [tchikolata] barra de chocolate
tahta [tarrta] madeira
takıldı [takãldã] agarrado(a), preso(a)
takım [takãm] jogo; time
takım elbise [elbissé] terno (roupa masculina)
takıp denemek [takãp] experimentar; provar
takip etmek seguir
taklit imitação; falsificação
takma ad apelido
takma diş [dish] dentadura
taksi táxi
taksi durağı [dura-ã] ponto de táxi
taksimetre [taksimetré] taxímetro
taksi şoförü [shofóriu] motorista de táxi
taksitler parcelas
takunya tamancos usados nos banhos turcos
takvim calendário
talep etmek exigir
tali secundário(a)
talihin açık olsun! [atchãk] boa sorte!
tali yol kavşağı cruzamento de via preferencial com secundária
talk pudrası [talk pudrassã] talco
tam muito(a); exato(a); completo(a); inteiro(a); perfeito(a)
tamam está certo(a); completo(a); terminado(a); perfeito(a)
tamam! certo!
(böyle) tamam [bóilé] assim está ótimo
...-in tamamı [tamamã] tudo de...
tamamen completamente
tamamlamak terminar
tam bilet passagem inteira
tamirci [tamirdji] mecânico
tamir etmek recuperar; emendar
tamirhane [tamir-rrané] oficina mecânica
tam pansiyon pensão completa
tampon para-choque; para-lama; tampão

tam ücret [iudjrét] tarifa exata
tam zamanında [zamanãnda] pontual
tanbur instrumento de corda de braço longo, semelhante ao alaúde
tane [tané] item; peça
tanık [tanãk] testemunha
tanım [tanãm] descrição
tanımak [tanãmak] saber; reconhecer
tanıştığımıza memnun oldum! [tanãshtã-mãza] prazer em conhecê-lo(a)!
tanıştırmak [tanãshtarmak] apresentar
tanıtmak [tanãmak] apresentar
Tanrı [tanrã] Deus
tanrıça [tanrãtcha] deusa
tanrılar [tanrãlar] deuses
tansiyon pressão arterial
tapınak [tapãnak] templo
taraf lado; parte
... tarafından yazılan [tarafãndan iazãlan] escrito por...
tarafta: bu tarafta por aqui
o tarafta por lá
taraftar fã
tarak pente
taramak pentear
tarife [tarifé] taxas; tabela de preços; horários
tarifeli sefer voo regular
tarih [tarirr] data; história
tarihi yerler [tarirri] lugares históricos
tarla campo
tas tigela; bacia; privada
taş [tash] pedra; rocha
taşımak [tashãmak] carregar
taşıma ücreti [tashãma iudjréti] tarifa
taşıt [tashãt] veículo
taşıt giremez proibida a entrada de veículos
taşıt trafiğine kapalı yol fechado para veículos
tat sabor
tatil feriado; férias
tatilde [tatildé] nos feriados; nas férias
tatil köyü [kói-iu] condomínio de casas de veraneio
tatil sitesi condomínio de casas de veraneio
tatmak provar
tava frigideira
tavan teto
tavla gamão
tavsiye etmek [tavsi-e] recomendar
tayyör [tai-ór] tailleur; conjunto (feminino)
taze [tazé] fresco(a)
taze boya tinta fresca
TC [té djé] República da Turquia
TCDD [té djé dé dé] Ferrovia Federal da Turquia
...-te [té] em
tebrikler! parabéns!
tecrübeli [tédjriubéli] experiente

tedavi tratamento
tedavi etmek tratar
tedricen [tedridjen] gradualmente
tehlike [terrliklé] perigo
tehlike çıkışı [tchãkãshã] saída de emergência
tehlikeli perigoso(a)
tehlikeli akıntı corrente perigosa
tehlikeli eğim declive acentuado
tek único(a); somente
tekel monopólio governamental do álcool e fumo
Tekel bayii [bai-i] loja de bebidas alcóolicas e fumo
tekerlek roda
tekerlekli araba trólebus
tekerlekli sandalye [sandalie] cadeira de rodas
tek gidiş bilet [gidish] bilhete simples; bilhete de ida
tekke [té-ké] convento dervixe
tek kişilik (bir) oda [kishilik] quarto de solteiro
tek kişilik yatak cama de solteiro
teklif etmek oferecer; propor
tekrar de novo
tekrar gelmek voltar
tekrarlamak repetir
tek yön [ión] pista de mão única
tek yönlü yol [iónliu] pista de mão única
tel arame
teleferik teleférico
telefon telefone
telefon etmek telefonar; ligar
telefon kabini cabine telefônica
telefon kartı [kartã] cartão telefônico
telefon kodu código de discagem
telefon konuşması [konushmassã] ligação telefônica; conversa telefônica
telefon kulübesi [kuliubessi] cabine telefônica
telefonla uyandırma [uiandãrma] chamada para despertar
telefon numarası [numarassã] número telefônico
telefon rehberi [rerrberi] agenda telefônica
teleks telex
telesiyej [telessiej] elevador de esqui
televizyon televisão
telgraf telegrama
tembel preguiçoso(a)
temiz limpo(a)
temizlemek limpar
temizleme kremi [temizlemé] loção de limpeza
temizleme losyonu loção de limpeza
temizleme sıvısı [sãvãssã] solução de limpeza
temizleyici krem [temizleidji] loção de limpeza

temmuz julho
temsilci [temsildji] agente; representante
tencere [tendjéré] panela; caçarola
teneke kutu [ténéké] lata
tenis kortu quadra de tênis
tepe [tepé] colina; morro
tepsi bandeja
terbiyesiz rude; mal-educado(a)
tercih etmek preferir
tercüman [terdjiuman] tradutor(a); intérprete
tercüme [terdjiumé] tradução
tercüme etmek traduzir; interpretar
terlemek suar
terlik chinelo(s)
termometre [termometré] termômetro
termos garrafa térmica
tersane [térsané] estaleiro
... Tersanesi Estaleiro...
terzi alfaiate
tesadüfen [tessadiufen] por acaso
tesisatçı [tessissat-tchã] encanador
teslim entrega
teslim etmek entregar
teşekkür (ederim) [teshekiur] obrigado(a)
çok teşekkür ederim [tchok] muito obrigado(a)
teşekkür etmek agradecer
teyp [teip] fita; fita cassete; gravador
teyze [teizé] tia (materna)
THT [té rré té] serviço de voos domésticos
THY [té rrá ié] Turkish Airlines
tıkaç [tãkatch] tampa
tıkalı [tãkalã] bloqueado(a)
TIR [tãr] treminhão
tıraş fırçası [tãrash fãrtchassã] pincel de barba
tıraş köpüğü [kópiu-iu] creme de barbear
tıraş losyonu pós-barba
tıraş makinesi barbeador elétrico
tıraş makinesi prizi tomada para barbeador
tıraş olmak barbear
tıraş sabunu sabonete de barbear
tırnak [tãrnak] unha
tırnak cilası [djilassã] esmalte de unha
tırnak fırçası [fãrtchassã] escova de unha
tırnak makası [makassã] cortador de unha
tırnak törpüsü [tãrnak tórpiussiu] lixa de unha
tiksindirici [-ridji] nojento(a)
tip [tip] tipo
tipi nevasca
tipik típico(a)
tirbuşon [tirbushon] saca-rolhas
tişört [tishórt] camiseta
tiyatro teatro
TL [té lé] lira turca

tok cheio(a); grosso(a)
ton vermek tinta
top bola
toplam total
toplamak colecionar
toplantı [toplantã] encontro
toplu iğne [i-né] alfinete
toprak Terra
toprak eşya [eshia] cerâmica
topuk salto
tornavida chave de fenda
torun neto/neta
toz pó; poeira
tozlu empoeirado(a)
trafik ışıkları [ãshaklarã] semáforo
trafik kanunu leis de trânsito
trafik kazası [kazassã] acidente na estrada
Trafik Kuralları código de trânsito
trafik lambaları [-larã] semáforos
trafik tıkanıklığı [tãkanãklã-ã] engarrafamento
Trakya Trácia (região no sudeste europeu)
tramplen trampolim
tramvay [tramvai] bonde
tren trem
trenle [trenlé] de trem
tren bileti bilhete de trem
tren istasyonu estação ferroviária
tren yolu geçidi [getchidi] passagem de nível
triko roupa de tricô
troleybüs [troleibius] trólebus
TRT [té ré té] Rádio e Televisão Turca
Truva Troia
tuğla [tu-la] tijolo
tuhaf estranho
tuhafiyeci [turrafiedji] loja de armarinhos; bazar
tur excursão
turist turista
turistik otel hotel turístico
turizm turismo
turizm bürosu [biurossu] escritório de turismo
turnike [turnike] catraca; roleta
tur operatörü [operatóriu] agência de viagem
turuncu [turundju] laranja (cor)
tutar quantidade; porção
tutmak aceitar; segurar; alugar; suportar
tutuklamak prender
tutuşmak [tutushmak] pegar fogo
tutuşturmak [tutushturmak] incendiar; inflamar
tuvalet banheiro
tuvalet kağıdı [kiaãdã] papel higiênico
tuvalet temizleyicisi [temizleidjissi] água sanitária
tuzlu salgado(a)
tüfek [tiufék] rifle
tüh! [tiurr] oh, não!
tükendi [tiukendi] vendido(a)
tükenmez (kalem) [tiukenmez] esferográfica

tüm [tium] inteiro(a)
tümüyle [tiumiuilé] completamente
Tünel [tiunél] linha do metrô de Istambul
tünel túnel
tüpgaz [tiupgaz] botijão de gás; gás para acampamento
tür [tiur] tipo
ne tür ...? [né] que tipo de...?
türbe [tiurbé] tumba
... Türbesi [tiurbéssi] Tumba de...
Türk [tiurk] turco(a)
Türkçe [tiurktché] turco (idioma); em turco
Türk Hava Yolları [iol-larã] Turkish Airlines
Türkiye [tiurki-e] Turquia
Türkiye Cumhuriyeti [tiurki-e djumrruriéti] República da Turquia
Türkiye Cumhuriyeti Devlet Demiryolları Ferrovia Estadual Turca
Türkiye Radyo Televizyon Kurumu Corporação Turca de Rádio e Televisão
Türkiye'ye giriş tarihi data de entrada na Turquia
Türk Lirası [lirassã] lira turca
Türk sanat müziği [miuzi-i] música clássica turca
türkü [tiurkiu] música folclórica
türlü [tiurliu] tipo; variedade
tütün [tiutiun] fumo

U

...-u terminação do caso acusativo
ucuz [udjuz] barato(a)
uçak [utchak] aeronave
uçakla aéreo; via aérea
uçak postası [posstasã] via aérea
uçak postasıyla [postassãila] por via aérea
uçak seferi voo
uçak zarfı [zarfã] envelope aéreo
uçmak [utchmak] voar
uçuk [utchuk] claro(a); pálido(a)
uğramak: ...-e uğramak [-é u-ramak] fazer uma visitinha
ulus nação
uluslararası [ulusslararassã] internacional
...-um meu; sou/estou
ummak esperar
umumi geral; comum; público
umumi hela banheiro público
umumi tatil feriado
umumi telefon telefone público
umut esperança; expectativa
...-umuz nosso/nossa
...-un de; seu/sua
unutmak esquecer
unuttum esqueço; esqueci
...-unuz seu/sua
unvanı [unvanã] título

usta mestre
ustura navalha
utanç [utantch] vergonha
utanç içinde [itchindé] envergonhado(a)
utandırıcı [utandãrãdjã] embaraçoso; vergonhoso(a)
utangaç [utangatch] tímido(a)
uyandırmak [uiandãrmak] acordar
uyanık [uianãk] acordado(a); vigilante; desperto(a)
uyanmak acordar
uydurma şeyler [uidurma sheilér] bobagem
uygun [uigun] conveniente; apropriado(a); razoável
uykuda [uikuda] adormecido(a)
uyku ilacı [uiku iladjã] comprimido para dormir
uykulu [uikulu] sonolento(a)
uykusu gelmiş [uiku gelmish] preguiçoso(a)
uykusuzluk [uikussuzluk] insônia
uyku tulumu [uiku] saco de dormir
uyluk [uiluk] coxa
uyruk [uiruk] nacionalidade
... uyruğu [uiru-u] nacionalidade...
uyudunuz: iyi uyudunuz mu? [uiudunuz] você dormiu bem?
uyumak [uyumak] dormir
uyuşturucu [uiushturudju] drogas; narcóticos
...-uz nós somos/estamos
uzak longe
uzakta distante
uzak dur não entrar; manter distância
uzaklık [uzaklãk] distância
uzanmak deitar
uzatma kablosu extensão
uzun longo(a)
uzun boylu alto(a)
uzunluk comprimento
uzun süre [siuré] muito tempo

Ü

...-ü [-iu] terminação do caso acusativo
ücret [iudjrét] custo; pagamento; imposto; salário
ücretler [iudjrétlér] cobrança; salário
ücretsiz giriş entrada gratuita
üç [iutch] três
üçüncü [iutchiundjiu] terceiro
üçüncü kat terceiro andar
ülke [iulké] país; nação
ülser [iulsér] úlcera
...-üm [-ium] meu; sou/estou
...-ümüz [-iumiuz] nosso/nossa
...-ün [-iun] de; seu/sua
üniversite [iuniversité] universidade
ünlü [iunliu] famoso(a)
...-ünüz [-iuniuz] seu/sua
üst [iust] topo

üst bagaj yeri [bagaj] bagageiro de carro
üst kat andar de cima; em cima; último andar
üstte [ius-té] no alto; no topo
üstünde [iustiundé] em; acima; sobre
...-in üstünde no alto de...
üstünü değiştirmek [iustiuniu deishtirmek] trocar-se
üşümek [iushiumek] sentir frio
üşütmek [iushiutmek] pegar um resfriado
ütü [iutiu] ferro
ütülemek [iutiulemek] passar
üvey anne [iuvei an-né] madrasta
üvey baba padastro
...-üz [-iuz] somos/estamos
üzere [iuzeré] para; prestes a
üzerinden [iuzérinden] via; do topo de
üzgün [iuzgiun] triste
üzgünüm [iuzgiunium] desculpe

V

vadi vale
vagon reboque; vagão
vagon restoran vagão--restaurante
vajina [vajina] vagina
vakıf [vakãf] fundação religiosa islâmica
vakit tempo
vali governador
valide sultan [validé] mãe do sultão
valiz maleta
vana válvula
Van Gölü [góliu] lago Van
vantilatör [vantilatór] ventilador (elétrico)
vantilatör kayışı [kaiãshã] correia do ventilador
vapur navio a vapor; ferryboat de passageiros
vapur gezisi cruzeiro
var há
... var mı? [mã] há...?; você tem...?
ne var? [né] o que é isto?; qual o problema?
varış [varãsh] chegada
varış istasyonu destino
varış saati [sa-ati] horário de chegada
varmak: ...-e varmak [-é] chegar
varyete [varieté] variedade
vatan pátria
vay anasını! [vai anassãnã] estou frito(a)!
vay canına! [vai djanãnã] estou frito(a)!
vazo vaso
ve [vé] e
vejetaryen [vejetarien] vegetariano(a)
veresiye verilmez não vendemos a crédito
vergi imposto
vermek dar

vestiyer chapelaria
veteriner veterinário
veya [veia] ou
vezne [vezné] caixa registradora
veznedar caixa
vida parafuso
video (aleti) gravador de vídeo
video kamera câmera digital
vilayet [vilaiét] província
... Vilayeti Província de...
vilayet konağı [kona-ã] sede administrativa de uma província
viraj [viraj] curva
vites marcha do carro
vites kolu alavanca do câmbio
vites kutusu caixa de câmbio
vitrin vitrine
vitrinde [vitrindé] na vitrine
vize [vizé] visto
vizör [vizór] visor
voltaj [voltaj] voltagem
vurmak bater; atirar
vurunuz batida
vücut [viudjut] corpo

Y

ya ou
ya! oh!; é mesmo?
...-ya para
...-'ya para
yabanarısı [iabanarãssã] vespa
yabancı [iabandjã] estrangeiro(a)
yabancı dil kılavuzu [kilavuzu] guia de conversação
yabani selvagem
yafta letreiro; rótulo; pôster
yağ [ia-a] gordura; óleo
yağlı [ia-lã] engordurado(a)
yağlı güreş [giurésh] luta livre turca
yağmak [ia-amak] chover
yağmur [ia-amur] chuva
yağmurda na chuva
yağmur yağıyor [ia-ãior] está chovendo
yağmurluk [ia-amurluk] capa de chuva
yağ seviyesi nível do óleo
Yahudi judeu/judia
yaka colarinho; coleira
yakalamak pegar; prender
yakın [iakãn] perto
...-e yakın [-é] perto de...
en yakın ... o mais próximo...
yakında [iakãnda] breve; perto daqui; recentemente
yakınında [iakãnanda] perto
yakışıklı [iakãshãklã] belo(a); bonito(a)
yakıt deposu [iakãt] tanque; aquário
yaklaşık [iaklashãk] sobre; aproximadamente
yaklaşmak: ...-e yaklaşmak [-é iaklashmak] aproximar-se
yakmak queimar
yalanlamak negar

yalan söylemek [sóilémek] mentir; contar uma mentira
yalı [ialã] residência à beira-mar
yalnız [ialnãz] só; somente; sozinho(a)
 yalnız biraz só um pouco
 yalnız burada aqui
yalnız başıma [bashãma] feito por mim
yalnız başına [bashãna] feito por você
yalnız gidiş [gidish] passagem de ida
yan lado
yanak bochecha
yangın [iangãn] fogo
 yangın var! fogo!
yangın alarmı [alarmã] alarme de incêndio
yangın çıkışı [tchãkãshã] saída de emergência
yangın merdiveni saída de incêndio
yangın söndürme cihazı [sóndiurmé djirrazã] extintor de incêndio
yanık [ianãk] aceso(a); queimadura
yanında [ianãnda] ao lado de
yanıt [ianãt] resposta
yanıtlamak [ianãtlamak] responder
yanıyor [ianãior] está pegando fogo
yani então
yankesici [iankessidji] trombadinha
yanlış [ianlãsh] erro
yanlış anlama mal-entendido
yanlış numara número errado
yanmak queimar
yanmış [ianmãsh] queimado(a)
yapı [iapã] prédio
yapma artificial (adj)
 yapma! não faça! (verbo)
 yapma be!? [bé] é mesmo!?
yapmak fazer
yaprak folha
yar penhasco
yara ferida
yaralı [iaralã] ferido(a); machucado(a)
yararlı [iararlã] útil
yardım [iardãm] socorro
yardım etmek socorrer
yarı [iarã] metade
yarı fiyat metade do preço
yarım [iarãm] metade; meio(a)
 yarım düzine [iarãm] meia dúzia
 yarım saat [sa-at] meia hora
 yarım pansiyon meia-pensão
 yarım tarife [tarifé] meia-tarifa
yarın [iarãn] amanhã
 yarın sabah [sabarr] amanhã de manhã
 yarın görüşürüz [góriushiuriuz] até amanhã
yarış [iarãsh] corrida
yasa lei
yasak proibido(a)

yasak bölge zona restrita
yasaktır não é permitido(a)
yastık [iastâk] travesseiro; almofada
yastık kılıfı [kâlâfâ] fronha
yaş [yash] idade
yaşamak [yashamak] viver
yaşlı [iashlâ] idoso(a)
yaşlılar [iashlâlar] idosos(as)
yat iate
yatak cama
yatakhane [iatakrrané] dormitório
yataklı vagon [iataklâ] vagão--leito
yatak odası [odassâ] quarto
yatak takımı [takâmâ] jogo de cama
yatmak deitar-se; ir para a cama
yavaş [iavash] devagar; quieto
  yavaş! devagar!
  çok yavaş [tchok] bem devagar
yavaşça [iavash-tcha] devagar
yavaş git vá devagar
yavaş vasıta şeridi pista para veículos lentos
yay [iai] primavera
ya ... ya ... ou... ou...
yaya [iaia] pedestre; a pé
yaya geçidi [getchidi] travessia de pedestres
yaya giremez entrada proibida para pedestres
yayalar pedestres
yayalara mahsus bölge [iaialara - bólgé] área de pedestres
yayan [iaian] a pé
yaz verão
yazın [iazân] no verão
yazık [iazâk] pena; é uma pena
  ne yazık! [né] que vergonha!
yazı kâğıdı [iazâ kiaâdâ] papel de carta
yazı makinesi máquina de escrever
yazmak escrever
...-ye [-ié] para
...-'ye para
yedek sobressalente; reserva; suplente
yedek depo tanque reserva
yedek lastik estepe
yedek parça [partcha] parte extra
yedi sete
yedinci [iedindji] sétimo(a)
yeğen [ie-en] sobrinho; sobrinha
yelek colete
yelken vela
yelkencilik [ielkendjilik] navegação
yelkenli barco a vela
yelkenli sörf [sórf] windsurfe
yelkenliyle gezmek [ielkenli-ile] velejar
yelpaze [iélpazé] leque
yemek comer; refeição; prato; comida
yemeklerden önce [óndjé] entrada (refeição)

yemeklerden sonra depois da refeição
yemekli vagon vagão--restaurante
yemek salonu sala de jantar
yemek takımları [takãmlarã] cerâmica
yemek tarifi receita
yen manga (de camisa)
yenge [iengé] cunhada (esposa do irmão)
yeni novo(a)
Yeni Yıl [iãl] Ano-Novo
Yeni Yılınız Kutlu Olsun! [iãlãnãz] Feliz Ano-Novo!
yepyeni marca nova
yer lugar; assento; chão
yerde [ierdé] no chão
yeraltı şehri [sherr-ri] cidade subterrânea
yer ayırtmak [aiãrtmak] reservar
yerel local
yerel konuşma [konushma] ligação local
yerfıstığı [iérfãstã-ã] amendoim
yerine [ieriné] em vez de
yerleşmek [iérléshmek] conferir; resolver
yesaltı mezarı [iessaltã mezarã] catacumba
yeşil [ieshil] verde
yeşil kart [ieshil] cartão verde
yeter suficiente
bu kadar yeter é o suficiente
yeterince [ieterindjé] suficiente
yetişkin [ietishkin] adulto
yetişkinler [ietishkinlér] adultos
yetmez insuficiente
yetmiş [ietmãsh] setenta
...-yı [-iã] terminação do caso acusativo
yıkamak [iãkamak] lavar
yıkama ve mizanpli [iãkama vé] lavar e engomar
yıkanmak [iãkanmak] lavar-se
yıl [iãl] ano
yılan [iãlan] cobra
Yılbaşı (Gecesi) [iãlbashã (gedjesi)] véspera de Ano-Novo
yıldırım telgraf [iãldãrãm télgraf] telegrama
yıldız [iãldãz] estrela
yıldönümü [iãldóniumiu] aniversário
...-yım [-iãm] sou/estou
...-yız [-iãz] somos/estamos
...-yi terminação do caso acusativo
...-yim sou/estou
yine [i-né] novamente; ainda
yirmi vinte
yitirmek perder
yiyecek [i-iedjék] comida
...-yiz somos/estamos
yoğun bakım ünitesi [io-un bakãm iunitéssi] unidade de terapia intensiva (UTI)
yok não; não há; não há ninguém
... yok não há nenhum(a)...
yok be! [bé] realmente!
yok canım? [djanãm] realmente?

yoksa caso contrário
yol estrada; rota; caminho
yolcu [ióldj**u**] passageiro
yolcular passageiros
yolculuk [ióldjul**uk**] viagem
yolcu otobüsü [ióldj**u** otobiuss**iu**] ônibus
yolcu salonu sala de espera para passageiros
yolda çalışma obras na pista
yol hakkı preferência de passagem (trânsito)
yol inşaatı obras na pista
yol kapalı estrada interditada
yollamak enviar
yol ver dê passagem
yorgan edredom; colcha
yorgun cansado(a)
yorgunluktan bitmiş [bitm**ish**] muito cansado(a)
yosun alga-marinha
yön [i**ón**] direção
yönetici [iónetidj**i**] gerente
yönetici bayan [bai**an**] gerente (mulher)
...-yu terminação do caso acusativo
yukarı [iukar**ã**] cima
yukarıda [iukarãd**a**] no topo; acima; lá em cima
...-yum sou/estou
yumuşak [iumush**ak**] macio(a)
yumuşak kontak lensleri lentes gelatinosas
Yunan grego(a)
Yunanistan Grécia
Yunanca [iunandj**a**] Grécia antiga
Yunanlı [iunanl**ã**] grego (homem)
Yunanlı kadın [kad**ã**n] grega
yurdumda em casa (no meu país)
yurt casa; lar; albergue de estudantes; albergue
yurtdışı [iurtdãsh**ã**] no exterior
yurt dışında [dãshãnd**a**] no exterior
yurtdışı posta ücretleri [iurtdãsh**ã** - iudjr**é**tleri] taxas de postagem internacional
yurtiçi [iurtitch**i**] no interior
yurtiçi posta ücretleri [iudjr**é**tleri] taxa postal nacional
yutmak engolir
yuvarlak redondo(a)
...-yuz somos/estamos
...-yü [-i-**iu**] terminação do caso acusativo
yüksek [iuks**é**k] alto(a)
yükseklik [iukséskl**ik**] altura
yüksek sesle [sessl**é**] alto (som)
yüksek tansiyon pressão alta
...-yüm [-i-**ium**] sou/estou
yün [i-**iun**] lã
yünlü [i-iunl**iu**] de lã
yürümek [iuriumek] andar
yürüyüş [iuriui-**iush**] caminhada
yürüyüşe çıkmak [iuriui-iush**é** tchãkm**ak**] caminhar
yüz [i-**iuz**] face; superfície; cem
...-yüz [-i-**iuz**] somos/estamos
yüzde [i-iuzd**é**] por cento
yüzde yüz 100 por cento
yüz kremi creme facial

yüz losyonu tônico
yüzme [iuzmé] natação
yüzmeye gitmek [iuzméié] nadar
yüzme havuzu piscina
yüzmek [iuzmék] nadar
yüzmek yasaktır proibido nadar
yüz numara banheiro
yüzük [iuziuk] anel
yüzyıl [iuz-iãl] século

Z

zam aumento
zaman tempo; quando
zaman? quando?
o zaman então; naquela hora
zaman zaman de tempos em tempos
zamk cola
zarar dano
zararı yok [zararã] não se preocupe
zarar vermek danificar
zarf envelope
zarif elegante
zaruri essencial; necessário(a)
zaten de qualquer jeito
zatürree [zatiur-ré] pneumonia
zaviye [zavi-ie] alojamento para dervixes
zayıf [zaiãf] delgado(a); estreito(a); fraco(a)
zehir veneno
zehirli venenoso(a)
zeki inteligente
zemin kat térreo
zengin rico(a)
zevkli agradável; divertido(a)
zil sino
zincir [zindjir] corrente
ziyan perda; dano; estrago
ziyaret visita
ziyaret etmek visitar
zor difícil
zorluk dificuldade
zurna instrumento de sopro semelhante ao oboé
zücaciye [ziudjadji-ie] loja de utilidades domésticas

Menu:

Comida

Termos Básicos

antepasto/aperitivo meze [mezé]
colher kaşık [kashãk]
copo (de água) bardak
(de vinho) kadeh
entrada ordövr [ordóvr]; meze [mezé]
faca bıçak [bãtchak]
garfo çatal [tchatal]
menu yemek listesi
menu a preço fixo tabldot [tabldot]
mesa masa
pimenta biber
prato tabak
pratos com carne et yemekleri
sal tuz
salada salata
sobremesa tatlı [tat-lã]
sopa çorba [tchorba]
xícara fincan [findjan]

mais um... başka bir... [bashka]
por favor! (para chamar garçom/garçonete) bakar mısınız! [mãssãnãz]
a conta, por favor? hesap, lütfen [rressap liutfen]

Alfabeto Turco

Esta seção está na ordem alfabética turca:
a, b, c, ç, d, e, f, g, ğ, h, ı, i, j, k, l, m, n, o, ö, p, r, s, ş, t, u, ü, v, y, z

acı biber [adjã] pimenta
Adana kebabı [kebabã] espeto de carne moída com tempero picante
ahtapot [arrtapot] polvo
ahtapot salatası [salatassã] salada de polvo
ahududu [arrududu] framboesa
akıtma [akãtma] panqueca
akşam yemeği [aksham iémé-i] jantar (subst)
alabalık [alabalãk] truta
amerikan salatası [salatassã] salada russa: batata, ervilha, salame e pepino em conserva com maionese
ananas abacaxi
ançüez [antchiuez] anchova
armut pera
Arnavut ciğeri [djiéri] fígado frito apimentado, com cebola
aşure [ashuré] sobremesa feita de grãos, nozes e frutas secas ("pudim de Noé")
av eti carne de caça
ayşekadın fasulyesi [aishékadãn fassuliessi] vagem
ayva [aiva] marmelo
ayva laabı [la-abã] marmelada
ayva reçeli [retchéli] geleia de marmelo
az pişmiş [pishmish] malpassado

badem amêndoa
badem kurabiyesi biscoito amaretto
badempare [-paré] biscoito de amêndoa com calda
badem tatlısı [tatlãssã] biscoito de amêndoa com calda
baharat tempero; condimento
baharatlı [barraratlã] condimentado
bakla fava
baklava doce mil-folhas recheado de nozes com calda
bal mel
bal kabak abóbora
balık [balãk] peixe
balık buğulaması [bu-ulamassã] peixe assado com tomate
balık çorbası [tchorbassã] sopa de peixe e limão
balık köftesi [kóftéssi] bolinho de peixe
balık pane [pané] peixe à milanesa
balık plaki peixe assado com batata, cenoura, aipo e cebola
bamya quiabo
barbunya tainha-vermelha; tipo de feijão-vermelho
barbunya pilakisi feijão cozido com azeite e servido quente ou frio
barbunya tava tainha--vermelha frita
bazlama tipo de pão-folha assado em frigideira quente
beyaz peynir [beiaz peinir] queijo branco (de cabra, ovelha, vaca), semelhante ao feta grego

beyaz peynirli makarna talharim com queijo branco
beyin salatası [bei-**i**n salatass**ã**] salada de miolo
beyin tava fatias de miolo empanadas
beykın [beik**ã**n] bacon
bezelye [bezeli**é**] ervilha
bıldırcın ızgara [bãldãrdj**ã**n ãzgar**a**] codorna grelhada
bıldırcın yahni ensopado de codorna com cebola
biber pimenta; pimentão
biber dolması [dolmass**ã**] pimentão recheado
biftek bife
bir buçuk [butch**u**k] uma porção e meia
bisküvi [biskiuv**i**] biscoito; bolacha
bonfile [bonfil**é**] bife de filé
böbrek [bóbr**é**k] rim
böbrek ızgara [ãzgar**a**] rim grelhado
böbrek sote [sot**e**] rim salteado
böğürtlen [bó-iurtl**é**n] amora-
-preta
börek [bór**é**k] torta com recheio de queijo, carne ou espinafre
börülce [bóriuldj**é**] feijão-
-fradinho
Brüksel lahanası [briuks**é**l larranass**ã**] couve-de-bruxelas
buğulama [bu-ulam**a**] fervido; cozido
bulgur trigo bulgur; trigo quebrado
bulgur pilavı [pilav**ã**] trigo bulgur cozido com tomate
Bursa kebabı [kebab**ã**] fatias (kebab) de carneiro ou boi grelhadas, no pão árabe, com molho de tomate e iogurte
bülbül yuvası [biulb**iu**l iuvass**ã**] sobremesa com nozes e calda

cacık [djadj**ã**k] sopa fria de iogurte com pepino e alho
caneriği [djaneri-**i**] rainha-
-cláudia (tipo de ameixa)
ceviz [djev**i**z] noz
cezeriye [djezeri-i**e**] doce de cenoura, mel e nozes
ciğer [dji-**é**r] fígado
ciğer sarması [sarmass**ã**] picadinho de fígado envolto em gordura de cordeiro
ciğer tava fígado frito
cips [djips] batata chips

çam fıstığı [tcham fãstã-**ã**] pinhole
çavdar ekmeği [tchavd**a**r ekme-**i**] pão de centeio
çerez [tcher**e**z] sementes de abóbora, grão-de-bico, amêndoa etc., servidas em bares
Çerkez peyniri [tcherk**e**z peinir**i**] queijo semelhante ao edam
Çerkez tavuğu [tcherk**e**z] frango desfiado frio em molho de nozes e alho
çeşni veren otlar [tcheshn**i**] ervas

çevirme [tchevir**mé**] assado no espeto
çılbır [tchãl**bãr**] ovo pochê com iogurte
çift porsiyon [tchift] porção dupla
çiğ köfte [tch**i**-i kóf**té**] quibe cru
çikolata [tchikol**a**ta] chocolate
çikolatalı [tchikolata**lã**] com chocolate
çikolatalı dondurma sorvete de chocolate
çikolatalı pasta bolo de chocolate
çilek [tchi**lék**] morango
çilekli dondurma [tchi**lék**li] sorvete de morango
çilek reçeli [ret**ché**li] geleia de morango
çipura [tchipur**a**] brema-de--cabeça-dourada
çiroz [tchir**oz**] cavala salgada e seca
çoban salatası [tchob**a**n salatas**sã**] salada mista de tomate, pepino e cebola
çocuk porsiyonu [tchodj**uk**] porção para criança
çorba [tchorb**a**] sopa
çöp kebabı [tchóp kebab**ã**] espetinho de carne
çörek [çó**rék**] pãozinho doce ou petisco picante
çulluk [tchu-l**uk**] galinhola
dana eti vitela
dana rozbif vitela assada
deniz ürünleri [iuriun**lér**] frutos do mar
dereotu [déréot**u**] endro
dil língua
dil balığı [balã-**ã**] linguado
dilber dudağı [duda-**ã**] docinhos folhados de nozes
dil peyniri [dil peynir**i**] queijo semelhante ao mussarela
dolma legumes recheados
domates tomate
domatesli com tomate
domatesli pilav arroz cozido com tomate
domatesli pirinç çorbası [pir**i**ntch tchorbas**sã**] sopa de tomate com arroz
domates salatası [salatas**sã**] salada de tomate
domates salçalı patlıcan kızartması [saltchal**ã** patlãdj**an** kãzartmas**sã**] berinjela frita com molho de tomate com alho
domates salçası [saltchas**sã**] extrato de tomate
domuz eti carne de porco
dondurma sorvete
döner kebap [dó**nér**] carneiro grelhado no espeto, servido em fatias finas, em geral com arroz e salada
dövme dondurma [dóv**mé**] tipo especial de sorvete viscoso
dut [dut] amora
düğün çorbası [diu-**iu**n tchorbas**sã**] sopa feita de caldo

de carne, iogurte e ovo ("sopa de casamento")
ekmek pão
ekmek kadayıfı [kadaiãfã] pudim de pão com calda servido com nata
ekşi [ekshi] azedo
elma maçã
elmalı tart [elmalã] torta de maçã
elma tatlısı [tatlãssã] sobremesa feita de maçã
enginar [enginar] alcachofra
erik ameixa
erişte [erishté] talharim curto caseiro
et carne de boi
etli com carne
etli ayşekadın [aishékadãn] carne com vagem
etli bezelye [bezelié] ensopado de carne e ervilha
etli biber dolması [dolmassã] pimentão recheado com arroz e carne
etli börek [bórék] torta de carne
etli bulgur pilavı [pilavã] trigo bulgur com carne
etli domates dolması [dolmassã] tomate recheado com arroz e carne
etli kabak dolması abobrinha recheada com arroz e carne
etli kapuska refogado de carne com repolho
etli kuru fasulye [fassulié] carneiro e feijão-branco em molho de tomate
etli lahana dolması [larrana dolmassã] folha de repolho recheada com arroz e carne (charutinho de repolho)
etli nohut ensopado de carne e grão-de-bico
etli taze fasulye [tazé fassulié] ensopado de carne e vagem-manteiga, tomate e cebola
etli yaprak dolması [dolmassã] folha de uva recheada de arroz e carne (charutinho de folha de uva)
et sote [soté] carne salteada
et suyu caldo de carne
ezme [ezmé] purê
ezo gelin çorbası [tchorbassã] sopa de lentilha-vermelha e arroz

fasulye [fassulié] feijão-branco
fasulye pilaki(si) feijão-branco cozido em azeite
fasulye piyazı [pi-iazã] salada de feijão-branco e cebola
fava purê de fava
fındık [fãndãk] avelã
fındık fıstık [fãstãk] noz
fırın [fãrãn] forno
fırında [fãrãnda] assado
fırın sütlaç [siutlatch] arroz doce assado
fıstık [fãstãk] amendoim; pinhole

fıstıklı [fãstãklã] com pistache
fıstıklı dondurma sorvete de pistache
fıstıklı muhallebi pudim de farinha de arroz e água-de--rosas, com grãos de pistache
fileto filé
füme [fiumé] defumado
füme dil [fiumé] língua defumada

garnitür salata [garnitiur] salada de acompanhamento
gözleme [gózlémé] pão-folha com diversos recheios; panqueca
greyfrut grapefruit
güllaç [giu-latch] wafer de arroz recheado com nozes, cozido em calda de leite com açúcar com aroma de rosa
gümüş balığı [giumiush balã-ã] peixe-espada
güveç [giuvétch] ensopado de carne e legumes
güvercin [giuverdjin] pombo

hamsi anchova
hanım parmağı [rranãm parma-ã] bolinho em formato de dedo, frito e servido com calda de açúcar ("dedo de moça")
hardal mostarda
has ekmek pão branco
haşlama [rrashlama] ensopado; fervido; cozido
haşlanmış yumurta [rrashlanmãsh] ovo cozido
havuç [rravutch] cenoura
havuç salatası [salatassã] salada de cenoura ralada
havyar caviar
haydari [rraidari] pasta espessa de iogurte com alho e endro ou hortelã
hazır yemek [rrazãr] comida pronta
helva helva: doce cozido de farinha de trigo ou semolina, manteiga, açúcar, água-de--rosas e pinholes
hesap conta; nota
hıyar [rrãiar] pepino
hindi peru
hindiba chicória silvestre
hindi dolması [dolmassã] peru recheado
hindistan cevizi [djevizi] coco
hoşaf [rroshaf] compota de fruta
höşmerim [rróshmerim] helva com queijo
hurma tâmara
hünkar beğendi [rriunkar be-endi] carne com molho de tomate servida com purê de berinjela ("delícia do sultão")

ıspanak [ãspanak] espinafre
ıspanaklı börek [ãspanaklã bórék] torta com recheio de espinafre

ıspanaklı yumurta ovos com espinafre
ıstakoz [ãstakoz] lagosta; lagostim
ızgara [ãzgara] grelhado
ızgara balık [balãk] peixe grelhado
ızgarada grelhado
ızgara köfte [kófté] almôndega grelhada
... ızgarası [ãzgarassã] ... grelhado
ızgara tavuk [ãzgara] frango grelhado
ızgara yemek pratos de carne grelhada

iç [itch] recheio
içecek [itchedjék] bebida
içli köfte [itchli kófté] quibe
iç pilav [itch] arroz com passa, pinhole e cebola
imam bayıldı [bayãldã] berinjela recheada com tomate, pimentão e cebola, cozida em azeite e consumida fria ("delícia do imame")
incir [eindjir] figo
irmik helvası [rrelvassã] helva de semolina: doce feito de semolina, pinholes, manteiga e açúcar
islim kebabı [islim kebabã] espetinho (kebab) cozido
istavrit cavala
istiridye [istiridié] ostra
işkembe çorbası [ishkembé tchorbassã] sopa de tripa (dobradinha)
İşkender kebabı [ishkendér kebabã] döner kebab (lembra o "churrasquinho grego") sobre pão pita, com molho de tomate e iogurte
iyi pişmiş [pishmish] bem--passado

jambon [Jambon] presunto
jelatin [jelatin] gelatina

kabak abobrinha
kabak dolması [dolmassã] abobrinha recheada
kabak kızartması [kãzartmassã] abobrinha frita
kabak reçeli [retcheli] geleia de abóbora
kabak tatlısı [tatlãssã] abóbora em calda com nozes
kabuklu deniz ürünleri [iuriunléri] marisco
kadayıf [kadaiãf] sobremesa de tiras de massa em calda
kadın budu köfte [kadãn - kófté] croquete de carne e arroz ("coxa de moça")
kadın göbeği [góbé-i] massa em forma de anel com calda ("umbigo de moça")
kağıt kebabı [kia-ãt kebabã] carneiro e legumes assados em papel
kağıtta barbunya [kia-ã-ta] tainha assada em papel

kağıtta pişmiş [pishm**i**sh] assado em papel
kahvaltı [karrvalt**ã**] café da manhã
kalamar lula; calamar
kalamar tava lula frita
kalkan linguado
kara biber pimenta-preta; pimenta-do-reino
karadut amora
kara ekmek pão preto
karagöz [karag**ó**z] brema-preta
kara turp raiz-forte
kara zeytin [zeit**i**n] azeitona preta
karışık [karãsh**ã**k] misto; misturado
karışık dondurma [karãsh**ã**k] sorvete misto
karışık ızgara [ãzgar**a**] churrasco misto
karışık salata salada mista
karides camarão
karides güveç [giuv**é**tch] camarão ensopado
karides kokteyl [kokt**e**il] coquetel de camarão
karides tava camarão empanado
karides tavası [tavass**ã**] camarão empanado
karnabahar couve-flor
karnabahar tavası [tavass**ã**] couve-flor frita
karnıyarık [karnãiar**ã**k] metade de uma berinjela recheada com carne
karper peyniri [peinir**i**] queijo processado
karpuz melancia
kaşar (peyniri) [kash**a**r peinir**i**] queijo amarelo suave
kaşar peynirli makarna talharim com kaşar
kavun variedade de melão
kavunlu dondurma sorvete de melão
kayısı [kaiãss**ã**] damasco
kayısı reçeli [retchel**i**] geleia de damasco
kaymak [kaim**a**k] nata
kaymaklı [kaimakl**ã**] com nata
kaymaklı dondurma sorvete de nata (de creme)
kaynamış yumurta [kainam**ã**sh] ovo cozido
kaz ganso
kazan dibi pudim de caramelo
kebap carne assada; espetinho (kebab)
keçi eti [ketch**i**] carne de cabra
keçi peyniri [peinir**i**] queijo de cabra
kefal tainha-cinza
kefal pilakisi tainha cozida em azeite, com legumes
kek bolo
keklik perdiz
Kemalpaşa [kemalpash**a**] bolinho mergulhado em calda
kepekli ekmek pão feito com farelo de trigo integral
kerevit pitu
kereviz bulbo de salsão

kestane [kestan**é**] castanha
kestane şekeri [shekeri] marrons-glacês; castanhas glaçadas
keş [kesh] queijo coalho seco
keşkek [keshk**e**k] carneiro com trigo bulgur
keşkül [késhk**iu**l] pudim de amêndoa
ketçap [ketch**a**p] ketchup
kılıç (balığı) [kãlãtch (balã-ã)] peixe-espada
kılıç ızgara [ãzgar**a**] peixe--espada grelhado
kılıç şiş [shish] peixe-espada no espeto
kırmızı biber [kãrmãzã] páprica; pimentão-vermelho
kırmızı mercimek çorbası [merdjim**é**k tchorbassã] sopa de lentilha-vermelha
kırmızı turp rabanete
kısır [kãssãr] salada de trigo bulgur com cebolinha, pimentão verde e tomate
kış türlüsü [kãsh tiurliuss**iu**] ensopado de legumes
kıvırcık salata [kãvãrdjãk] alface
kıyma [kãim**a**] carne picadinha (ou moída)
kıymalı [kãimalã] com carne picadinha (ou moída)
kıymalı bamya quiabo com carne picadinha (ou moída)
kıymalı ıspanak [ãspan**a**k] espinafre com carne picadinha (ou moída)
kıymalı karnabahar couve-flor com carne picadinha (ou moída)
kıymalı makarna talharim com carne picadinha (ou moída)
kıymalı mercimek [merdjim**é**k] lentilha com carne picadinha (ou moída)
kıymalı pide [pid**é**] pão árabe com cobertura de carne picadinha (ou moída)
kıymalı yumurta ovos com carne picadinha (ou moída)
kızarmış [kãzarmãsh] frito; tostado; grelhado
kızarmış ekmek [kãzarmãsh] torrada
kızartma [kãzartm**a**] frito
kiraz cereja
kiremitte balık [kiremi-t**é** balãk] peixe assado na telha
koç yumurtası [kótch iumurtassã] testículos de carneiro
kokoreç [kokor**é**tch] intestinos de carneiro grelhados no espeto
kolyoz cavalinha
komposto compota de fruta
koyun (eti) carneiro
köfte [kóft**é**] almôndegas ou bolinho frito
köpek balığı [kóp**é**k balã-ã] cação; tubarão
krema creme de leite
kremalı mantar [kr**e**malã] cogumelo com creme de leite
kremalı pasta bolo de creme

krem karamel pudim de leite; creme caramelado
krem şantiye [shanti-**ié**] creme chantilly
krik krak crocante
kupes tipo de brema-do-mar
kurabiye [kurabi-**ié**] bolo com amêndoa e noz
kuru seco
kuru fasulye [fassuli**é**] feijão--branco ao molho de tomate
kuru köfte [kóft**é**] almôndegas fritas
kuru üzüm [iuz**ium**] passa
kuru yemiş [iem**ish**] frutas secas e nozes
kuskus pilavı [pilav**ã**] cuscuz: grãos de semolina com ensopado de carne
kuşbaşı et [kushbash**ã**] picadinho de carne
kuşkonmaz [kushkonm**az**] aspargo
kuzu (eti) carneiro
kuzu fırında [fãr**ã**nda] pernil de carneiro assado
kuzu kapama ensopado de carneiro com alface e cenoura
kuzu pirzolası [pirzolass**ã**] carrê de carneiro
külbastı costeleta grelhada
kümes hayvanları [kium**é**s rraivanlar**ã**] aves

lahana [larran**a**] repolho
lahana dolması [dolmass**ã**] folha de repolho recheada (charutinho de repolho)
lahana turşusu [turshuss**u**] chucrute
lahmacun [larrmadj**un**] tipo de pizza de massa bem fina com cobertura de carne condimentada
lakerda picles de atum
leblebi grão-de-bico assado
levrek robalo
limon limão
limonlu dondurma sorvete de limão
lokum bala de goma árabe
lop yumurta ovo cozido
lüfer [liuf**é**r] anchova

makarna macarrão; talharim; massa
mama comida de bebê
mandalina tangerina
mantar cogumelo
mantarlı omlet [mantarl**ã**] omelete de cogumelo
mantı [mant**ã**] semelhante ao ravióli
Maraş dondurması [mar**a**sh dondurmass**ã**] tipo de sorvete tradicional
margarin margarina
marmelat geleia
marul alface crespa
maydanoz [maidan**o**z] salsinha
mayonez [maion**é**z] maionese
mayonezli balık [bal**ã**k] peixe com maionese
menemen ovo mexido com tomate, cebola e pimentão

mercan [merdj**an**] brema
mercimek [merdjim**ék**] lentilha
mercimek çorbası [tchorbass**ã**] sopa de lentilha
mersin balığı [balã-**ã**] esturjão
mevsim salatası [salatass**ã**] salada com verduras da estação
meyve [meiv**é**] fruta
meyveli pay [meivel**i** p**a**i] torta de frutas
meze [méz**é**] hors d'œuvre; aperitivo; tira-gosto
mezgit sardinha pequena
mısır [mãss**ã**r] milho
midye [midi**e**] mexilhão
midye dolması [dolmass**ã**] mexilhão refogado
midyeli pilav arroz com mexilhão
midye pilakisi mexilhão cozido em azeite com legumes
midye tava/tavası [tavass**ã**] mexilhões fritos
misket limonu limão-galego
muhallebi pudim de farinha de arroz e água-de-rosas
musakka moussaka: refogado de berinjela, pimentão verde, tomate, cebola e carne moída
muska böreği [bóré-**i**] pastelzinho triangular recheado com queijo e salsinha
muz banana
mücver [miudjv**é**r] bolinho de vegetais frito
nane [nan**é**] hortelã
nar romã
nemse böreği [nems**é** bóre-**i**] torta de carne com massa folhada
nohut grão-de-bico
nohutlu paça [patch**á**] pé de carneiro com grão-de-bico
nohutlu yahni ensopado de carneiro com grão-de-bico

omlet omelete
ordövr [ord**ó**vr] entrada; hors d'œuvre
orfoz garoupa gigante
orman kebabı [kebab**ã**] vitela ou carneiro frito, depois cozido com legumes
orta pişmiş [pishm**i**sh] ao ponto (carne)
otlu peynir [pein**i**r] queijo aromatizado com ervas, dos arredores do lago Van
öğle yemeği [ó-ól**é** ieme-**i**] almoço
ördek [órd**é**k] pato

paça [patch**a**] pé de carneiro
paça çorbası [tchorbass**ã**] sopa de pé de carneiro
palamut tipo de atum pequeno
pancar [pandj**a**r] beterraba
pancar turşusu [turshuss**u**] picles de beterraba
pandispanya pão-de-ló
pane [pan**é**] à milanesa
papaz eriği [eri-**i**] ameixa-verde

parça [partch**a**] pedaço; fatia
paskalya çöreği [tchóre-**i**] trança de pão levemente doce ("pão de Páscoa")
pasta bolo confeitado
pastırma [pastãrm**a**] carne curada com cominho e alho
pastırmalı yumurta [pastãrmal**ã**] ovo frito com pastırma
patates batata
patates kızartması [kãzartmass**ã**] batata frita; batata chips
patates köftesi [kóftess**i**] croquete frito de batata e queijo
patatesli com batata
patates püresi [piuress**i**] purê de batata
patates salatası [salatass**ã**] salada de batata
patlıcan [patlãdj**an**] berinjela
patlıcan dolma turşusu [turshuss**u**] picles de berinjela recheada
patlıcan ezmesi patê de berinjela
patlıcan kebabı [kebab**ã**] espetinho de cafta e berinjela
patlıcan kızartması [kãzartmass**ã**] berinjela frita com molho de iogurte e alho
patlıcanlı pilav [patlãdjanl**ã**] arroz com berinjela
patlıcan salatası [salatass**ã**] purê de berinjela com iogurte e alho
pavurya caranguejo
pestil fruta seca prensada
peynir [pein**ir**] queijo
peynirli com queijo
peynirli omlet omelete de queijo
peynirli pide [pid**é**] pão árabe com cobertura de queijo
peynirli tepsi böreği [bóre-**i**] torta de queijo
peynir tatlısı [tatlãss**ã**] tortinhas de queijo em calda
pırasa [pãrass**a**] alho-poró
pide [pid**é**] pão árabe, achatado e fermentado
pilaki feijão-branco a vinagrete
pilav arroz cozido
pilavlı tavuk [pilavl**ã**] frango recheado com arroz
piliç [pil**i**tch] galeto
piliç ızgara(sı) [ãzgar**a**(ssã)] frango grelhado
pirinç [pir**i**ntch] arroz cru
pirzola carrê de carneiro
pisi solha; linguado
pişkin [pishk**i**n] bem-cozido; bem-passado
pişmemiş [pishmem**i**sh] malpassado; quase cru
poğaça [po-atch**a**] tipo de pãozinho recheado com carne, queijo ou batata, ou sem recheio
portakal laranja
portakallı ördek [portaka-l**ã** órd**é**k] pato com laranja
portakal reçeli [retchel**i**] geleia de laranja

puf böreği [puf] pastelão de queijo ou carne
püre [piure] purê

rafadan (yumurta) ovo quente
reçel [retchél] geleia
revani doce de semolina
roka rúcula
rosto assado
rozbif rosbife

saç kavurma [satch] especialidade da Anatólia, feita de carne, legumes, temperos e óleo, refogada num tipo de wok turco
sade omlet [sadé] omelete simples
sade pilav arroz branco
sahanda yumurta ovo frito
salam salame
salata salada
salatalık [salatalãk] pepino
salata sosu molho para salada
salça [saltcha] molho ou massa de tomate
salçalı [saltchalã] com molho de tomate
salçalı köfte [kófté] almôndega ao molho de tomate
salyongoz escargô
sandviç [sandvitch] sanduíche
sandviç ekmeği [ekmé-i] pãezinhos para sanduíche
sap kerevizi aipo; salsão
saray lokması [sarai lokmassã] massa frita em calda
sardalya [sardalia] sardinha
sarıgöz [sarãgóz] brema-preta
sarığıburma [sarã-ãburma] baclavá em forma de turbante ("turbante enrolado")
sarmısak [sarmãssak] alho
sazan carpa
sazan güveç [giuvétch] carpa refogada
sazan kiremit carpa assada na telha
sebze [sebzé] legumes
sebze çorbası [tchorbassã] sopa de legumes
semizotu beldroega, erva usada em saladas e refogados
semizotu salatası [salatassã] salada de beldroega
servis prato (do cardápio)
servis ücreti taxa de serviço
sıcak [sãdjak] quente
sığır (eti) [sã-ãr] carne de boi
sigara böreği [bóre-i] massa fina, enrolada como charuto e recheada com queijo e salsinha
simit pão em forma de anel, coberto com gergelim
sirke [sirké] vinagre
sivribiber pimenta comprida e fina, forte ou suave
siyah zeytin [si-iarr zeitin] azeitona preta
soğan [so-an] cebola
soğan dolması [dolmassã] cebola recheada
soğuk [so-uk] frio

soğuk mézélér [so-**uk**] hors d'œuvre ou tira-gostos frios
soğuk büfe [biu**fé**] saladas e entradas frias
som balığı [som balã-**ã**] salmão
somun pão
sos molho; molho-ferrugem; molho para salada
sosis salsicha
soslu com molho
sote [so**te**] salteado; refogado
söğüş et [só-**iu**sh] frios
söğüş salata salada servida sem molho
su böreği [bóré-**i**] massa em camadas, recheada com queijo com salsinha, carne moída ou espinafre
sucuk [sudj**uk**] linguiça curada turca picante, com alho
sucuklu com linguiça
sucuklu pide [pi**dé**] pão árabe com linguiça
sumak sumagre-aromático: erva que se come com espetinho (kebab)
su muhallebisi pudim de farinha de arroz com água--de-rosas
supanglez pudim de chocolate
sülün [siul**iun**] faisão
süt [siut] leite
sütlaç [siut**latch**] pudim de arroz
sütlü tatlılar [siutl**iu** tatlãl**ar**] sobremesas à base de leite
süzme yoğurt [siuz**mé** io-**urt**] iogurte espremido ou coado

şalgam [shalg**am**] nabo
şamfıstığı [shamfãstã-**ã**] grão de pistache
şam tatlısı [sham tatlãss**ã**] sobremesa: damasco em calda
şeftali [sheft**ali**] pêssego
şeftali reçeli [retchel**i**] geleia de pêssego
şehriye [sherr-ri**e**] vermicelli
şehriye çorbası [tchorbass**ã**] sopa de vermicelli com limão
şehriyeli com vermicelli
şehriyeli pilav arroz com vermicelli
şeker [shek**ér**] açúcar; doces; balas
şekerpare [shekérpar**é**] bolinhos com calda
şinitzel [shinitz**el**] peito de frango à milanesa
şiş [shish] espeto
şiş kebabı [kebab**ã**] espetinho grelhado de carneiro, boi ou frango em pedaços pequenos
şiş köfte [kóft**é**] cafta
şöbiyet [shobi-**iét**] torta doce
şurup [shur**up**] calda; xarope

tabldot menu a preço fixo
tahin helvası [rrelvass**ã**] helva de pasta de gergelim (tahine)
talaşkebabı [talashkebab**ã**] torta de carneiro
tam ekmek pão de trigo integral
tarama patê de ova
tarator molho de noz e alho

taratorlu karnabahar couve--flor com molho de noz e alho
tarhana çorbası [tchorbassã] sopa feita com iogurte coado, tomate e pimenta
taskebabı [taskebabã] cubinhos de carneiro com arroz
tatar böreği [tatar bóré-i] ravióli
tatlı [tatlã] doce; sobremesa
tatlı sucuk [sudjuk] "linguiça": doce de nozes, avelãs, pistache etc.
tava(da) frito
tavşan [tavshan] coelho
tavuk frango
tavuk çorbası [tchorbassã] sopa de frango (canja)
tavuk göğsü [gó-siu] pudim de peito de frango: sobremesa cremosa feita de farinha de arroz e frango bem moído
tavuk ızgara(sı) [ãzgara(ssã)] frango grelhado
tavuklu pilav frango e arroz
tavuk söğüş [só-iush] frango frio
tavuk suyu caldo de frango
taze [tazé] fresco
taze beyaz peynir [beiaz peinir] queijo fresco de cabra, ovelha ou vaca
taze soğan [so-an] cebolinha
tekir tainha-listrada
tel kadayıf [kadaiãf] tipo de sobremesa de trigo moído e nozes com calda
terbiye [terbi-ie] molho de ovos e limão
terbiyeli com molho de ovos e limão
terbiyeli haşlama [rrashlama] carneiro cozido com molho de ovos e limão
terbiyeli köfte [kófté] almôndegas com molho de ovos e limão
tere [teré] agrião
tereyağı [tereia-ã] manteiga
ton balığı [balã-ã] atum
torik tipo de atum grande
tost misto quente; queijo quente
tulumba tatlısı [tatlãssã] bolinho de farinha frito servido em calda
tulum peyniri [peiniri] queijo, seco, quebradiço, feito de leite de cabra em pele de cabra
turna lúcio
turp rabanete
turşu [turshu] picles de legumes
turşu suyu suco de picles de legumes
turta torta de frutas
turunç [turuntch] laranja-amarga
tuz sal
tuzlama salgado; em picles
tükenmez [tiukenmez] ovo frito com tomate e pimentão
türlü (sebze) [tiurliu (sebze)] jardineira de legumes

un farinha
un helvası [rrelvassã] helva feita de farinha, açúcar, leite, manteiga e, às vezes, pinhole
Urfa kebabı [kebabã] espetinho de carne moída (kebab) com pouca ou sem pimenta
uskumru cavala
uskumru dolmassı [dolmassã] cavala recheada
üzüm [iuzium] uva

vanilya baunilha
vanilyalı dondurma [vanilialã] sorvete de baunilha
vişne [vishné] cereja-ácida

yağ [ia-a] óleo; gordura
yağda yumurta [ia-ada] ovo frito
yahni ensopado de carne com cebola
yalancı dolma [ialandjã] folha de uva recheada (charutinho de folha uva)
yaprak dolması [dolmassã] folha de uva recheada (charutinho de folha uva)
yayın siluro (tipo de bagre)
yayla çorbası [iaila tchorbassã] sopa de iogurte
yaz türlüsü [tiurliussiu] jardineira de legumes de verão
yemek refeição; prato
yemek listesi menu; cardápio
yengeç [iengétch] caranguejo
yerfıstığı [iérfãstã-ã] amendoim
yeşil biber [ieshil] pimentão--verde
yeşil mercimek çorbası [merdjimék tchorbassã] sopa de lentilha verde
yeşil salata salada verde
yeşil zeytin [zeitin] azeitona verde
yiyecek [i-iedjék] comida
yoğurt [io-urt] iogurte
yoğurtlu com iogurte
yoğurtlu kebap espetinho (kebab) com pão árabe e iogurte
yoğurtlu paça [patcha] pé de carneiro com iogurte e alho
yoğurt tatlısı [tatlãssã] bolo de iogurte com calda
yufka massa muito fina usada para fazer börek
yufka ekmek pão-folha sem fermento
yumurta ovo
yumurtalı [iumurtalã] com ovo
yumurtalı pide [pidé] pão árabe com ovo
yürek [iurék] coração

zerde [zerdé] sobremesa de arroz com açafrão
zeytin [zeitin] azeitona
zeytinyağı [zeitinia-ã] azeite
zeytinyağlı [zeitinia-lã] prato de legumes em azeite, servido frio

zeytinyağlı biber dolması [dolmassã] pimentão recheado cozido em azeite
zeytinyağlı enginar alcachofra cozida em azeite
zeytinyağlı kereviz bulbo de salsão cozido em azeite
zeytinyağlı patlıcan pilavı [patlãdjan] arroz com berinjela cozido em azeite
zeytinyağlı pırasa [pãrassa] alho-poró cozido em azeite
zeytinyağlı pilaki feijão--vermelho cozido em azeite
zeytinyağlı taze bakla [tazé] fava fresca cozida em azeite
zeytinyağlı taze fasulye [fasulié] vagem-manteiga cozida com tomate e azeite
zeytinyağlı yaprak dolması [dolmassã] folha de uva recheada com arroz, pinhole e passa

Menu:

Bebida

Termos Básicos

açúcar şeker [shékér]
água su
água com gás maden sodası [sodassã]
água mineral maden suyu
água tônica tonik
bebida alcoólica içkiler [itchkilér]
café kahve [karr-vé]
carta de vinhos şarap listesi
cerveja bira
chá çay [tchai]
conhaque konyak
copo (de água) bardak
(de vinho) kadeh
garrafa şişe [shishé]
gim cin [djin]
leite süt [siut]
refrigerante meşrubat [meshrubat]
uísque viski
vinho şarap
vinho branco beyaz şarap [beiaz sharap]
vinho tinto kırmızı şarap [kãrmãzã sharap]
vodca votka
xícara fincan [findjan]

mais um... başka bir… [bashka]
um copo de chá bir bardak çay
um gim-tônica bir cintonik [djintonik]

acıbadem likörü [adjãbadem likóriu] licor de amêndoa
açık [atchãk] diluído; aguado
ada çayı [ada tchaiã] infusão (chá) de sálvia
alkol álcool
alkollü [alkol-liu] alcoólico
alkolsüz [-siuz] não alcoólico
alkolsüz içki [itchki] refrigerante
ananas suyu suco de abacaxi
ayran [airan] bebida de iogurte
az şekerli kahve [shékérli karr-vé] café turco com pouco açúcar

bardak copo
beyaz şarap [beiaz sharap] vinho branco
bira cerveja
bitkisel çay [tchai] chá de ervas
boza bebida espessa de grãos fermentados
buz [buz] gelo
buzlu com gelo
buzlu kahve [karr-vé] café gelado

cin [djin] gim
cintonik gim-tônica

Çankaya [tchankaia] vinho branco seco da Capadócia
çay [tchai] chá
çok şekerli kahve [tchok shékérli karr-vé] café turco com muito açúcar

demli em infusão
domates suyu suco de tomate
dömi sek [dómi] meio seco; demi-sec

Efes Pilsen® tipo de cerveja
elma çayı [tchaiã] chá de maçã
elma suyu suco de maçã
elma şırası [shãrassã] sidra

fıçı birası [fãtchã birassã] chope
filtre kahve [karr-vé] café de coador (filtrado)
fincan [findjan] xícara

gazlı [gazlã] com gás
gazoz refrigerante de limão (soda limonada)
greyfrut suyu suco de grapefruit

ıhlamur [ãrrlamur] chá de tília

içecek [itchedjék] bebida
içki [itchki] bebida alcoólica
içkiler [itchkilér] bebida alcoólica
içkili [itchkili] serve-se bebida alcoólica
ithal importado

kafeinsiz kahve [kafeinsiz karr-vé] café descafeinado
kahve [karr-vé] café; cafeteria (em geral, só para homens)
kakao [kakao] cacau em pó

kanyak [koniak] conhaque francês
kayısı suyu [kaiãssã] suco de damasco
kırmızı şarap [kãrmãzã sharap] vinho tinto
konyak conhaque
koyu em infusão
köpüklü şarap [kópiukliu sharap] vinho espumante

Lâl vinho rosé seco de Denizli
likör [likór] licor
limonata limonada
limonlu çay [tchai] chá de limão

maden sodası [sodassã] água com gás; club soda
maden suyu água mineral
Marmara® marca de cerveja
menba suyu água da fonte
meşrubat [meshrubat] refrigerante
meyve suyu [meivé] suco de frutas
milkşeyk [milksheik] milkshake
Mocca® licor de amêndoa

Narbağ [narba-a] vinho branco meio seco da Anatólia Central
neskafe [neskafé] palavra genérica para café instantâneo

orta şekerli kahve [orta shékérli] café turco medianamente adoçado

papatya çayı [tchaiã] chá de camomila
pembe şarap [pembé sharap] vinho rosé
portakal suyu suco de laranja
porto şarabı [sharabã] vinho do Porto

rakı [rakã] bebida destilada de suco de uva e aromatizada com anis, semelhante ao arak
rom rum
roze [rozé] rosé

sade kahve [sadé karr-vé] café turco sem açúcar
sahlep bebida feita com o amido do bulbo da orquídea *Orchis mascula*, com leite quente, açúcar e canela
sek seco; puro (sem gelo)
sek şarap [sharap] vinho seco
sıcak süt [sãdjak siut] leite quente
su água
suyla [suila] com água
suyu suco
süt [siut] leite
sütlü [siutliu] com leite
sütlü kahve [karr-vé] café com leite

şampanya [shampania] champanhe
şarap [sharap] vinho
şarap listesi carta de vinhos
şaraplar vinhos

şeftali suyu [sheftali] suco de pêssego
şeker [shékér] açúcar
şekerli [shékérli] com açúcar
şerbet [sherbet] suco de fruta com gelo e açúcar
şeri [sheri] xerez
şıra [shãra] suco de uva
şişe [shishé] garrafa

tatlı şarap [tatlã sharap] vinho doce
taze portakal suyu [tazé] suco de laranja feito na hora
tonik água tônica
torba çay [tchai] saquinho de chá
Tuborg® marca de cerveja
Turasan® vinho tinto ou branco seco da Anatólia Central
Türk kahvesi [tiurk karr-vési] café turco

Venus® marca de cerveja
viski uísque
vişne suyu [vishné] suco de cereja-ácida
votka vodca

Yakut vinho tinto seco
yarım şişe [iarãm shishé] meia garrafa
Yeni Rakı® [rakã] marca de raki
yerli local; de marca turca

Como Funciona a Língua

Pronúncia

Neste guia, o turco foi escrito num sistema que imita sua pronúncia, para que possa ser lido como se fosse português, tendo em mente as observações sobre a pronúncia fornecidas abaixo:

a	como em c**a**sa
é	como em p**é**
iu	como em ca**iu**
g	sempre gutural, como em **g**ato
rr	como em ca**rr**o
J	"j", como em **j**ato
ó	como em **ó**pera
o	como em **o**nda
s	sempre como em pa**ss**ar (nunca com som de "z")
ã	como em maç**ã**

As letras grafadas em negrito indicam a parte acentuada da palavra (embora a acentuação não seja intensa). Na maioria dos casos a acentuação fica no final da palavra.

Como em turco as vogais "i" e "u" têm o mesmo som que em português, não foram dadas as pronúncias de palavras com essas letras, a menos que apresentem outros problemas para o leitor.

Pronúncia em turco

a	como em c**a**sa
â	como o "ia" em **ia**te
ay	"ai", como em c**ai**
c	"dj", como o "di" em **di**a
ç	"tch", como em **tch**au
d	como o "d" em **d**ado
e	aberto, como em t**e**la
ey	"ei", como em viaj**ei**
g	sempre gutural, como em **g**ato

ğ	é geralmente mudo, mas prolonga a vogal anterior
h	"rr", como em ca**rr**o
ı	"ã", como em maç**ã** (mas pronunciado com a boca disposta a falar um "i")
i	"i", como em **i**lha
j	"j", como em **j**ato
l	como o "l" de **l**ado (nunca com o som "u", como na palavra "mil")
m	como em **m**acaco
n	como em **n**ariz
o	como o "o" de "c**o**mer"
ö	"ó", como em **ó**pera (pronunciado com a boca disposta a dizer "u", como o "ö" alemão)
öy	"ó-i" são emitidas juntas, rapidamente, como um único som
r	como o "r" em ca**r**a
s	"s", como em pa**ss**ar (nunca como "z")
ş	"sh", como em **ch**ão
t	como em **t**eto
ü	"iu" como em ca**iu** (os sons são emitidos juntos, rapidamente, como um único som, ou como um "i" pronunciado com a boca disposta a dizer "u", como o "u" francês e o "ü" alemão)

Abreviações

abl	ablativo	loc	locativo
ac	acusativo	nom	nominativo
adj	adjetivo	pl	plural
dat	dativo	pol	polido, formal
fam	familiar	sing	singular
gen	genitivo		

Sufixos

Uma característica muito especial do turco é que terminações ou sufixos são adicionados às palavras (nos casos equivalentes em português seriam usadas outras palavras, separadas). Em turco, por exemplo, preposições e adjetivos possessivos são sufixos, e algumas estruturas verbais são formadas de uma raiz + sufixos. Na seção Turco-Português deste guia, os sufixos foram registrados como entradas separadas. Exemplo: **-da** (em).

oda-m-da
odamd**a**
no meu quarto (literalmente: quarto-meu-em)

şehir-de
sherrir-d**é**
na cidade (literalmente: cidade-em)

Harmonia de Vogais

Há duas categorias de vogais em turco: as fortes (**a**, **ı**, **o**, **u**) e as suaves (**e**, **i**, **ö** e **ü**). Para haver harmonia de vogais, se a vogal final de uma palavra for forte, qualquer sufixo adicional àquela palavra também deverá conter vogais fortes; e se a vogal final for suave, qualquer sufixo deverá conter apenas vogais suaves:

vogal final de uma palavra	só pode ser seguida de
a ou **ı**	**a** ou **ı**
o ou **u**	**a** ou **u**
e ou **i**	**e** ou **i**
ö ou **ü**	**e** ou **ü**

Por exemplo:

dükkan
diuk**an**
loja

İngiltere
ingiltér**é**
Inglaterra

dükkana diukan**a** para a loja	**İngiltere'den** ingilté**ré**-den da Inglaterra
kapı kap**ã** porta	**gemi** gem**i** navio
kapıya kapã-**ia** para a porta	**gemiye** gemi-**ié** para o navio
havuz rrav**uz** piscina	**otobüs** otob**ius** ônibus
havuzda rrav**u**zda na piscina	**otobüste** otob**ius**sté no ônibus

Artigos

O artigo indefinido (um, uma) é o mesmo que o numeral "um", **bir**:

bir bardak çay bir bard**ak** tch**ai** um copo de chá	**bir otel odaşı** bir ot**el** odass**ã** um quarto de hotel
balkonlu bir oda balk**o**nlu bir oda um quarto com terraço	**Türkiye hakkında bir film** tiurki-**ie** rrak-änd**a** bir film um filme sobre a Turquia

Em frases com um adjetivo, **bir** costuma ficar entre o adjetivo e o substantivo:

büyük bir başarı
biu-**iuk** bir bashar**ã**
um grande sucesso

bize başka bir oda verebilir misiniz?
biz**é** bashk**a** bir od**a** verebili**r** missini**z**
podemos ficar com outro quarto?

Em turco, não existe uma palavra específica para o artigo definido (o, a, os, as):

yönetici	**yemek listesi**
iónétidj**i**	ié**mék** listess**i**
gerente/o gerente	menu/o menu

O contexto indicará se "o" fica claro em português:

yöneticiyi görebilir miyim?
iónétidj**i**-i górébili**r** mi-**im**
posso falar com o gerente?

yemek listesini görebilir miyim?
ié**mék** listessin**i** górébili**r** mi-**im**
posso ver o menu?

Substantivos

Gênero

Os substantivos turcos não têm gênero.

Plural de substantivos

Para formar o plural de um substantivo, acrescente a terminação **-ler** ou **-lar**, se a vogal final for, respectivamente, suave ou forte:

	depois de vogais fortes	depois de vogais suaves
	a, ı, o, u	**e, i, ö, ü**
junte	**-lar**	**-ler**

müze	**müzeler**	**minare**	**minareler**
miuz**é**	miuzél**ér**	minar**é**	minarél**ér**
museu	museus	minarete	minaretes

tren	**trenler**		
trem	trens		
çarşı	**çarşılar**	**çocuk**	**çocuklar**
tcharshã	tcharshãlar	tchodjuk	tchodjuklar
mercado	mercados	criança	crianças
numara	**numaralar**		
número	números		

Como regra, em turco só se usa plural se não houver nenhuma outra indicação de pluralidade, a exemplo de um número ou de alguma expressão, como "um pouco", "uma porção" etc.:

köpek	**iki köpek**
kópék	iki kópék
(o) cachorro	dois cachorros
birkaç köpek	**köpekler havlıyor**
birkatch kópék	kópéklér rravlãior
alguns cachorros	os cachorros estão latindo

No idioma turco, em cumprimentos e expressões para saudar alguém emprega-se o plural quando for usado o singular em português:

iyi akşamlar	**iyi geceler**
i-i akshamlar	i-i gédjélér
boa noite (mais cedo) (literalmente: boas noites)	boa noite (mais tarde) (literalmente: boas noites)

Casos

O turco possui seis casos: nominativo, acusativo, genitivo, dativo, locativo e ablativo. Todos são formados com o uso de sufixos. A tabela da página 241 mostra as terminações para cada caso, cujos exemplos são dados a seguir.

Caso Nominativo

Expressa o sujeito e o predicativo da sentença. O nominativo é o caso no qual os substantivos são dados na seção Português-Turco deste livro. Nos exemplos abaixo, **dükkan** e **Ahmet** estão no nominativo:

dükkan şimdi açık
diukkan shimdi atchãk
a loja está aberta agora

Ahmet bugün geldi
aRRmét bugiun geldi
Ahmet chegou hoje

Caso Acusativo

O objeto da maioria dos verbos é expresso no acusativo. Nestes exemplos, o objeto (ex: Palácio Topkapi) está no acusativo:

Topkapı Sarayı'nı görmeye gittik
topkapã sarai-ã górméié gi-tik
fomos ver o Palácio Topkapi

bavulumu gördünüz mü?
bavulumu górdiuniuz miu
você viu minha mala?

telefonu kullanabilir miyim?
telefonu kul-lanabilir mi-i-im
posso usar o telefone?

Caso Genitivo

O genitivo expressa a noção de posse (ou origem):

babamın evi
babamãn evi
casa do meu pai

Mustafa'nın annesi
mustafa-nãn a-néssi
mãe de Mustafá

pilotun üniformasi
pilotun iuniformassã
uniforme de piloto

Não existe uma palavra específica para "de" em turco. O sufixo do genitivo é usado para traduzir "de":

otelin adı	**biletin fiyatı**
otel**i**n ad**ã**	bilet**i**n fi-iat**ã**
o nome do hotel	o preço da passagem

Caso Dativo

O dativo é usado para o objeto indireto, com verbos como "dar" e "enviar". Costuma corresponder a "para" em português (como em "para mim"):

anneme biraz lokum aldım
a-ném**é** bir**az** lok**u**m ald**ã**m
eu comprei balas de goma para minha mãe

kitabı ona verdim
kitab**ã** on**a** verd**i**m
eu dei o livro para ele

Caso Locativo

O locativo é usado para expressar noção de posição, de lugar:

odada	**Türkiye'de**
odad**a**	tiurki-**ie**-dé
na sala	na Turquia

Caso Ablativo

O ablativo indica um ponto de origem no espaço ou no tempo, e corresponde a "de", "a partir de" em português:

evden	**istasyondan**	**dokuzdan beşe**
		dokuzd**a**n besh**é**
a partir da casa	da estação	das nove às cinco

A tabela a seguir mostra as terminações para cada caso. As terminações são regulares, fora algumas mudanças de consoantes (pág. 242). Aqui se aplicam as regras de harmonia de vogais (pág. 235):

palavras terminadas em consoante

vogal final	e ou i	a ou ı	o ou u	ö ou ü
nom	bez tecido	bar bar	koy angra	göz olho
ac	bez-i	bar-ı	koy-u	göz-ü
	bez**i**	bar**ã**	koi**u**	góz**iu**
gen	bez-in	bar-ın	koy-un	göz-ün
	bez**in**	bar**ãn**	koi**un**	góz**iun**
dat	bez-e	bar-a	koy-a	göz-e
	bez**é**	bar**a**	koi**a**	góz**é**
loc	bez-de	bar-da	koy-da	göz-de
	bezd**é**	bard**a**	koid**a**	gózd**é**
abl	bez-den	bar-dan	koy-dan	göz-den
	bezd**en**	bard**an**	koid**an**	gózd**en**

palavras terminadas em vogal

vogal final	e ou i	a ou ı	o ou u	ö ou ü
nom	ülke país	masa mesa	boru cano	ütü ferro
ac	ülke-yi	masa-yı	boru-yu	ütü-yü
	iulkéi-**i**	massai**ã**	borui**u**	iutiu-**iu**
gen	ülke-nin	masa-nın	boru-nun	ütü-nün
	iulkén**in**	massan**ãn**	borun**un**	iutiun**iun**
dat	ülke-ye	masa-ya	boru-ya	ütü-ye
	iulkéi**é**	massai**a**	borui**a**	iutiu-i**é**
loc	ülke-de	masa-da	boru-da	ütü-de
	iulkéd**é**	massad**a**	borud**a**	iutiud**é**
abl	ülke-den	masa-dan	boru-dan	ütü-den
	iulkéd**en**	massad**an**	borud**an**	iutiud**en**

nom **banka yakın mı?**
bank**a** iak**ã**n mã
o banco fica perto?

ac **bankayı arıyorum**
bankai**ã** arãior**um**
procuro o banco

gen **bankanın kapısı**
bankan**ã**n kap**ã**ss**ã**
a porta do banco

dat **karım bankaya gitti**
kar**ã**m bankai**a** gi-**ti**
minha esposa foi ao banco

loc **bankada**
bankad**a**
no banco

abl **bankadan aldım**
bankad**an** ald**ã**m
recebi do banco

mudanças de consoantes

	k → ğ	p → b	ç → c	k → g	t → d
nom	**köpek**	**dolap**	**amaç**	**kepenk**	**kurt**
	cachorro	armário	meta	veneziana	lobo
ac	**köpeğ-i**	**dolab-ı**	**amac-ı**	**kepeng-i**	**kurd-u**
	kópé-**i**	dolab**ã**	amadj**ã**	kepen-**i**	kurd**u**
gen	**köpeğ-in**	**dolab-ın**	**amac-ın**	**kepeng-in**	**kurd-un**
	kópé-**in**	dolab**ãn**	amadj**ãn**	kepen-**in**	kurd**un**
dat	**köpeğ-e**	**dolab-a**	**amac-a**	**kepeng-e**	**kurd-a**
	kópé-**é**	dolab**a**	amadj**a**	kepen-**é**	kurd**a**
loc	**köpek-te**	**dolap-ta**	**amaç-ta**	**kepenk-te**	**kurt-ta**
	kópékt**é**	dolapt**a**	amatcht**a**	kepenkt**é**	kur-t**a**
abl	**köpek-ten**	**dolap-tan**	**amaç-tan**	**kepenk-ten**	**kurt-tan**
	kópékt**en**	dolapt**an**	amatcht**an**	kepenkt**en**	kur-t**an**

No entanto, se a letra final da palavra for **ç**, **f**, **h**, **k**, **p**, **d**, **ş** ou **t**, as terminações dos casos locativo e ablativo serão com **t** em vez de **d**:

mutfakta	**Sinop'tan**	**New York'tan**
na cozinha	de Sinop	de Nova York

As terminações **-lar** e **-ler** do plural serão acrescentadas à palavra antes das terminações do caso:

odalarda	**çıkış kapılarına**
nos quartos	para as saídas
pencerelerden	**yolcuların**
a partir das janelas	dos passageiros

Adjetivos

Os adjetivos não mudam conforme o caso:

kırmızı otobüs dışarıda
kãrmãz**ã** otob**ius** dãsharãd**a**
o ônibus vermelho está lá fora

kırmızı otobüsü gördün mü?
kãrmãz**ã** otobiuss**iu** górd**iu**n miu
você viu o ônibus vermelho?

kırmızı otobüsten indi
kãrmãz**ã** otobiusst**e**n ind**i**
ele saiu do ônibus vermelho

Em geral, o artigo indefinido **bir** fica entre o adjetivo e o substantivo:

pahalı bir otel	**güzel bir kadın**	**uslu bir çocuk**
parral**ã** bir ot**e**l	giuz**é**l bir kad**ã**n	usl**u** bir tchodj**u**k
um hotel caro	uma mulher bonita	uma criança bem-comportada

Também se aceita que **bir** venha antes do adjetivo, mas essa forma é menos comum:

bir uzun ağaç
bir uz**u**n a-**a**tch
uma árvore alta

Comparativos

Para formar o comparativo, **daha** ("mais") vai antes do adjetivo:

daha pahalı	**daha yüksek**
darr**a** parral**ã**	darr**a** iuks**é**k
mais caro	mais alto

Para traduzir "mais... que", acrescente os sufixos do caso ablativo (**-den** ou **-dan**) ao substantivo (**daha** é opcional):

İngiltere'den sıcak	**babamdan daha uzun**
ingilter**e** den sãdj**a**k	babamd**a**n darr**a** uz**u**n
mais quente que na Inglaterra	mais alto que meu pai

Superlativos

Para traduzir o superlativo, use a palavra **en**:

bu en ilginç bu en ilg**i**ntch isso é interessantíssimo	en ucuz oda en udj**u**z od**a** o quarto mais barato, o quarto menos caro

Advérbios

Em sua maioria, os adjetivos turcos podem ser usados como advérbios:

kötü kót**iu** mau/mal	iyi i-i-**i** bom/bem	iyi uyudunuz mu? i-i-**i** uiudun**u**z mu você dormiu bem?

Sufixos Possessivos

Para indicar posse, em vez de pronomes possessivos, o turco usa sufixos ou terminações acrescentadas aos substantivos. Até existem pronomes possessivos (ou seja, palavras específicas) em turco, mas elas geralmente são usadas para dar uma ênfase especial. Os sufixos possessivos também precisam seguir as regras da harmonia de vogais (pág. 235).

palavras terminadas em consoante

vogal final

e ou i	a ou ı	o ou u	ö ou ü	
el mão	baş cabeça	boy altura	göz olho	
el-im el**i**m	baş-ım bash**ã**m	boy-um boi**u**m	göz-üm góz**iu**m	meu/s, minha/s
el-in el**i**n	baş-ın bash**ã**n	boy-un boi**u**n	göz-ün góz**iu**n	teu/s, tua/s (sing, fam)
el-i el**i**	baş-ı bash**ã**	boy-u boi**u**	göz-ü góz**iu**	seu/s, sua/s
el-imiz elim**i**z	baş-ımız bashãm**ã**z	boy-umuz boium**u**z	göz-ümüz góziumi**u**z	nosso/s, nossa/s
el-iniz elin**i**z	baş-ınız bashãn**ã**z	boy-unuz boiun**u**z	göz-ünüz góziuni**u**z	vosso/s, vossa/s (pl ou pol)
el-leri eler**i**	baş-ları bashlar**ã**	boy-ları boilar**ã**	göz-leri gózler**i**	seu/s, sua/s

palavras terminadas em vogal

vogal final				
e ou i	a ou ı	o ou u	ö ou ü	
dede	araba	soru	ütü	
avô	carro	pergunta	ferro	
dede-m	araba-m	soru-m	ütü-m	meu/s, minha/s
dede**m**	araba**m**	soru**m**	iut**ium**	
dede-n	araba-n	soru-n	ütü-n	teu/s, tua/s
dede**n**	araba**n**	soru**n**	iut**iun**	(sing, fam)
dede-si	araba-sı	soru-su	ütü-sü	seu/s, suas/s
dedess**i**	arabass**ã**	soruss**u**	iutiuss**iu**	
dede-miz	araba-mız	soru-muz	ütü-müz	nosso/s, nossa/s
dedem**iz**	arabam**ãz**	sorum**uz**	iutium**iuz**	
dede-niz	araba-nız	soru-nuz	ütü-nüz	vosso/s, vossa/s
deden**iz**	araban**ãz**	sorun**us**	iutiun**iuz**	(pl ou pol)
dede-leri	araba-ları	soru-ları	ütü-leri	seu/s, suas/s
dedeler**i**	arabalar**ã**	sorular**ã**	iutiulér**i**	

mudanças de consoantes

k → ğ	p → b	ç → c	
köpek cão	dolap armário	amaç meta	
köpeğ-im	dolab-ım	amac-ım	meu/s, minha/s
kópé-**im**	dolab**ãm**	amadj**ãm**	
köpeğ-in	dolab-ın	amac-ın	teu/s, tua/s
kópé-**in**	dolab**ãn**	amadj**ãn**	(sing, fam)
köpeğ-i	dolab-ı	amac-ı	seu/s, sua/s
kópé-**i**	dolab**ã**	amadj**ã**	
köpeğ-imiz	dolab-ımız	amac-ımız	nosso/s, nossa/s
kópé-im**iz**	dolabãm**ãz**	amadjãm**ãz**	
köpeğ-iniz	dolab-ınız	amac-ınız	vosso/s, vossa/s
kópé-in**iz**	dolabãn**ãz**	amadjãn**ãz**	(pl ou pol)
köpek-leri	dolapları	amaçları	seu/s, sua/s
kópékler**i**	dolaplar**ã**	amatchlar**ã**	

k → g	t → d	
kepenk veneziana	**kurt** lobo	
kepeng-im	**kurd-um**	meu/s, minha/s
kepen-**im**	kurd**um**	
kepeng-in	**kurd-un**	teu/s, tua/s
kepen-**in**	kurd**un**	(sing, fam)
kepeng-i	**kurd-u**	seu/s, sua/s
kepen-**i**	kurd**u**	
kepeng-imiz	**kurd-umuz**	nosso/s, nossa/s
kepen-im**iz**	kurdum**uz**	
kepeng-iniz	**kurd-unuz**	vosso/s, vossa/s
kepen-in**iz**	kurdun**uz**	(pl ou pol)
kepenk-leri	**kurt-ları**	seu/s, sua/s
kepenkler**i**	kurtlar**ã**	

sırt çantam
sãrt tchant**am**
minha mochila

kız arkadaşım
kãz arkadash**ãm**
minha namorada

odanız
odan**ãz**
seu quarto

defterim ve kalemim
deftér**im** ve kalem**im**
meu notebook e minha caneta

Os seguintes pronomes possessivos são usados para dar ênfases especiais:

benim	[ben**im**]	meu/s, minha/s
senin	[sen**in**]	teu/s, tua/s (sing, fam)
onun	[on**un**]	seu/s, sua/s
bizim	[biz**im**]	nosso/s, nossa/s
sizin	[siz**in**]	vosso/s, vossa/s (pl ou pol)
onların	[onlar**ãn**]	seu/s, sua/s

benim biletim ucuzdu
MEU bilhete foi barato

senin odan rahat
TEU quarto é confortável

Os sufixos do plural **-ler** e **-lar** vêm antes do sufixo possessivo:

oda-lar-ınız bu katta
odalarãnãz bu ka-ta
seus quartos ficam neste andar

bilet-ler-imiz
bilétlérimiz
nossos bilhetes

Todos os outros sufixos vão depois dos sufixos possessivos:

otel-im-de
otélimdé
no meu hotel

ad-ı-nı bilmiyorum
adãnã bilmi-iorum
não sei o seu nome

çanta-nız-a koyabilirsiniz
tchantanãza koiabilirsiniz
vós podeis colocar isso em vossa bolsa

Demonstrativos

Estes são os pronomes demonstrativos:

bu	[bu]	este/s, esta/s (perto de quem fala)
şu	[shu]	esse/s, essa/s (mais afastado de quem fala)
o	[o]	aquele/s, aquela/s (muito afastado de quem fala)

Pronomes

Pronomes Pessoais

nom	**ben**	[ben]	eu
	sen	[sen]	tu (sing, fam)
	o	[o]	ele/ela
	biz	[biz]	nós
	siz	[siz]	vós (pl ou pol)
	onlar	[onlar]	eles/elas
ac	**beni**	[beni]	me, mim
	seni	[seni]	te, ti (sing, fam)
	onu	[onu]	o, a, lhe
	bizi	[bizi]	nos
	sizi	[sizi]	vos (pl ou pol)
	onları	[onlarã]	os, as, lhes

gen	**benim**	[ben**im**]	de mim
	senin	[sen**in**]	de ti (sing, fam)
	onun	[on**un**]	dele, dela
	bizim	[biz**im**]	de nós
	sizin	[siz**in**]	de vós (pl ou pol)
	onların	[onlar**ãn**]	deles, delas
dat	**bana**	[ban**a**]	a mim, me
	sana	[san**a**]	a ti, te (sing, fam)
	ona	[on**a**]	a ele, a ela, lhe
	bize	[biz**é**]	a nós, nos
	size	[siz**é**]	a vós, vos (pl ou pol)
	onlara	[onlar**a**]	a eles, a elas, lhes
loc	**bende**	[bend**é**]	em mim
	sende	[send**é**]	em ti (sing, fam)
	onda	[ond**a**]	nele, nela
	bizde	[bizd**é**]	em nós
	sizde	[sizd**é**]	em vós (pl ou pol)
	onlarda	[onlard**a**]	neles, nelas
abl	**benden**	[bend**en**]	de mim
	senden	[send**en**]	de ti (sing, fam)
	ondan	[ond**an**]	dele, dela
	bizden	[bizd**en**]	de nós
	sizden	[sizd**en**]	de vós (pl ou pol)
	onlardan	[onlard**an**]	deles, delas

Em geral, os pronomes pessoais são omitidos, pois a terminação do verbo deixa claro a quem se refere a ação:

çok meşgul
tchok meshg**ul**
ele/ela está muito ocupado/a

Ankara'ya gidiyorum
ankara-**ia** gidi-ior**um**
eu vou para Ancara

Mas eles podem ser colocados para dar ênfase:

ben oradaydım, ama o yoktu
ben oradaid**ã**m am**a** o iokt**u**
eu estava lá, mas ELE/ELA não estava

o haklı, sen haksızsın
o rraklã sen rraksãzsãn
ELE/ELA está certo/a, TU estás errado

Segunda pessoa

Há duas maneiras de usar a segunda pessoa em turco. **Sen** é a forma singular, familiar, usada para falar com um parente, um amigo íntimo ou uma criança; também é empregado entre jovens, mesmo que não se conheçam direito. **Siz** é a forma singular, formal ou polida, ou a forma plural, e é utilizada para se dirigir a quem não se conhece bem, pessoas mais velhas ou a mais de uma pessoa.

Pronomes Enfáticos

kendim	eu mesmo, me
kendin	tu mesmo, te (sing, fam)
kendi	ele/ela mesmo/a, se
kendimiz	nós mesmos, nos
kendiniz	vós mesmos, vos (pl ou pol)
kendileri	eles/elas mesmos/as, se

bavulumu kendim taşıyabilirim
bavulumu kendim tashãiabilirim
eu mesmo posso levar minha valise

kendimiz yaptık
kendimiz iaptãk
nós mesmos fizemos

Pronomes Possessivos Específicos

benimki	[benimki]	meu/s, minha/s
seninki	[seninki]	teu/s, tua/s (sing, fam)
onunki	[onunki]	seu/s, sua/s
bizimki	[bizimki]	nosso/s, nossa/s
sizinki	[sizinki]	vosso/s, vossa/s (pl ou pol)
onlarınki	[onlarãnki]	seu/s, sua/s

onunki benimkinden iyi
onunki benimkinden i-i-i
o seu (dele) é melhor que o meu

oteliniz pahalı mı? Bizimki değil
oteliniz parralã mã? bizimki de-il
seu hotel é caro? O nosso não é

Em português, perguntas como "Isso me/te pertence?" podem ser reformuladas para "Isso é meu/seu?" etc., usando pronomes possessivos. Em turco, porém, são usados os sufixos possessivos (sem a terminação **ki**):

bu bavul sizin mi?	**hayır, onun**
bu bav**ul** siz**in** mi	hai**ãr** on**un**
essa mala é sua?	não, é dele

Verbos

Os verbos ficam sempre no final da frase. Os verbos turcos são regulares, exceto na mudança de consoante **d → t** (pág. 253).

Presente Contínuo

O presente contínuo corresponde a "eu estou saindo", em português. Para formar o tempo presente contínuo, retire as três últimas letras do verbo e acrescente a terminação adequada.

O presente contínuo possui quatro terminações. As da primeira pessoa do singular são:

depois de verbos cuja raiz termina em vogal

e ou **i**	**-iyorum**	**o** ou **u**	**-uyorum**
a ou **ı**	**-ıyorum**	**ö** ou **ü**	**-üyorum**

vogal final da raiz

e ou **i**	**a** ou **ı**	**o** ou **u**	**ö** ou **ü**
gel-mek	**kal-mak**	**koy-mak**	**düşün-mek**
vir	ficar	pôr	pensar
gel-iyorum	**kal-ıyorum**	**koy-uyorum**	**düşün-üyorum**
gel-iyorsun	**kal-ıyorsun**	**koy-uyorsun**	**düşün-üyorsun**
gel-iyor	**kal-ıyor**	**koy-uyor**	**düşün-üyor**
gel-iyoruz	**kal-ıyoruz**	**koy-uyoruz**	**düşün-üyoruz**
gel-iyorsunuz	**kal-ıyorsunuz**	**koy-uyorsunuz**	**düşün-üyorsunuz**
gel-iyorlar	**kal-ıyorlar**	**koy-uyorlar**	**düşün-üyorlar**

verbo com raiz terminada em vogal

e ou i	a ou ı	o ou u	ö ou ü
elle-mek	atla-mak	oku-mak	yürü-mek
tocar	pular	ler	andar
ell-iyorum	atl-ıyorum	oku-yorum	yürü-yorum
ell-iyorsun	atl-ıyorsun	oku-yorsun	yürü-yorsun
ell-iyor	atl-ıyor	oku-yor	yürü-yor
ell-iyoruz	atl-ıyoruz	oku-yoruz	yürü-yoruz
ell-iyorsunuz	atl-ıyorsunuz	oku-yorsunuz	yürü-yorsunuz
ell-iyorlar	atl-ıyorlar	oku-yorlar	yürü-yorlar

Já que duas vogais juntas soam estranho em turco, no caso de raízes terminadas em **e** ou **a**, a vogal final da raiz é omitida. No caso de raízes terminadas em **u** ou **ü**, a primeira vogal da terminação é omitida.

Em turco, o presente contínuo também é usado para funções mentais e emoções, que em português são expressas pelo presente simples:

cevabı biliyorum
djevab**ã** bili-or**u**m
eu sei a resposta

Tanrı'ya inanıyorum
Tanr**ã** ia inanãior**u**m
eu acredito em Deus

seni seviyorum
sen**i** sevi-or**u**m
eu amo você

Presente Simples

O tempo presente simples corresponde a "eu saio". É usado para descrever ações que ocorrem sempre e com regularidade, e para afirmações, pedidos e compromissos.

O presente simples dispõe de seis terminações. As da primeira pessoa do singular são:

depois de verbos com raízes terminadas em vogal

e ou i	-irim ou -erim	o ou u	-arım ou -urum
a ou ı	-ırım ou -arım	ö ou ü	-erim ou -ürüm

Se a raiz do verbo termina em vogal, a primeira vogal da terminação é omitida.

vogal final da raiz

e ou i	a ou ı	o ou u	ö ou ü
gel-mek	kal-mak	koy-mak	düşün-mek
vir	ficar	pôr	pensar
gel-irim	kal-ırım	koy-arım	düşün-ürüm
gel-irsin	kal-ırsın	koy-arsın	düşün-ürsün
gel-ir	kal-ır	koy-ar	düşün-ür
gel-iriz	kal-ırız	koy-arız	düşün-ürüz
gel-irsiniz	kal-ırsınız	koy-arsınız	düşün-ürsünüz
gel-irler	kal-ırlar	koy-arlar	düşün-ürler

verbo com raiz terminada em vogal

e ou i	a ou ı	o ou u	ö ou ü
dene-mek	atla-mak	koru-mak	yürü-mek
tentar	pular	proteger	andar
dene-rim	atla-rım	koru-rum	yürü-rüm
dene-rsin	atla-rsın	koru-rsun	yürü-rsün
dene-r	atla-r	koru-r	yürü-r
dene-riz	atla-rız	koru-ruz	yürü-rüz
dene-rsiniz	atla-rsınız	koru-rsunuz	yürü-rsünüz
dene-rler	atla-rlar	koru-rlar	yürü-rler

babam çok okur
baba**m** tchok ok**u**r
meu pai lê muito

biraz daha alır mısınız?
bir**a**z darr**a** al**ã**r mãssãn**ã**z
quer mais um pouco?

sonra öderim
sonr**a** ódér**i**m
pagarei depois

Passado

O tempo passado tem quatro terminações. As da primeira pessoa do singular são:

depois de verbos com raízes terminadas em vogal

e ou i	-dim	o ou u	-dum
a ou ı	-dım	ö ou ü	-düm

vogal final na raiz do verbo

e ou i	a ou ı	o ou u	ö ou ü
gel-mek	kal-mak	oku-mak	düşün-mek
vir	ficar	ler	pensar
gel-dim	kal-dım	oku-dum	düşün-düm
gel-din	kal-dın	oku-dun	düşün-dün
gel-di	kal-dı	oku-du	düşün-dü
gel-dik	kal-dık	oku-duk	düşün-dük
gel-diniz	kal-dınız	oku-dunuz	düşün-dünüz
gel-diler	kal-dılar	oku-dular	düşün-düler

Mudanças de Consoantes: Verbos

Se a consoante final na raiz do verbo for **ç**, **f**, **h**, **k**, **p**, **s**, **ş** ou **t**, então o **d** do tempo passado muda para **t**:

aç-tım	[atchtãm]	eu abri
çık-tı	[tchãktã]	ele saiu
it-tim	[i-tim]	eu empurrei

Imperfeito

Esse tempo é empregado para descrever uma ação que estava ocorrendo no passado ou algo que continuou durante um período de tempo (ex: "naquele momento eu estava morando/ eu morava na Turquia"). Para formar o imperfeito, acrescente as seguintes terminações à raiz do verbo:

iç-iyor-dum	eu estava bebendo
iç-iyor-dun	tu estavas bebendo
iç-iyor-du	ele/a estava bebendo
iç-iyor-duk	nós estávamos bebendo
iç-iyor-dunuz	vós estáveis bebendo
iç-iyor-lardı	eles/as estavam bebendo

Futuro

O tempo futuro dispõe de quatro terminações. As da primeira pessoa do singular são:

depois de verbos com raízes terminadas em vogal

e ou i, ö ou ü	-yeceğim ou -eceğim
a ou ı, o ou u	-acağım ou -yacağım

vogal final na raiz do verbo

terminado em consoante		terminado em vogal	
e, i, ö ou ü	a, ı, o ou u	e, i, ö ou ü	a, ı, o ou u
içmek	kalmak	denemek	okumak
beber	ficar	tentar	ler
iç-eceğim	kal-acağım	dene-yeceğim	oku-yacağım
iç-eceksin	kal-acaksın	dene-yeceksin	oku-yacaksın
iç-ecek	kal-acak	dene-yecek	oku-yacak
iç-eceğiz	kal-acağız	dene-yeceğiz	oku-yacağız
iç-eceksiniz	kal-acaksınız	dene-yeceksiniz	oku-yacaksınız
iç-ecekler	kal-acaklar	dene-yecekler	oku-yacaklar

Se a vogal final da raiz do verbo for e, às vezes ela é mudada para i:

de-mek dizer
di-yecek ele dirá

Presente do Verbo "Ser/Estar"

O equivalente turco do tempo presente do verbo "ser/estar" é formado com o uso de sufixos que são ligados ao adjetivo ou ao substantivo, e que seguem as regras da harmonia de vogais:

vogal final, se a palavra termina em consoante

e ou i	a ou ı	o ou u	ö ou ü	
Ingiliz	Fransız	uzun	üzgün	
inglês	francês	alto	triste/sentido	
-im	-ım	-um	-üm	eu sou/estou
-sin	-sın	-sun	-sün	tu és/estás (sing, fam)
-dir*	-dır*	-dur*	-dür*	ele/a é/está
-iz	-ız	-uz	-üz	nós somos/estamos
-siniz	-sınız	-sunuz	-sünüz	vós sois/estais (pl ou pol)
-ler	-lar	-lar	-ler	eles/as são/estão

* Essas terminações são omitidas no turco falado.

vogal final, se a palavra termina em vogal

e ou i	a ou ı	o ou u	ö ou ü	
iyi	kısa	kuru	örtülü	
bom	baixo	seco	coberto	
-yim	-yım	-yum	-yüm	eu sou/estou
-sin	-sın	-sun	-sün	tu és/estás (sing, fam)
-dir*	-dır*	-dur*	-dür*	ele/a é/está
-yiz	-yız	-yuz	-yüz	nós somos/estamos
-siniz	-sınız	-sunuz	-sünüz	vós sois/estais (pl ou pol)
-ler	-lar	-lar	-ler	eles/as são/estão

* Essas terminações são omitidas no turco falado.

Ingilizim	çok naziksiniz	kırmızı
Ingil**izim**	tchok naziksin**iz**	kãrmãz**ã**
eu sou inglês	vós sois muito gentis	(é) vermelho

Estas mudanças de consoantes ocorrem quando se acrescenta um sufixo que começa com vogal:

palavras terminadas em	mudam para
k	ğ
p	b
ç	c
t	d

Passado do Verbo "Ser/Estar"

O passado do verbo "ser/estar" é formado pelo acréscimo de sufixos depois do adjetivo ou substantivo, sem esquecer as regras da harmonia de vogais:

vogal final, se a palavra termina em consoante

e ou i	a ou ı	o ou u	ö ou ü
bitkin	kızgın	yorgun	üzgün
esgotado	zangado	cansado	triste/sentido

-dim	-dım	-dum	-düm	eu fui/estive
-din	-dın	-dun	-dün	tu foste/estiveste (sing, fam)
-di	-dı	-du	-dü	ele/a foi/esteve
-dik	-dık	-duk	-dük	nós fomos/estivemos
-diniz	-dınız	-dunuz	-dünüz	vós fostes/estivestes (pl ou pol)
-diler	-dılar	-dular	-düler	eles/as foram/estiveram

vogal final, se a palavra termina em vogal

e ou i	a ou ı	o ou u	ö ou ü
iyi	hasta	mutlu	açgözlü
bem	mal	feliz	ávido

-ydim	-ydım	-ydum	-ydüm	eu fui/estive
-ydin	-ydın	-ydun	-ydün	tu foste/estiveste (sing, fam)
-ydi	-ydı	-ydu	-ydü	ele/a foi/esteve
-ydik	-ydık	-yduk	-ydük	nós fomos/estivemos
-ydiniz	-ydınız	-ydunuz	-ydünüz	vós fostes/estivestes (pl ou pol)
-ydiler	-ydılar	-ydular	-ydüler	eles/as foram/estiveram

kızgın-dım
kãzgãnd**ã**m
eu estava zangado

yeşil-di
ieshild**i**
era verde

çekici-ydi
tchekidj**i**-idi
ela era atraente

heyecanlıydık
rreiedjanlãid**ã**k
nós estávamos animados

Se a letra final de um adjetivo for **ç**, **f**, **h**, **k**, **p**, **s**, **ş** ou **t**, então o **d** do tempo passado muda para **t**:

aç-tım
atchtãm
eu estava com fome

boş-tu
boshtu
estava vazio

Presente do Verbo "Ter"

O equivalente turco para o tempo presente do verbo "ter" é formado com o acréscimo de sufixos possessivos ao substantivo e de **var** ao final da frase, para significar "ter", e **yok**, para significar "não ter":

(benim) biletim var
benim biletim var
eu tenho um bilhete

(onun) parası yok
onun parassã iok
ele não tem dinheiro

(bizim) vaktimiz yok
bizim vaktimiz iok
não temos tempo

(sizin) rezervasyonunuz var mı?
sizin rezervassionunuz var mã
o senhor tem reserva?

Passado do Verbo "Ter"

É formado da mesma maneira que o presente, mas no caso do passado acrescenta-se **-dı** ao **var**, e **-tu** é adicionado ao **yok**:

(benim) biletim vardı
benim biletim vardã
eu tive um bilhete

(onun) parası yoktu
onun parassã ioktu
ele teve dinheiro

(bizim) vaktimiz yoktu
bizim vaktimiz ioktu
não tivemos tempo

Nas perguntas, **-ydı** é acrescentado à partícula interrogativa, neste caso **mı** (veja **Perguntas**, pág. 263):

(sizin) rezervasyonunuz var mıydı?
sizin rezervassionunuz var mãidã
o senhor fez (literalmente: teve) reserva?

Verbos Regulares

Esta lista mostra alguns verbos mais comuns conjugados na primeira pessoa:

infinitivo	presente contínuo	presente simples	passado	futuro
almak pegar	alıyorum	alırım	aldım	alacağım
bakmak olhar	bakıyorum	bakarım	baktım	bakacağım
başlamak começar	başlıyorum	başlarım	başladım	başlayacağım
beklemek esperar	bekliyorum	beklerim	bekledim	bekleyeceğim
bırakmak sair, partir	bırakıyorum	bırakırım	bıraktım	bırakacağım
bilmek saber	biliyorum	bilirim	bildim	bileceğim
bulmak encontrar	buluyorum	bulurum	buldum	bulacağım
çalışmak trabalhar	çalışıyorum	çalışırım	çalıştım	çalışacağım
çıkmak sair	çıkıyorum	çıkarım	çıktım	çıkacağım
demek dizer	diyorum	derim	dedim	diyeceğim
etmek fazer	ediyorum	ederim	ettim	edeceğim
gelmek vir	geliyorum	gelirim	geldim	geleceğim
getirmek trazer	getiriyorum	getiririm	getirdim	getireceğim
girmek entrar	giriyorum	girerim	girdim	gireceğim
gitmek ir	gidiyorum	giderim	gittim	gideceğim

infinitivo	presente contínuo	presente simples	passado	futuro
göndermek enviar	göndermiyorum	gönderirim	gönderdim	göndereceğim
görmek ver	görüyorum	görürüm	gördüm	göreceğim
içmek beber	içiyorum	içerim	içtim	içeceğim
istemek querer	istiyorum	isterim	istedim	isteyeceğim
kalmak ficar	kalıyorum	kalırım	kaldım	kalacağım
kaybetmek perder	kaybediyorum	kaybederim	kaybettim	kaybedeceğim
koymak pôr	koyuyorum	koyarım	koydum	koyacağım
konuşmak falar	konuşuyorum	konuşurum	konuştum	konuşacağım
okumak ler	okuyorum	okurum	okudum	okuyacağım
oturmak viver, sentar-se	oturuyorum	otururum	oturdum	oturacağım
sevmek amar	seviyorum	severim	sevdim	seveceğim
sormak perguntar	soruyorum	sorarım	sordum	soracağım
söylemek dizer, contar	söylüyorum	söylerim	söyledim	söyleyeceğim
taşımak levar, carregar	taşıyorum	taşırım	taşıdım	taşıyacağım
unutmak esquecer	unutuyorum	unuturum	unuttum	unutacağım
uyumak dormir	uyuyorum	uyurum	uyudum	uyuyacağım
varmak chegar	varıyorum	varırım	vardım	varacağım

infinitivo	presente contínuo	presente simples	passado	futuro
vermek dar	**veriyorum**	**veririm**	**verdim**	**vereceğim**
yapmak fazer	**yapıyorum**	**yaparım**	**yaptım**	**yapacağım**
yazmak escrever	**yazıyorum**	**yazarım**	**yazdım**	**yazacağım**
yemek comer	**yiyorum**	**yerim**	**yedim**	**yiyeceğim**

Negativas

Para obter a forma negativa de um verbo, basta pôr a partícula negativa **-me-** ou **-ma-** depois da raiz desse verbo e antes das outras terminações. Se a terminação do tempo começar com vogal, a partícula negativa muda para **-mi-**, **-mı-**, **-mü-** ou **-mu-**, conforme as regras da harmonia de vogais (pág. 235), e um **y** é inserido depois da partícula para separar duas vogais.

As tabelas a seguir mostram como formar a negativa do verbo conjugado na primeira pessoa:

	vogal final na raiz do verbo **e** ou **i** **gelmek** vir	 **a** ou **ı** **kalmak** ficar
presente contínuo	**gel-mi-yorum** gelmi-iorum	**kal-mı-yorum** kalmãiorum
passado	**gel-me-dim** gelmedim	**kal-ma-dım** kalmadãm
imperfeito	**gel-mi-yordum** gelmi-iordum	**kal-mı-yordum** kalmã-iordum
futuro	**gel-mi-yeceğim** gelmi-iedjé-im	**kal-mı-yacağım** kalmãiadja-ãm

	vogal final na raiz do verbo	
	o ou **u**	**ö** ou **ü**
	sormak perguntar	**düşünmek** pensar
presente contínuo	**sor-mu-yorum** s**o**rmuiorum	**düşün-mü-yorum** diush**iu**nmiu-iorum
passado	**sor-ma-dım** s**o**rmadãm	**düşün-me-dim** diush**iu**nmedim
imperfeito	**sor-mu-yordum** s**o**rmuiordum	**düşün-mü-yordum** diush**iu**nmiu-iordum
futuro	**sor-ma-yacağım** s**o**rmaiadja-ãm	**düşün-mi-yeceğim** diush**iu**nmi-iédjé-im

A forma negativa do presente simples é irregular:

raiz do verbo terminada em	
e, i, ö ou **ü**	**a, ı, o** ou **u**
gelmek vir	**kalmak** ficar
gel-me-m gelm**e**m	**kal-mam** kalm**a**m
gel-mez-sin gelm**e**zsin	**kal-maz-sın** kalm**a**zsãn
gel-mez gelm**e**z	**kal-maz** kalm**a**z
gel-me-yiz g**e**lmei-iz	**kal-mayız** k**a**lmaiãz
gel-mez-siniz gelm**e**zsiniz	**kal-maz-sınız** kalm**a**zsãnãz
gel-mez-ler gelmezl**e**r	**kal-maz-lar** kalmazl**a**r

okuyorum
ok**u**iorum
estou lendo

kalıyorum
kalãiorum
vou ficar

söylemem
s**ó**ilémem
não digo

okumuyorum
ok**u**muiorum
não estou lendo

kalmıyorum
k**a**lmãiorum
não vou ficar

sormaz
sorm**a**z
ele/a não perguntam

Negativa do Verbo "Ser"

A negativa do verbo "ser" é formada com o uso das seguintes palavras, colocadas depois do adjetivo:

değil-im	[de-i**li**m]	eu não sou
değil-sin	[de-ilsi**n**]	tu não és (sing, fam)
değil	[de-**il**]	ele/a não é
değil-iz	[de-il**iz**]	nós não somos
değil-siniz	[de-ilsin**iz**]	vós não sois (pol ou pl)
değil-ler	[de-il-**lér**]	eles/elas não são

emin değilim
emin de-ilim
não tenho certeza

Türk değil
tiurk de-il
ele/a não é turco/a

orada rahat değilsiniz
orada rarrat de-ilsiniz
vós não estais à vontade lá

evde değiller
evdé de-il-lér
eles não estão em casa

Imperativo

Para obter a maneira formal ou polida do imperativo, basta acrescentar estes sufixos à raiz do verbo:

vogal final da raiz do verbo se terminar em consoante

e ou i	a ou ı	o ou u	ö ou ü
-in	-ın	-un	-ün

vogal final da raiz do verbo se terminar em vogal

-yin	-yın	-yun	-yün

gelin!
gelin
venha!

durun!
durun
pare!

dinleyin!
dinlei-in
ouça!

O imperativo negativo é composto a partir da raiz do verbo adicionando-se **-me-** ou **-ma-**, conforme as regras da harmonia de vogais; depois, são acrescentadas as terminações, como na tabela anterior:

gelmeyin!	durmayın!	dinlemeyin!
g**e**lmei-in	d**u**rmai-in	dinl**é**méi-in
não venha!	não pare!	não ouça!

Perguntas

Para formular perguntas, usa-se uma das partículas **mi-**, **mı-**, **mü-** ou **mu-**; a partícula escolhida depende da vogal anterior e segue as regras da harmonia de vogais. Para criar uma pergunta, separe a terminação do verbo daquela pessoa, como aparece nas tabelas anteriores, e acrescente uma dessas partículas:

okumak ler

presente contínuo	**okuyor musunuz?** okui**o**r mussun**u**z	tu estás lendo?
presente simples	**okur musunuz?** ok**u**r mussun**u**z	tu queres ler? tu lês?
passado	**okudunuz mu?** okudun**u**z mu	tu leste?
imperfeito	**okuyor muydunuz?** okui**o**r muidun**u**z	tu estiveste lendo?
futuro	**okuyacak mısınız?** okuiadj**a**k mãssãn**ã**z	tu lerás?

okuyorsunuz okuiorsun**u**z tu estás lendo	**okuyor musunuz?** okui**o**r mussun**u**z tu estás lendo?
okuyor okui**o**r ele/a está lendo	**okuyor mu?** okui**o**r mu ele/a está lendo?

Também

Em turco há duas palavras para “também”: **de** e **da**. O uso depende da vogal final da palavra anterior:

vogal final da palavra anterior

a, ı, o, u	e, i, ö, ü
da	de

Ahmet de	**ben de**	**onlar da**
Ahmet também	eu também	eles também

Da e **de** não devem ser confundidos com os sufixos **-da** e **-de**, que significam "em" ou "no/a".

Poder, Ser Capaz

Para traduzir essas expressões, pega-se a raiz do verbo da frase (ex: **kal-** "ficar", **gel-** "vir"), adiciona-se **-a-** ou **-e-**, conforme a vogal final da raiz, e depois insere-se a conjugação adequada de **bilmek** ("saber"):

vogal final na raiz do verbo

a, ı, o, u	e, i, ö, ü
-a-	-e-

kal-a-bilmek	**gel-e-bilmek**
kalabilm**e**k	gelebilm**e**k
poder ficar	poder vir

girebilir miyim?
girebili**r** mi-i-**i**m
eu posso entrar?

Se a raiz do verbo (ex: **taşı-**) termina em vogal, insere-se um **y** antes do **-a-** ou **-e-**:

bavulumu taşıyabilir misiniz?
bavulum**u** tashãiabili**r** missini**z**
sois capaz de levar minha mala?
(você poderia levar minha mala?)

Datas

A formação das datas é semelhante à do português, só que, tanto na fala como na escrita, são usados apenas números cardinais (ex: 1 de novembro, e não 1º de novembro). Nos anos também se usam números cardinais (ex: o ano de 1996, como em português, é "mil novecentos e noventa e seis"):

1 Ocak (Bir Ocak)
bir odj**ak**
1º de janeiro

10 Nisan 1996 (On Nisan bin dokuz yüz doksan altı)
on niss**an** bin dokuz **iuz** doks**an** alt**ã**
10 de abril de 1996

1 Eylül, Cuma (Bir Eylül, Cuma)
bir eil**iul** djum**a**
sexta-feira, 1º de setembro

Dias

domingo Pazar
segunda-feira Pazartesi
terça-feira Salı [salã]
quarta-feira Çarşamba [tcharshamba]
quinta-feira Perşembe [pérshembé]
sexta-feira Cuma [djuma]
sábado Cumartesi [djumartessi]

Meses

janeiro Ocak [odjak]
fevereiro Şubat [shubat]
março Mart
abril Nisan
maio Mayıs [maiãs]
junho Haziran
julho Temmuz
agosto Ağustos [a-usstos]
setembro Eylül [eiliul]
outubro Ekim
novembro Kasım [kassãm]
dezembro Aralık [aralãk]

Tempo

que horas são? saat kaç? [sa-at katch]
(é) uma hora saat bir
(são) duas horas saat iki
(são) dez horas saat on
uma e cinco biri beş geçiyor [bésh getchi-or]
duas e dez ikiyi on geçiyor
uma e quinze biri çeyrek geçiyor [tcheirék]

duas e quinze ikiyi çeyrek geçiyor
uma e meia bir buçuk [butchuk]
dez e meia on buçuk
vinte para as dez ona yirmi var
quinze para a uma bire çeyrek var [biré tcheirék]
quinte para as dez ona çeyrek var
às quinze para as dez ona çeyrek kala
à uma e quinze biri çeyrek geçe [gétché]
às oito horas (saat) sekizde [sa-at sekizdé]
às quatro e meia (saat) dört buçukta [dórt butchukta]
2h gece iki [gédjé]
14h öğledensonra iki [ó-óléden sonra]
6h sabah altı [sabarr altã]
18h akşam altı [aksham]
10h sabah on [sabarr]
22h gece on [gédjé]
18h on sekiz
14h30 on dört otuz [dórt]
meio-dia öğle [ó-ólé]
ao meio-dia öğleyin [ó-ólei-in]
meia-noite gece yarısı [gédjé iarãssã]
hora saat [sa-at]
minuto dakika
dois minutos iki dakika
segundo saniye [sani-e]
15 minutos çeyrek saat [tcheirék sa-at]
meia hora yarım saat [iarãm]
45 minutos kırk beş dakika [kãrk bésh], üç çeyrek saat [iutch tcheirék sa-at]

Números

0	sıfır [sãfãr]
1	bir
2	iki
3	üç [iutch]
4	dört [dórt]
5	beş [bésh]
6	altı [altã]
7	yedi
8	sekiz
9	dokuz
10	on
11	on bir
12	on iki
13	on üç [iutch]
14	on dört [dórt]
15	on beş [bésh]
16	on altı [altã]
17	on yedi
18	on sekiz
19	on dokuz
20	yirmi
21	yirmi bir
22	yirmi iki
30	otuz
31	otuz bir
32	otuz iki
33	otuz üç [iutch]
40	kırk [kãrk]
50	elli
60	altmış [altmãsh]
70	yetmiş [ietmish]
80	seksen

90	doks**a**n
100	yüz [i-**iuz**]
101	yüz bir
102	yüz ik**i**
200	iki yüz
300	üç yüz [iutch]
500	beş yüz [bésh]
1.000	bin
2.000	ik**i** bin
3.000	üç bin [iutch]
5.000	beş bin [bésh]
10.000	on bin
1.000.000	bir mily**o**n
1.000.000.000	bir mily**a**r

Ordinais

1º	birinci [birindj**i**]
2º	ikinci [ikindj**i**]
3º	üçüncü [iutchiundj**iu**]
4º	dördüncü [dórdiundj**iu**]
5º	beşinci [béshindj**i**]
6º	altıncı [altãndj**ã**]
7º	yedinci [iedindj**i**]
8º	sekizinci [sekizindj**i**]
9º	dokuzuncu [dokuzundj**u**]
10º	onuncu [onundj**u**]

Este livro foi impresso em outubro de 2009 pela
Cromosete sobre papel offset 90 g/m².